HIER+JETZT

Thomas Maissen

SCHWEIZER GESCHICHTE IM BILD

2012 hier + jetzt, Verlag für Kultur und Geschichte, Baden

1. Mittelalterliche Räume 9
2. Städte und Länder im Heiligen Römischen Reich 21
3. Aus Eidgenossenschaften wird Eidgenossenschaft 35
4. Auf der Suche nach Grenzen 51
5. Das Ende der Eidgemeinschaft 69
6. Der Eintritt in die Staatenwelt 89
7. Wirtschaftliche Reformen, politische Revolten 105
8. Die ungeliebte Revolution 121
9. Vom Staatenbund zum Bundesstaat 139
10. Der Staat des Freisinns 161
11. Zwischen den Extremen 193
12. Konkordanz im Kalten Krieg 225
13. Gewinnträchtige, verlustreiche Anpassung 259

Vorwort

Jede Nationalgeschichte muss sich der Frage stellen, wo sie historisch einsetzt. Das gilt auch für die «Schweizergeschichte». Erst im 15. Jahrhundert wurde ein Volk in den Quellen greifbar, das von seinen Feinden und später auch von den eigenen Angehörigen als «Schweizer» bezeichnet wurde – eine Übertragung vom Kanton Schwyz auf alle Eidgenossen. Auch eine exklusive Eidgenossenschaft – etwas anderes als die vielen vorübergehenden Bündnisnetze des Spätmittelalters – war erst das Ergebnis dieses Jahrhunderts. Zum klar abgegrenzten Territorium entwickelte sich die Schweiz in einem langanhaltenden Prozess, der erst 1803 endete, als die letzten Verbindungen zum Heiligen Römischen Reich Deutscher Nation gekappt wurden. Die Eidgenossenschaft bildete sich nicht nur im Rahmen dieses Reichs aus, sondern behielt noch lange die Struktur einer Allianz von freien Reichsständen. Eine moderne nationalstaatliche Verfassung erhielt sie erst 1798, mit der Helvetischen Republik; und als Bundesstaat mit seither ungebrochener Verfassungstradition datiert sie von 1848. Eine «Schweizer Geschichte im Bild» kann insofern eigentlich nicht vor dem 15. Jahrhundert beginnen, denn davor gab es weder Schweizer noch Schweizerinnen und erst recht keine Bilder von ihnen. Wenn die vorliegende Auswahl früher einsetzt, dann auch, weil die Eidgenossenschaft voraussetzungsreich war. Zwar wurde sie nie bewusst gegründet. Aber die verschiedenen Bündnisse, die zwischen späteren Schweizern im 13. und 14. Jahrhundert geschlossen wurden, waren eine notwendige, wenn auch nicht hinreichende Bedingung, damit sich eine klar definierte Gruppe von Ständen, die künftigen Kantone, allmählich zur gemeinsamen Sicherung und Ausübung von Herrschaft zusammenfand. Der Eid, mit dem sie ihre Hilfszusagen beschworen, rief Gott an. Daher beginnt diese Geschichte der Schweiz mit der spätantiken und frühmittelalterlichen Christianisierung des späteren Territoriums und nicht mit der antiken Besiedlung durch keltische Stämme und Römer. Solche «Wurzeln» und «Vorfahren» wurden erst später entdeckt, so die Helvetier um 1500 durch die Humanisten. Im Mittelalter reichte das Wissen über die heimischen Gebiete selbst bei Gelehrten nur bis zu den sagenhaften Märtyrern der Thebäischen Legion zurück. Nicht das antike römische Imperium, das diese Christen verfolgt hatte, lieferte die Ordnungsvorstellung, in der sich die ersten Eidgenossen verorteten, sondern das christliche Heilige Römische Reich, das Karl der Grosse mit päpstlichem Segen erneuert hatte. Karl und seinen «römischen» Kaisern und Königen verdankten die Reichsstände ihre Herrschaftsrechte – eine weitere Grundlage eidgenössischer «Staatlichkeit». Sie war in entsprechenden Privilegien begründet und wurde durch Hoheitssymbole – Wappen, Fahnen, Münzen – ausgedrückt. Diese feudale, vom Adel geprägte Welt schuf auch den Rahmen, in dem und manchmal auch gegen den die Eidgenossen ihre Bündnispartner wählten und in Form von «Bundesbriefen» und anderen Verträgen erste Spuren von überlokalen Allianzen hinterliessen.

Erst im Rückblick ab 1450, nach dem Alten Zürichkrieg, empfanden die Innerschweizer und zusehends auch die Städter die Bündnisse unter Eidgenossen, und nur diese, als exklusiv. Es ist kein Zufall, dass in dieser Zeit auch die illustrierten Chroniken entstanden, die ersten reichen Bildquellen zur schweizerischen Geschichte. Die Berner Benedikt Tschachtlan und Diebold Schilling der Ältere oder dessen Neffe, der Luzerner Diebold Schilling der Jüngere, stellten mit etlichen anderen Chronisten nicht nur die Geschichte ihrer Städte dar, sondern präsentierten diese im Rahmen der Eidgenossenschaft. Sie erhielt so Erinnerungsbilder – auch für die ältere Zeit, als sie noch gar nicht existiert hatte. Ereignisse wie die Schlacht bei Morgarten, von der kaum etwas bekannt ist, erhielten damit ein Gesicht, das auf die Vorstellungen späterer Generationen wirkte. Dazu mussten die Bilderchroniken nicht gedruckt werden, wie dies erstmals 1500 mit Niklaus Schradins «Kronigk» des Schwabenkriegs und 1507 mit Petermann Etterlins «Kronica von der loblichen Eydtgnoschaft» geschah. Geschichtsschreibung und vor allem der Blick in die Archive war lange Zeit eine obrigkeitliche, geheime Angelegenheit. Nur ausgewählte Historiker erhielten Zugang zu den älteren Geschichtswerken und ihren Bildern. So entstand die Schweiz mit den Geschichten, die sie über die vergangenen Schweizen erzählten und wiederholten. Geschichten, die immer stärker miteinander verwoben, ergänzt und bei Bedarf – etwa was ihre Anfänge betraf – erdichtet wurden.

Die Illustrationen dazu waren ebenfalls kreative Schöpfungen, wenn sie die Ereignisse betrafen, die vor der Schaffenszeit der Chronisten lagen und –

etwa bei der Kleidung – mehr über die Zeit ihrer Entstehung aussagten als über die Vergangenheit, die sie darstellen sollten. Im Prinzip gilt dies allerdings für die meisten Bilder vor dem Zeitalter der Fotografie: Es sind Vorstellungen von Ereignissen, die der Künstler nur selten aus eigener Anschauung kannte oder kaum so rekonstruieren konnte, wie er sie erlebt hatte. Doch selbst Fotografien und Filme verdienen unser Misstrauen. Das lehrt die Geschichte von Fälschungen, Manipulationen oder von gestellten Szenen, aber auch das Wissen darum, wie wichtig der Blickwinkel, die Perspektive auf einen bestimmten Gegenstand ist, den wir mit Texten oder Bildern erfassen. Sie vermitteln uns nicht, wie es wirklich gewesen ist. Aber sie führen uns so nahe heran, wie es überhaupt möglich ist – gerade dank der Kombination von visuellen und schriftlichen Quellen, die beide ihre blinden Flecken haben und sich teilweise ergänzen können.

So enthält diese Auswahl Bilder im doppelten Sinn: von Abbildungen wie von Vorstellungen, die sich Menschen von der Schweiz und ihrer Geschichte gemacht haben und die dadurch auch die Schweiz gemacht haben. Ein besonderes Augenmerk gilt nämlich denjenigen Repräsentationen, die weitergewirkt haben, in das visuelle Gedächtnis der Nation eingegangen sind. Mehr noch als Erzählungen haben sie in Schaffhausern und Tessinern, Wallisern und Jurassiern die Überzeugung geweckt und genährt, seit Jahrhunderten einer «Willensnation» anzugehören, die sich insgesamt erfolgreich den Unbilden der Geschichte gestellt hat. Gerade in einem mehrsprachigen und föderalistischen Land, in dem die kollektive Erinnerung stark durch kantonale Traditionen geprägt ist, stifteten und stiften Bilder der Vergangenheit ein überregionales Zusammengehörigkeitsgefühl. Deshalb stehen hier auch Bilder der Schweiz im Vordergrund und nicht Bilder aus der Schweiz. Sie wird verstanden als ein ständig neues Ergebnis des konfliktreichen kollektiven Aushandelns und Erlernens von politischen Lösungen, bei denen die vieldeutigen Lektionen der Vergangenheit und die Berufung darauf eine wichtige Rolle spielen. Die Eidgenossenschaft ist nur eine der staatlichen Ebenen, auf der dies geschieht, aber dies mit einer gewissen Kontinuität seit rund 600 Jahren, als die Gemeinen Herrschaften regelmässige gemeinsame Entscheidungen erforderten.

Solche politischen Prozesse auf überkantonaler Ebene sind ein Kriterium für die hier behandelten Themen: Illustriert werden vorwiegend Ereignisse, die eine gesamteidgenössische Dimension haben, und Prozesse, die durch die Eidgenossenschaft als politischen Verband und später als Staat angeregt wurden. Gesellschaftliche und ökonomische Veränderungen hat es immer gegeben. Eine Wirtschafts- und Sozialpolitik der Schweiz wurde erst seit der Bundesverfassung von 1848 allmählich möglich. Die Teufelsbrücke war keine eidgenössische, sondern eine Urner Leistung; die Gotthardtunnels sind dagegen das Ergebnis schweizerischer Politik, sie dienen Bundesbahnen und Nationalstrassen. Der Fokus auf die Handlungsebene Eidgenossenschaft trägt dazu bei, dass die mittelalterlichen Jahrhunderte nur lückenhaft dokumentiert sind, während für die neuere Geschichte eine Auswahl aus einer unüberschaubaren Bilderflut getroffen werden musste. Sie berücksichtigt nicht alle Kantone gleichmässig: Ihr Beitrag wenn nicht zur Eidgenossenschaft, so doch zur schweizerischen Bilderwelt ist unterschiedlich, so wie auch die hier ausgewählten Schwerpunkte. Sie bevorzugen, wie es ein Grundproblem der Nationalgeschichte ist, den Konflikt und das Erstmalige. Wenn die Glaubensspaltung im 16. Jahrhundert erfolgte und dort in ihrer Gewalttätigkeit behandelt wird, so bedeutet das nicht, dass konfessionelle Gegensätze im 20. Jahrhundert keine Rolle mehr gespielt haben; aber sie wirkten nur noch selten als Motor der Bundespolitik.

Im Wechselspiel von solchen Veränderungen und Kontinuitäten ist die Frage müssig, wann die Eidgenossenschaft oder der Nationalstaat Schweiz genau entstand. Die beiden Namen stehen weder für alternativlose noch für konfliktarme, dagegen für relativ erfolgreiche kollektive Lern- und Anpassungsleistungen. Im 21. Jahrhundert hat die nationalstaatliche Dimension ihre Bedeutung behalten, auch wenn ihre Überschätzung zu einem Grundproblem des aktuellen schweizerischen Politikbetriebs geworden ist. In diesem Sinn ist dieses Buch den Verwandten und Freunden gewidmet, zu denen wir stets gerne aus Europa in die Eidgenossenschaft einreisen; und namentlich meiner Mutter Leena Maissen und meiner Schwester Anja mit Pietro und Antonio.

Wegnetze und Orientierung
Erste Christen
Die Klöster
Schutz und Gefahr zugleich: der Adel

1. Mittelalterliche Räume

Die Schweiz hat keine natürlichen Grenzen. Auch dort, wo der Rhein eine zu bilden scheint, widersprechen Graubünden, Konstanz, Stein am Rhein, Schaffhausen, das Rafzer Feld oder das Kleinbasel. Wenn man in den Alpen und im Jura von natürlichen Grenzen reden wollte, so müssten sie den Wasserscheiden folgen. Diese liegen aber, vom Piz Lunghin über den Gotthard und den Mont Pélerin bis Les Rangiers, im Schweizer Territorium. Schweizer Gewässer fliessen in das Schwarze Meer, die Adria, den Golfe du Lion, die Nordsee.
Die Schweiz ist auch kein Alpenland. Die Alpen reichen von Slowenien bis Nizza. Obwohl die Alpengebiete eine wichtige Rolle bei der Ausbildung der Eidgenossenschaft spielten, waren die Städte des Mittellands entscheidend. Die Urbanisierung und die Vernetzung mit Strassen erhielten, nach keltischen Vorformen, dauerhafte Grundlagen durch das Römische Reich, nachdem Augustus die Gebiete bis zum Rhein und zur Donau erobert hatte.
Als Stammeshauptstädte entstanden im typisch römischen Schachbrettmuster die Kolonien Aventicum (Avenches), Augusta Raurica (Augst) und Julia Equestris (Nyon). Der römischen Zivilisation verdankten auch die späteren Bischofsstädte Basel, Chur, Sitten, Lausanne und Genf ihre Anfänge. Die zahlreichen Gutshöfe (villae) im fruchtbaren Mittelland führten dazu, dass auch die ländlichen Regionen romanisiert wurden.

Das Mittelland war jedoch keine Einheit. Römische Provinzgrenzen zogen eine Linie vom Untersee über den Gotthardraum bis zum Genfersee. Östlich lag Raetia, mit der Hauptstadt Augusta Vindelicorum (Augsburg), im Westen die Provinz Germania superior und später Sequania. Dies war auch die Grenze der Präfekturen Gallia und Italia. Aus der römischen Einteilung erwuchs die kirchliche: Zehn verschiedene Bistümer waren für Gemeinden in der heutigen Schweiz zuständig, nur zwei – Sitten und Lausanne – befanden sich vollständig innerhalb der heutigen Landesgrenzen. Entlang der Aare verlief die Grenze zwischen den Diözesen Lausanne und Konstanz, zugleich auch zwischen den umfassenden Erzbistümern Besançon und Mainz. Statt eines «Mittellands» gab es im Mittelalter zwei politische und kulturelle Zentren, um den Bodensee und um den Genfersee. Langfristig noch bedeutungsvoller als die kirchlichen Grenzen wurden die sprachlichen, die sich entlang der Saane festigten. Seit der Völkerwanderung lebten im Westen romanisierte, später französischsprachige Burgunder, während die Alemannen im Osten sich althochdeutsch unterhielten. Innerhalb des hochmittelalterlichen Heiligen Römischen Reichs verlief etwas weiter östlich, ungefähr entlang der Reuss, die Linie, die das alte Königreich Burgund vom Herzogtum Schwaben schied, das südlich des Bodensees bis weit in den Bündner Alpenraum hineinreichte.

In den romanisierten Gebieten des Westens und des Südens fasste das Christentum zuerst Fuss. Aus den Jahrzehnten um 400 stammen die ältesten Reste von Kirchen, ebenso die ersten Namen von Bischöfen. Gleichzeitig begann die Verehrung der Thebäischen Legion in Saint-Maurice. Angeblich hatte Kaiser Decius um 300 seine eigenen Soldaten dort hinrichten lassen, weil sie sich weigerten, die heidnischen Götter zu verehren und Christen zu verfolgen. Der Kult wurde später unter anderem in Genf, Solothurn, Zurzach und Zürich aufgenommen, wo vermeintliche thebäische Märtyrer als Stadtpatrone galten. Schon früh ein Wallfahrtsort, beherbergte Saint-Maurice auch eine Mönchsgemeinschaft. Weitere entstanden in den westlichen Regionen, so ebenfalls im 5. Jahrhundert im Jura als Einsiedelei das Monasterium des Heiligen Romanus, Romainmôtier.

Die Alemannen standen dem Christentum distanzierter gegenüber. Erst nach 600 kamen die irischen Mönche Columban und Gallus über die Vogesen in den Bodenseeraum. Aus der Eremitenzelle des Gallus an der Steinach entstand ein Jahrhundert später das Benediktinerkloster St. Gallen, das Teil der blühenden Mönchskultur im Bodenseeraum wurde. Dabei half die Nähe zu den fränkischen und sächsischen Königen und Kaisern. Sie beschenkten die Gotteshäuser und nahmen sich die Äbte zu Ratgebern. König Ludwig der Deutsche stiftete im Jahr 853 als erstes Frauenkloster das Fraumünster in Zürich. Bedeutende Abteien wie Einsiedeln oder Disentis, aber auch das Damenstift Schänis westlich des Walensees unterstanden als Reichsklöster unmittelbar dem König. Der Abt von St. Gallen entwickelte sich gar zu einem bedeutenden weltlichen Landesherrscher, und um sein Kloster entstand eine Stadt.

Solche Kirchenfürsten entstammten adligen Geschlechtern und waren Teil der feudalen Ordnung, die auf persönlichen Treueverpflichtungen beruhte. Die Könige und Kaiser des Reichs belehnten Adlige mit Herrschaftsrechten, vor allem mit der Rechtsprechung. Dafür schuldeten ihnen diese Vasallen Gefolgschaft. In Adelsdynastien wurden diese Lehen faktisch erblich. Neben vielen kleineren Geschlechtern waren es vor allem die Familien der Savoyer, der Zähringer, der Habsburger und der Kyburger, die im Hochmittelalter zwischen Genfersee und Bodensee Herrschaft ausübten. Als Adlige waren sie die legitimen Waffenträger und gewährten jenen «Schutz und Schirm», die ihnen dafür Zahlungen oder Abgaben leisteten: Kirchen und Klöster, vor allem aber die hörigen Bauern und «Grundholden», die auf dem Herrenhof Frondienste erbringen und Abgaben entrichten mussten. Als Grundherren beförderten die Adligen wie auch die Klöster die Binnenkolonisation und den Landesausbau durch Rodungen und Trockenlegungen. Unter langfristig günstigen klimatischen Verhältnissen im 11. und 12. Jahrhundert wurde die Landwirtschaft durch neue Techniken intensiviert: schwerer Wendepflug, Hufeisen und Kummet, ein gepolstertes Joch für Zugtiere. Die Dreizelgenwirtschaft teilte das gesamte Ackerland aller Dorfbewohner in zusammenhängende Zelgen, die im jährlichen Fruchtwechsel abwechselnd Wintergetreide oder Sommergetreide trugen oder brach lagen, um sich zu erholen. Die Dreizelgenwirtschaft erlaubte es, den Boden koordiniert und damit besser zu nutzen. Die entsprechenden Regelungen, der «Flurzwang», oblagen der Dorfgemeinde, die damit wirtschaftliche wie politische und rechtliche Zuständigkeiten verwob und so im Alltag Selbstverwaltung einübte.

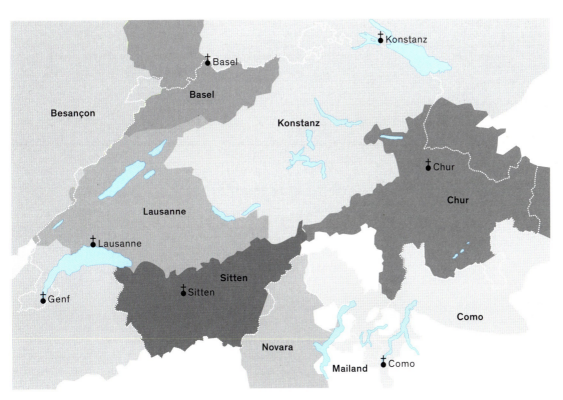

Die Bistumsgrenzen im Mittelalter

Wegnetze und Orientierung

Die Tabula Peutingeriana ist eine Strassenkarte des späten 4. Jahrhunderts, die uns in einer Kopie des 12. Jahrhunderts vorliegt. 1.1 Für Soldaten oder Kaufleute zeigte sie die wichtigsten Verbindungen, Distanzen und Raststätten zwischen Britannien und Indien. Gegen oben trennt der Rhein die Germanenstämme in Suevia und Alamannia mit dem Schwarzwald ab. Der Rhein fliesst aus dem Bodensee, wo «Arbor felix» (Arbon) zu entziffern ist, und aus den Alpen, einer Bergkette, die in einem langen Bogen nach links zum Meer führt. Daraus entspringt ein weiterer Fluss, der durch das Land der Rauracher in den Lacus Losonne führt, in den Genfersee. Unterhalb, also südlich der Alpen, zieht der Po mit seinen Zuflüssen dahin. Ihnen entlang dürften die ersten Christen in den Alpenraum gelangt sein, was im Vergleich zum Mittelmeerraum eher spät geschah.

Die «Tabula Peutingeriana» ist eine für ihre Zeit erstaunliche und einzigartige Leistung. Umso deutlicher werden im Vergleich mit einer modernen Darstellung, etwa der mittelalterlichen Diözesangrenzen auf der vorhergehenden Seite, die enormen Schwierigkeiten einer effizienten Verwaltung grösserer Gebiete und weitreichender kirchlicher oder politischer Institutionen. Nicht nur waren die Vorstellungen von Distanzen oder gar geografischen Räumen oft unklar oder falsch. Reisewege, gerade in den Alpen, blieben unberechenbar, weil Wetterverhältnisse, Naturereignisse, Räuber oder Kriege zu Umwegen oder zur Umkehr zwangen. Regelmässige Botendienste, gar ein alpenüberquerendes Postwesen, entwickelte sich erst im 15. Jahrhundert. Umso wichtiger blieb, gerade innerhalb der Kirche, der Informationsfluss durch reisende Kleriker und Pilger.

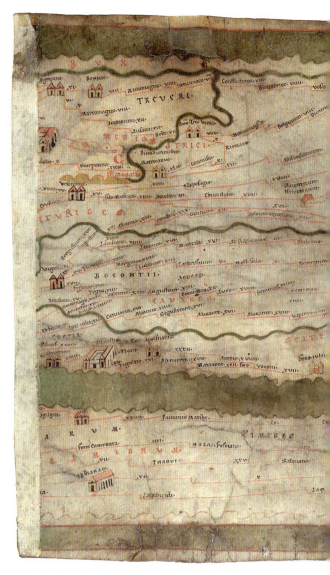

Tabula Peutingeriana, 12. Jahrhundert, nach einem Original des 4. Jahrhunderts   1.1

Erste Christen

Aus den Jahren um 500 stammt das älteste vollständig erhaltene christliche Bauwerk, das auf Schweizer Boden zu besichtigen ist: das Baptisterium San Giovanni 1.2 in Riva San Vitale, südlich des Lago di Lugano im Bistum Como gelegen. Das um 1200 aus einem einzigen Stein gefertigte Taufbecken verdeckt die ursprüngliche Vertiefung im Boden: Dort wurde der Täufling nach urchristlichem Brauch vollständig unter Wasser getaucht. Es war ebenfalls kein Zufall, dass die Basilika in Saint-Maurice, in der viele Pilger der Thebäischen Legion gedachten, am Handelsweg über den Grossen St. Bernhard nach Italien lag. Durch Geschenke erlangte die Abtei einen reichen Stiftschatz, zu dem das Candidus-Hauptreliquiar 1.3 von etwa 1165 gehört. Ebenfalls an der Verbindungsstrasse nach Süden liegt die Viamala-Schlucht. Reisende konnten sie schon in spätrömischer Zeit dank Halbgalerien und Stegen passieren, um über den Splügen oder den San Bernardino nach Italien zu gelangen. In Zillis, direkt vor der Schlucht, entstand die erste Kirchenanlage um 500, die Bilderdecke der Kirche St. Martin 1.4 um 1110. Auf 153 quadratischen Bildtafeln erzählt sie das Leben Christi und des Kirchenpatrons Martin so, dass die des Lesens unkundigen Gläubigen die Heilsgeschichte verstanden.

Auch das heute abgelegene Benediktinerinnenkloster St. Johann in Müstair lag strategisch wichtig zwischen dem Veltlin und Tirol. Mit der Statue Karls des Grossen 1.5 unterstrichen die Nonnen ihre Überzeugung, der Kaiser persönlich habe ihr Kloster gestiftet. Die Figur symbolisierte ein Selbstverständnis, das noch lange Bestand haben sollte: Die Einwohner der späteren Schweiz verstanden sich als Angehörige des Römischen Reichs, in dem unter Augustus Christus zur Welt kam. Karl der Grosse und die folgenden Kaiser hatten es nördlich der Alpen zu neuem Leben erweckt. Dieses Römische Reich hiess auch «heilig», weil es den Rahmen bildete für eine heilsgeschichtliche Ordnung, die bis zum Jüngsten Gericht Bestand haben würde.

Baptisterium San Giovanni in Riva San Vitale TI, um 500   1.2

Candidus-Hauptreliquiar aus Saint-Maurice VS, um 1165   1.3

Statue Karls des Grossen in der Klosterkirche Müstair GR, 11./12. Jahrhundert   1.5

Ausschnitt aus der Bilderdecke der Kirche St. Martin in Zillis GR,
um 1110   1.4

Die Klöster

Der Karlskult wurde auch anderswo betrieben, so in Zürich und St. Gallen. In karolingischer Zeit, um 820, entstand der St. Galler Klosterplan. 1.6 Es handelte sich um ein Neubauprojekt, das so nie umgesetzt wurde, aber damalige Idealvorstellungen sichtbar macht. In der linken Bildhälfte dominiert die Kirche mit je zwei Apsiden und Rundtürmen. Spiegelbildlich zur Sakristei rechts über der Vierung befindet sich links die Schreibstube, darüber die Bibliothek. Links neben der Kirche stehen Gebäude, die nicht den Mönchen vorbehalten sind: Gästehaus mit Küche, Schule, Haus des Abts. Oben links sind Ärzte- und Krankenhaus eingezeichnet, rechts die Gärten. Unmittelbar über dem Kreuzgang liegt die Wärmestube und in dessen Obergeschoss der Schlafsaal der Mönche; rechts neben dem Kreuzgang der Speisesaal (Refektorium). Weiter rechts und darunter folgen die verschiedenen handwerklichen und landwirtschaftlichen Betriebe und Unterkünfte.

Wie St. Gallen seinen Aufschwung fränkischen Stiftungen verdankte, so ging auch das Priorat Payerne, dessen Kathedrale 1.7 hier zu sehen ist, auf fürstliche Schenkungen zurück. Nicht zuletzt wegen eines von den Mönchen gefälschten Testaments wurde die um 960 verstorbene burgundische Königin Bertha im Mittelalter an ihrer Grablege am späteren Standort des Klosters als Stifterin verehrt. Payerne gehörte zum Klostersystem von Cluny und wurde im 11. Jahrhundert nach dessen Vorbild gestaltet. Bis zur Reformation hatte zumeist ein savoyischer Vogt die Schirmvogtei inne. Er sprach Recht und schützte die Mönche gegen äussere Bedrohungen. Im 19. Jahrhundert sollte Bertha als «bonne reine Berthe» zu neuer Popularität gelangen, gleichsam als französischsprachige Mutterfigur des neuen (und reformierten) Kantons Waadt, der die Herrschaft Berns abgeschüttelt hatte.

Kathedrale von Payerne VD, 11. Jahrhundert 1.7

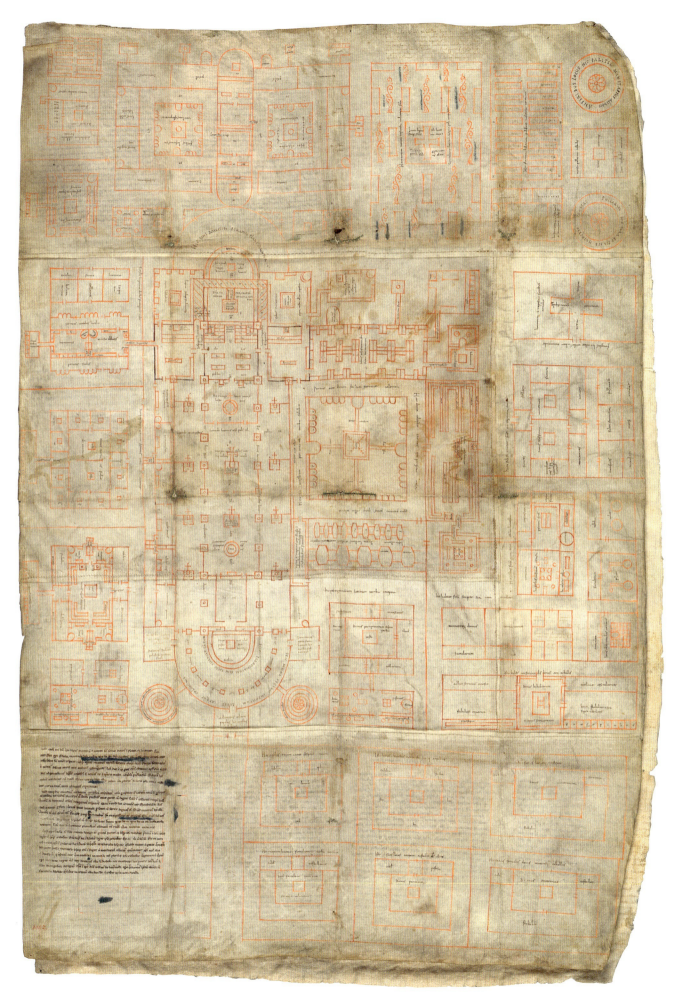

St. Galler Klosterplan, um 820 1.6

Schutz und Gefahr zugleich: der Adel

Der Schutz von Kirche und Geistlichkeit, des Ersten Standes, war eine zentrale Aufgabe des adligen Zweiten Standes. Insofern legitimierte die Initiale in diesem Psalter, einem liturgischen Textbuch aus Engelberg, den Ritter, mit der Lanze in die Schlacht zu ziehen, um die rechte Ordnung wiederherzustellen. 1.8

Ein staatliches Gewaltmonopol gab es noch nicht. In der Fehde verteidigte jeder Adlige weitgehend nach eigenem Gutdünken das Wohlergehen seiner Schutzbefohlenen, aber auch sein eigenes Recht und seine Ehre, nicht selten im Geist der Blutrache. Der Bau von rund 2000 mittelalterlichen Burgen im Gebiet der heutigen Schweiz symbolisiert dies. Der Höhepunkt der Bautätigkeit lag im 13. Jahrhundert, als auch die Bibel aus der Freiburger Zisterzienserabtei Hauterive 1.9 entsprechend geschmückt wurde.

Nicht nur hochadlige Grafen, sondern ebenso kleinadlige Ritter und Ministeriale schufen sich ihre Burg als Herrschaftsmittelpunkt, Wohnsitz und sichere Verteidigungsstellung. Erst im 14. Jahrhundert konnten die grossen Dynastien das königliche, später dann landesherrliche Befestigungsrecht gegen diese Konkurrenten allmählich durchsetzen.

Wenn sich die Herren und oft auch ihre Abhängigen während einer Fehde in die Burg zurückzogen, wurden Häuser und Felder der Bauern das Ziel der marodierenden Feinde. Auf dem vermutlich aus Konstanz stammenden Schmuckkästchen 1.10 treiben Ritter geraubtes Vieh davon. Damit trafen sie den Grundherren an seiner empfindlichsten Stelle. Von den landwirtschaftlichen Erträgen hing der Grundherr ebenso ab wie seine untertänigen Bauern, die zumeist nur knapp ihren Lebensunterhalt bestreiten konnten. Umso mehr brauchten sie friedliche Verhältnisse für die Arbeiten, wie sie auf den Glasfenstern mit Monatsbildern 1.11 dargestellt sind, die im 13. Jahrhundert für die Kathedrale von Lausanne geschaffen wurden: im Rebberg und im Garten, beim Ernten und Dreschen, Mästen und Schlachten.

Miniatur eines Ritters aus einem Psalter des Klosters Engelberg OW, um 1250 1.8

Burgenbau nach einer Miniatur aus einer Bibel des Klosters Hauterive NE, 13. Jahrhundert 1.9

Schmuckkästchen mit Darstellung von marodierenden Rittern, um 1320 1.10

Der Jahreslauf der Bauern auf Glasfenstern der Kathedrale
Lausanne VD, 13. Jahrhundert 1.11

Handelswege und Messen
Die alpine Gesellschaft
Betonter Adelsstand trotz Niedergang
Zwei Herrscherhäuser: Savoyen und Habsburg
Reichsunmittelbarkeit und Bündnispolitik

2. Städte und Länder im Heiligen Römischen Reich

Im Hochmittelalter, zwischen 1000 und 1300, stieg die Bevölkerungszahl im Gebiet der heutigen Schweiz stark an. Das lag nicht nur an der intensivierten Landwirtschaft, sondern auch am zunehmenden wirtschaftlichen Austausch über die eigene Region hinweg. Voraussetzung dafür waren feste Märkte, also Städte. Sie beherbergten die spezialisierten Zunftgewerbe, die Waren für steigende Ansprüche produzierten. Wer seine Macht ausdehnen wollte, erkannte in den Städten fiskalische Einnahmequellen, aber auch mögliche Verwaltungszentren. Denn die Herrschenden selbst, und namentlich der König, hatten noch keinen festen Hof, sondern reisten oft, um ihren Aufgaben nachzugehen. Etliche Adelshäuser gründeten selbst Städte, die zu den antiken Bischofsstädten und jüngeren Siedlungen hinzukamen, die um ein Kloster oder eine Königspfalz wie Zürich entstanden. Am berühmtesten wurden die Zähringerstädte, insbesondere Bern und die beiden Freiburg, im Breisgau und im Üechtland. Drei Viertel der 200 Städte, die es um 1300 gab, entstanden im vorangehenden Jahrhundert. Allerdings blieben die meisten Städte auf wenige Hundert Einwohner beschränkt; mehr als 5000 Menschen zählten damals nur Genf, Basel und St. Gallen. Die grosse Pestwelle von 1348/49, die ein Drittel der Bevölkerung hinwegraffte und die Juden als angebliche Brunnenvergifter zum Opfer von Pogromen werden liess, beendete die Phase der Stadtgründungen.

Die Seuchen und die Klimaverschlechterung («kleine Eiszeit»), die zu Beginn des 14. Jahrhunderts einsetzte, verstärkten den Strukturwandel, der in den alpinen Regionen stattfand. Die Arbeitsteilung zwischen urbanen Zentren und ländlicher Peripherie veränderte die dortige Produktionsweise nachhaltig. Die Bewohner der Alpentäler wechselten von der Subsistenzwirtschaft auf steilen, kargen Böden zur Grossviehhaltung, Herstellung von Fleischprodukten und Milchverarbeitung (Käse). Absatzmärkte waren die wachsenden Städte und diejenigen Regionen, deren eigene Produktion wegen der Seuchen wohl stärkere Ausfälle erlitt als die isolierten und kühlen Berggebiete. Letztere exportierten nicht nur ins Mittelland und weiter nach Norden, sondern auch in die städtereiche Lombardei. Die Eröffnung der Schöllenenschlucht um 1200 erschloss den Gotthard, allerdings weniger dem Fernhandel, der den Grossen St. Bernhard, den Septimer und vor allem den Brenner bevorzugte. Die Innerschweizer Grossbauern hingegen führten Rinder und Pferde über den Pass und als selbständige Kriegsunternehmer bald auch einheimische Soldtruppen. Umgekehrt zogen «Lombarden», italienische Bankiers, mit ihrem Fachwissen nach Norden, zum Beispiel nach Luzern, und belebten so den Fernhandel. Dazu trug bei, dass die Viehzüchter in den Alpen nun auf Getreide angewiesen waren, das aus dem Oberrheingebiet und aus Schwaben importiert wurde, zudem auf Salz für die Konservierung von Fleisch und Milchprodukten. Der künftige Raum der Schweiz spaltete sich so langfristig in ein «Hirtenland» (Innerschweiz, Westalpen) und ein «Kornland» (Mittelland, Tafeljura), die aber zur Sicherung von Einkaufsmöglichkeiten und Transportwegen zunehmend kooperierten.

Anders als das Mittelland war das Alpengebiet wenig feudalisiert. Die Unterschiede zwischen einem oft ärmlichen niederen Adel und unternehmerischen Grossbauern waren gering. Zusammen stellten sie die Häupter der (vor-)alpinen Länderorte, also derjenigen künftigen Kantone, die kein städtisches Zentrum hatten. Diese Orte arbeiteten in den kleinräumigen Tälern zusammen, um den Landfrieden zu wahren: Hilfe beim Rechtsvollzug, Schlichtungsverfahren bei Konflikten, Schutz vor äusseren Bedrohungen. Besonders in Zeiten der Unsicherheit entstanden dafür Bünde, die beschworen wurden – die Eidgenossenschaften. Wurden sie nicht, wie zumeist, für eine kurze Dauer geschlossen, galten die Landfriedensbünde «ewig», also unbefristet. Das war auch beim Bund von Anfang August 1291 der Fall, mit dem Uri, Schwyz und Nidwalden wohl nicht zum ersten Mal gemeinsame Ordnungspflege vereinbarten. Wichtiger war ihr Zusammenschluss, nun inklusive Obwalden, als «Waldstätte». König Ludwig der Bayer verlieh ihnen als Dank für ihre Loyalität im Kronstreit mit den Habsburgern gemeinsame Privilegien und anerkannte sie damit als bündnisfähiges Dreiländergebilde.

Ludwigs erste Königsbriefe für die Waldstätte stammten aus den Jahren 1315/16. Vorangegangen war deren Sieg bei Morgarten über den habsburgischen Gegenspieler des bayerischen Wittelsbachers. Ende 1315, mit dem Bund von Brunnen, sicherten sich die Häupter der drei Orte gegenseitige Hilfe gegen äussere und innere Feinde zu. Vielleicht kämpften die Innerschweizer bei Morgarten unter dem Grafen Werner von Homberg, der kurz zuvor die Reichsvogtei über die Waldstätte erlangt hatte. Dass sich seine Spuren aber bald verloren, war keine Ausnahme. Für die weitere Entwicklung entscheidend war der Bedeutungsverlust des Adels, der verschiedene, oft unkriegerische Gründe hatte. Die hochadligen Edelfreien starben weitgehend aus, weil männliche Nachfolger fehlten: die herzogliche Linie der Zähringer 1218, die Kyburger 1264, die Grafen von Rapperswil 1283. Vielen Familien des niederen Adels erging es ähnlich. Der Kriegerberuf war lebensgefährlich, und die nachgeborenen Söhne, die als Geistliche untergebracht wurden, hatten keine legitimen Nachkommen. Durch die Pestwellen verbesserte sich die Position der abhängigen Bauern, weil reichlich Land vorhanden war, aber weniger Arbeitskräfte. Sie konnten nun über ihre Leistungen verhandeln. So stagnierten die Einnahmen, während viele Preise stiegen. Deshalb begaben sich zahlreiche Ritter in den Fürstendienst, vor allem bei den Habsburgern, oder sie wurden als Patrizier in einer Stadt eingebürgert. Wehrten sie sich kriegerisch gegen den Statusverlust, gerieten sie ins Visier der sich ausbildenden Landesherrschaft.

Für eine solche grossräumige Ordnung gab es zusehends nur noch zwei Alternativen: Entweder gelang es den Habsburgern oder Savoyern, im Mittelland ein fürstliches Territorium zu errichten, wie das im Reich auch anderswo die Regel war, oder aber Städte und Länderorte konnten, was sonst kaum vorkam, dauerhafte Bündnisse schliessen und den Landfrieden selbst sichern. Wohl war dies ein Vorrecht des Adels. Doch dank kaiserlichen und königlichen Privilegien waren nicht nur die Waldstätte, sondern auch etliche Städte reichsunmittelbar und damit zu eigenständiger Herrschaft ermächtigt. Gerade den Handeltreibenden bedeuteten sichere Überlandwege und politische Stabilität viel. Als Partner der Reichsstädte kamen einerseits die Habsburger und Savoyer in Frage, andererseits die autonomen Talschaften in den Alpen. Beides hatte Vor- und Nachteile. Ein Fürst konnte versuchen, die Städte gefügig zu machen, befand sich aber mit seinen vielfältigen Interessen oft in ungefährlicher Ferne. Die Talschaften waren in ihrer oligarchisch-demokratischen Struktur unberechenbar, jedoch nahe Helfer in der Not. Diese Nähe machte sie zugleich zu potenziellen Untertanen der Städte, die sich ihr untertäniges Territorium – wie zum Beispiel Bern – im Oberland schufen. Welche Option attraktiver war, liess sich um 1350, bei den ersten Bünden von Zürich und Bern mit den Waldstätten, noch nicht absehen.

Handelswege und Messen

Das vor 1576 entstandene «Chronicon Helvetiae» des Wettinger Abts Christoph Silberysen vermerkte, dass die Zuger Marktszene 2.1 von 1432 in eine Zeit von Hungersnot und Kälte fiel. Seitdem sich die klimatischen Rahmenbedingungen verschlechtert hatten, dienten Märkte nicht zuletzt dazu, aus Gebieten mit besseren Ernteerträgen Nahrungsmittel – hier Getreide in Säcken – heranzutransportieren. Aber auch die Versorgung mit regionalen Produkten wie Obst war gefragt. Während diese mit Karren oder in Körben zu Fuss oder mit Zugtieren herangeführt wurden, hatte für längere Distanzen und schwerere Waren der Wasserweg Vorrang. Die erste Szene aus der Luzerner Chronik Diebold Schillings des Jüngeren (1513) zeigt, wie Fracht, die vom Gotthard eintrifft, auf Flussnauen umgeladen wird, 2.2 die sie auf der Reuss Richtung Zürich oder Bodensee führen. Solche Fahrten, überhaupt der Fernhandel, waren gefährlich: In der zweiten Szene erleiden Luzerner Kaufleute zwischen Spreuer- und Reussbrücke Schiffbruch, 2.3 kaum dass sie nach Zurzach aufgebrochen sind.

Die Zurzacher Messe war gleichsam eine Aussenstation der berühmten Messen der Champagne und derjenigen von Genf, die im 14. und 15. Jahrhundert blühte. Viermal im Jahr reisten Händler für ein bis zwei Wochen nach Genf, um Luxuswaren zu verkaufen und Finanzgeschäfte zu tätigen. In Zurzach wechselten jeweils an drei Tagen um Pfingsten und Verenatag (1. September) auch alltägliche Waren die Hand: Textilien, Metalle, Vieh und Tierprodukte. Das Wandbild des Klosters St. Georgen in Stein am Rhein 2.4 von 1515 zeigt den Pferdemarkt in Zurzach, aber auch die verschiedenen Vergnügungen im Umfeld der Messe.

Zuger Marktszene in der Bilderchronik des Christoph Silberysen, 1576 2.1

Die Zurzacher Messe auf dem Wandbild des Klosters St. Georgen in Stein am Rhein SH, 1515 2.4

Schiffbruch in Luzern, Luzerner Chronik des
Diebold Schilling, 1513   2.3

Umladen von Fracht in Luzern, Luzerner Chronik des
Diebold Schilling, 1513   2.2

Die alpine Gesellschaft

Der Handel mit Vieh und Söldnern band die Alpentäler in internationale Handelsbeziehungen ein. Als wegkundige Säumer führten Innerschweizer zudem fremde Kaufleute und Reisende durch die Berge, wie die Winterszene aus der Wickiana 2.5 zeigt, einer in der zweiten Hälfte des 16. Jahrhunderts angelegten und reich illustrierten Nachrichtensammlung des Zürcher Geistlichen Johann Jakob Wick (1552–1588).

Aus derselben Zeit stammt Daniel Lindtmayers Federzeichnung des Alpbetriebs: 2.6 Melken, Erhitzen und Formen von Käse, Butterherstellung und Abtransport der Ware. Wie die Zelgenwirtschaft im Mittelland machte die Viehwirtschaft in Berggebieten viele Absprachen nötig, weil Wald, (Hoch-)Weiden und Alpen als Allmend gemeinsam genutzt und Alpwege erschlossen und unterhalten werden mussten. Alpgenossenschaften übernahmen über solche Nutzungsfragen hinaus auch politische Funktionen, indem sie Selbstjustiz bekämpften oder einen Ammann wählten. Aus den Gerichtstagen des Landammanns gingen seit dem 13. Jahrhundert die Innerschweizer Landsgemeinden hervor, Versammlungen aller Vollbürger, die wählten, verwalteten und politisch mitbestimmten, auch in äusseren Angelegenheiten.

Trotz solchen demokratischen Elementen blieb auch die alpine Gesellschaft hierarchisch geordnet. Die wohlhabenden Viehhändler und Soldunternehmer orientierten sich am Status von Adligen wie Graf Werner von Homberg, der als Minnesänger in der Manessischen Liederhandschrift verewigt wurde. Der Codex Manesse zeigt ihn als Teilnehmer eines Kriegszugs in Norditalien. 2.7 Ob er in der Schlacht bei Morgarten 2.8 eine Rolle spielte, ist in den Quellen so ungewiss wie die Lage der Kampfstätte und fast alles, was später über die emporstilisierte Schlacht geschrieben wurde. Wohl zutreffend hielt Christoph Silberysen rückblickend in der Legende seines Chronicon Helvetiae fest: «Die vom Zürich verlürent inn deß Herzogen dienst.» Die Habsburger hatten als Schutzvögte und Ordnungsmacht eingegriffen, nachdem Schwyzer Bauern widerrechtlich und gewaltsam Weideland des Klosters Einsiedeln beansprucht hatten. Dort liessen die Benediktinermönche Vieh für die aufblühende Reichsstadt Zürich züchten, die deshalb mithelfen wollte, die Ruhestörer zu bestrafen.

Graf Werner von Homberg als Soldunternehmer in Italien, Codex Manesse, um 1300   2.7

Innerschweizer Säumer im Schnee, Wickiana, 1560/1571   2.5

Die Schlacht am Morgarten nach der Bilderchronik
des Christoph Silberysen, 1576   2.8

Käseherstellung auf der Alp, Federzeichnung von
Daniel Lindtmayer, um 1600   2.6

Betonter Adelsstand trotz Niedergang

Die Manessesche Liederhandschrift wurde um 1300 in Zürich zusammengetragen und ist ein herausragendes Zeugnis der mittelalterlichen Adelskultur. Die Liederdichter wurden stilisiert gemalt, etwa im Turnierkampf, wie hier Freiherr Walther von Klingen. 2.9 Walther war zwar ein enger Gefolgsmann König Rudolfs von Habsburg, bewahrte aber seine Selbständigkeit. Doch im 14. Jahrhundert musste die Familie aus wirtschaftlicher und politischer Not ihre Rechte und Besitzungen im Thurgau allmählich verkaufen, grösstenteils an die Habsburger. Nun traten sie auf ihren vormaligen eigenen Gütern in österreichische Dienste. Um 1444 starb das Geschlecht aus.

Die Adligen gerieten unter wachsenden Druck zwischen Fürsten, in denen sie oft noch ihresgleichen erkennen wollten, und Stadtbürgern, auf die sie verächtlich hinabschauten und deretwegen sie ihren Status noch stärker herausstreichen mussten. Adel war oft bloss das Resultat akzeptierter Herrschaft, deren Unterworfene schnell wechseln konnten. Ein dauerhaftes Kennzeichen war seit dem 13. Jahrhundert das Wappen, das die Herkunft aus einem adligen Haus dokumentierte.

Die um 1340 entstandene Wappenrolle von Zürich 2.10 präsentierte auf 13 Pergamentstücken 450 Wappen und 28 Banner. Ein Herold schuf dank solchen Listen begehrte Exklusivität in einer Gesellschaft, die ohne Archive und mit wenig Schriftkultur vor allem auf mündlicher Überlieferung beruhte.

In Erzählungen und Liedern, später auch mit Stammbäumen und in Familienbüchern wurde Wert auf eine Ahnenfolge gelegt, die möglichst weit zurückreichte, idealerweise bis zur angeblichen Gefolgschaft unter Helden wie Caesar, Artus oder Karl dem Grossen. Adelsnachweise brauchte es in Erbangelegenheiten oder für Aufgaben, die dem Zweiten Stand vorbehalten waren, etwa als Domherr. Vornehme Bürgerfamilien übernahmen dieses Merkmal der Unterscheidung. So wurde der Wandteppich mit dem zum Teil fiktiven, bis auf die Herzöge von Schwaben zurückgehenden Stammbaum der längst ausgestorbenen Kyburger 1568 auf Geheiss des Zürcher Bürgermeisters Bernhard von Cham gestickt. 2.11

Freiherr Walther von Klingen im Turnierkampf, Codex Manesse, um 1300   2.9

Zürcher Wappenrolle, um 1340   2.10

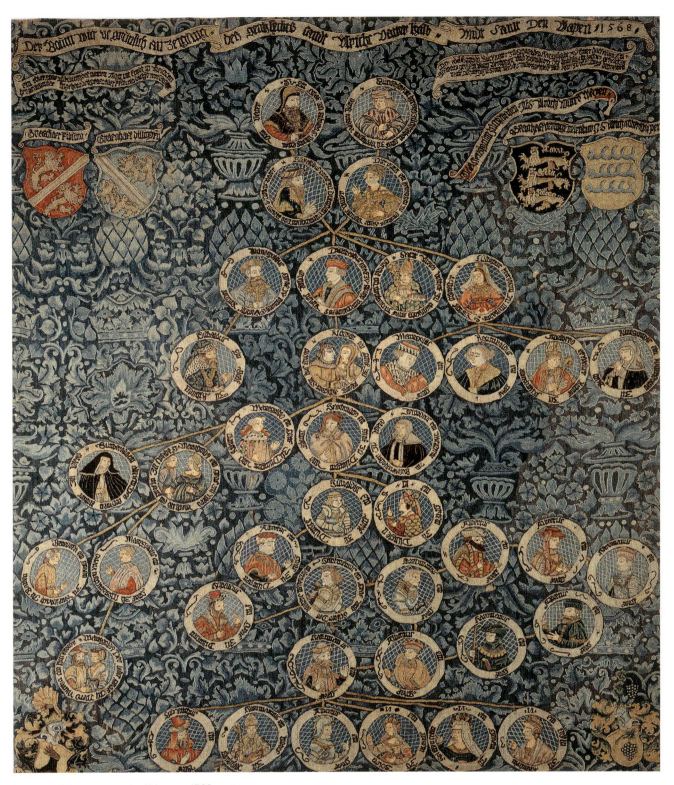

Teppich mit Stammbaum der Kyburger, 1568   2.11

Zwei Herrscherhäuser: Savoyen und Habsburg

Zwei grosse europäische Herrscherhäuser haben mittelalterliche Wurzeln in der heutigen Schweiz. Savoyen, von 1720 bis 1861 ein eigenes Königreich und dann bis 1946 das Herrscherhaus in Italien, dehnte sich von der bis heute gleichnamigen Alpenregion im 13. Jahrhundert in das westliche Mittelland aus. Dort arbeiteten die Savoyer zumeist einvernehmlich mit den Städten Bern und Freiburg zusammen. Diebold Schilling der Ältere malte in seiner Spiezer Chronik (1485) eine Berner Delegation, 2.12 die 1255 bei Peter II. im Schloss Chillon um einen Schirmvertrag gegen die bedrohlichen Kyburger bittet. Ludwig I. trat 1297 gar ins Burgrecht der Stadt Bern ein.

Zumeist Konkurrenten Savoyens waren die Habsburger, deren Stammburg weiter östlich bei Brugg lag. Sie stellten von 1438 an regelmässig den Kaiser im Heiligen Römischen Reich und von 1804 bis 1918 in Österreich-Ungarn. Ihr erster König im Reich wurde 1273 Rudolf I., der nach dem Sieg über seinen Konkurrenten Ottokar von Böhmen die Herzogtümer Österreich und Steiermark seinem Haus zuführte. Damit verschoben die Habsburger ihren Schwerpunkt nach Osten, wozu bald auch Tirol mit dem Brenner als wichtigstem Alpenpass gehörte. Rudolf wurde 1291 in der Grablege im Speyrer Dom beigesetzt. Seine Grabplatte 2.13 war wohl das erste Porträt im Mittelalter, das den Herrscher nicht idealisierte, sondern in seinem fortgeschrittenen Alter zeigte. Sein Sohn Albrecht, ab 1298 auch König, wurde ebenfalls in Speyer beigesetzt, starb aber in Königsfelden bei Brugg. 2.14

Bis heute erinnert dort das Doppelkloster, das seine Witwe zu seinem Gedenken stiftete, an Albrechts Ermordung durch seinen Neffen Johannes Parricida. Um 1360 entstanden in Königsfelden Glasmalereien mit einem dynastischen Zyklus. Erhalten sind noch zwei Stifterbilder, welche Albrechts Söhne darstellen: König Rudolf von Böhmen und Herzog Albrecht II. 2.15

Stifterbilder der Habsburger Rudolf von Böhmen und Herzog Albrecht II. im Kloster Königsfelden AG, um 1360   2.15

Grabmal Rudolfs von Habsburg im Dom von Speyer, nach 1291   2.13

Die Ermordung von König Albrecht bei Windisch, Ehrenspiegel des Erzhauses Österreich, 1555   2.14

Berner Gesandte bei Peter II. von Savoyen auf Schloss Chillon VD, Spiezer Chronik des Diebold Schilling, 1485   2.12

Reichsunmittelbarkeit und Bündnispolitik

Die Habsburger waren im 14. Jahrhundert keine Erbfeinde der späteren Eidgenossen. Wie andere weltliche und geistliche Herrscher auch, stellten sie manchmal den Konkurrenten, manchmal den Partner, wenn die politische Ordnung in einem überlokalen Rahmen gewahrt werden sollte. Erst recht keine Gegenspieler waren Kaiser und Reich. Vielmehr waren die meisten zukünftigen Kantone reichsunmittelbar und verdankten ihre Herrschaftsrechte kaiserlichen Privilegien. So erliess der Stauferkaiser Friedrich II. 1218 eine Beurkundung der Stadtrechte 2.16 zugunsten von Bern, das damit beim Aussterben der Zähringer an keinen neuen Stadtherren fiel. Solche Freiheitsbriefe wurden sorgfältig verwahrt und einem neuen König beim Herrschaftsantritt zur Bestätigung vorgelegt.
So ist es nicht erstaunlich, dass der Bundesbrief, das «aussenpolitische» Landfriedensbündnis von 1291 2.17 bald und bis zu seiner Wiederentdeckung 1758 in Vergessenheit geriet. Bündnisse schufen keine Herrschaft. Das galt auch für den Bund von Brunnen von 1315, mit dem die Chronisten dann ab dem späten 15. Jahrhundert die Eidgenossenschaft beginnen liessen. Für die Waldstätte viel wichtiger waren die Königsbriefe. So bestätigte ihnen der zum Kaiser erhobene Ludwig der Bayer 1327 in Como pauschal alle früheren Privilegien. 2.18
Erst im Rückblick erhielten zwei der vielen vorübergehenden Bündnisse im Raum der heutigen Schweiz eine grössere Bedeutung. Nach einer erfolgreichen Zunftrevolte suchte die neue Zürcher Regierung unter Rudolf Brun Rückhalt gegen die vertriebenen Patrizier. Am 1. Mai 1351 schloss sie einen Bund mit den drei Waldstätten und Luzern, die ihrerseits bereits 1332 eine Allianz eingegangen waren. Die Unterzeichner versprachen sich gegenseitig den Schutz von Leib, Gut, Ehren und Freiheiten sowie der umstrittenen Zürcher Zunftverfassung. Wenig später, am 6. März 1353, schloss Bern ein ebenfalls unbefristetes Bündnis mit den Waldstätten, das Luzern und Zürich indirekt einbezog. Nicht zum ersten Mal sicherte sich Bern so Innerschweizer Hilfstruppen, ohne sich zu mehr zu verpflichten als gegenüber anderen Bündnispartnern wie Habsburg und Savoyen. Dank den Innerschweizern überbrückte dieses neue Bündnisgeflecht allerdings die althergebrachte Grenze zwischen burgundischem und alemannisch-schwäbischem Mittelland.

Die Handfeste von Bern, ausgestellt von Kaiser Friedrich II., 1218   2.16

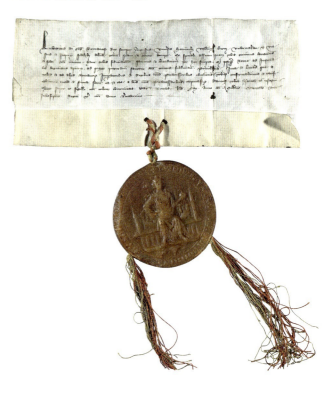

Reichsprivileg König Ludwigs des Bayern für die Waldstätte, 1327   2.18

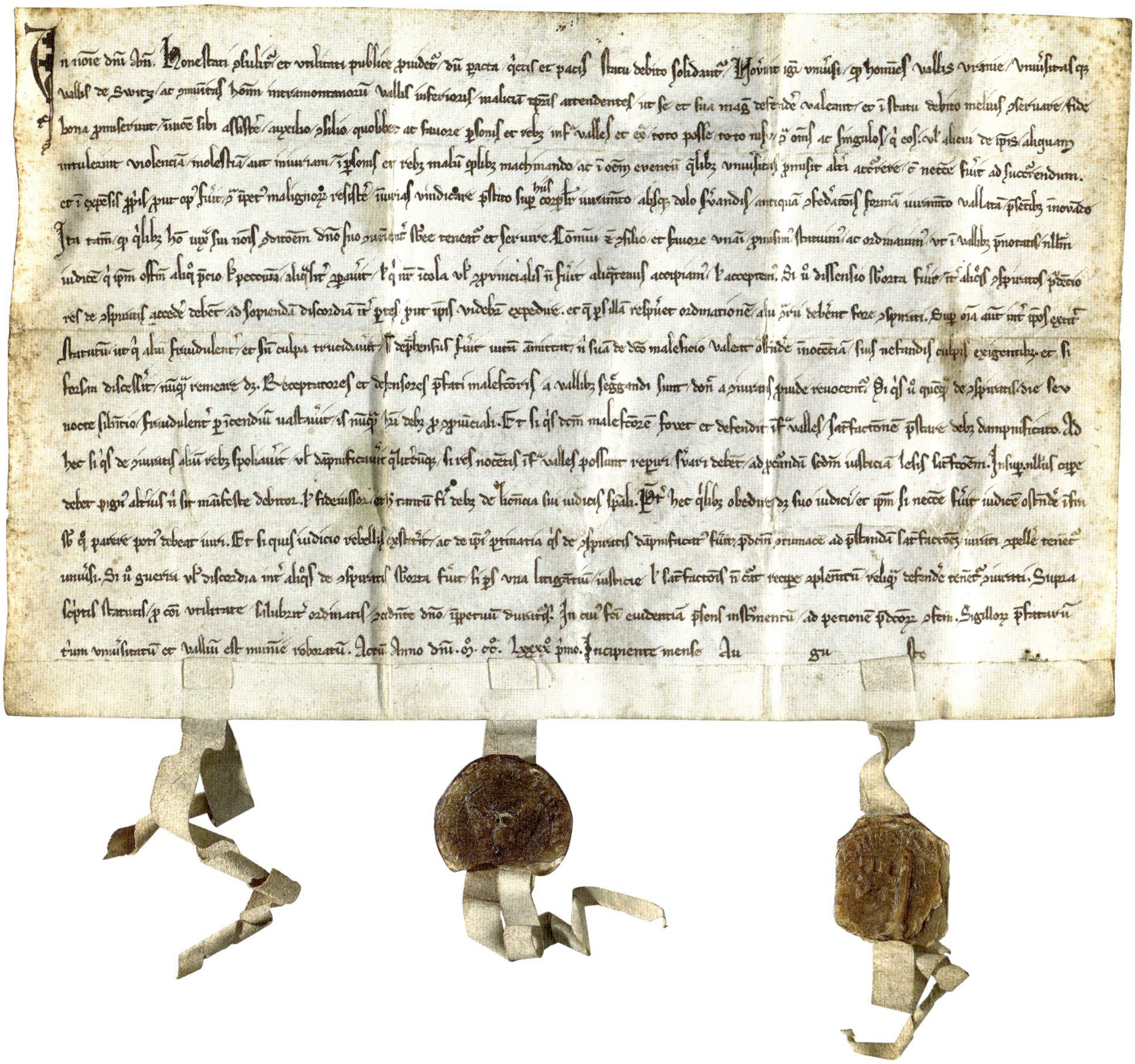

Bundesbrief von 1291 2.17

Schwören und Steuern
Konflikte bei der Territorienbildung
Das einzige dauerhafte Bündnisgeflecht
Weshalb die Schlachtensiege?
Die Habsburger werden verdrängt
Der Alte Zürichkrieg

3. Aus Eidgenossenschaften wird Eidgenossenschaft

Die Ausbildung der Eidgenossenschaft wird herkömmlich als vereinter Kampf der verbündeten Orte gegen Adlige und insbesondere gegen die Habsburger dargestellt. Tatsächlich war die Realität weniger spektakulär als die – auch bildliche – Überlieferung mit ihrem naheliegenden ereignisgeschichtlichen Fokus auf Schlachtensiege. In der zweiten Hälfte des 14. Jahrhunderts waren die beiden Verträge von Zürich und Bern mit den Waldstätten und Luzern bloss zwei von vielen Landfriedensbündnissen im südwestdeutschen Raum, an denen spätere schweizerische Orte mit anderen Städten beteiligt waren. Oft gehörten auch geistliche und weltliche Fürsten dazu, namentlich die Habsburger. Insbesondere Bern unterhielt eine eigentliche «burgundische Eidgenossenschaft» mit Bündnissen und Schirmverträgen im westlichen Mittelland, die auch Savoyen einband.

Von anderen Städtebünden, auch sehr erfolgreichen wie der Hanse, unterschied sich die zukünftige schweizerische Eidgenossenschaft letztlich dadurch, dass sie nicht ein Netzwerk blieb, sondern allmählich ein zusammenhängendes Territorium bildete. Das war aber kein Ziel der Bünde, und es war auch selten Ergebnis einer koordinierten Politik. Die Territorienbildung erfolgte kantonal und zumeist mit friedlichen Mitteln. Bis eine einigermassen einheitliche «oberste Herrschaft» über Untertanen entstand, dauerte es lange. Im Mittelalter gab es kein staatliches Gewaltmonopol. Herrschaftsrechte wurden einzeln verliehen oder erworben: Städte, Dörfer, Burgen oder einzelne Höfe, bestimmte Einkünfte, Regalien, Amtsbefugnisse, Vogteien und Abgaben, das Mannschaftsrecht zur Aushebung von Soldaten, die niedere oder die hohe Gerichtsbarkeit (das Blutgericht, das mit einem Todesurteil enden konnte). So teilten sich in demselben Gebiet oft mehrere Herren die verschiedenen obrigkeitlichen Zuständigkeiten. Zusehends erwarben einzelne Bürger und dann der städtische Rat selbst solche Rechtstitel von Adelsgeschlechtern, die sich in Geldnot befanden. Oft wurden Herrschaftsrechte vorerst nur verpfändet, langfristig aber doch abgetreten, weil das Pfand nicht mehr ausgelöst werden konnte.

Weitere Mittel städtischer Territorialpolitik waren Schirmvogteien, also Schutzzusagen an Schwächere, sowie das Burgrecht. Auf der Grundlage des Burgrechts wurden einerseits «Pfahlburger», vormals hörige Bauern, nach dem Prinzip «Stadtluft macht frei» in der Stadt aufgenommen. Andererseits konnten Adlige, aber auch Klöster, Dörfer oder andere Städte als «Ausburger» oder «Verburgrechtete» den Bürgerstatus erlangen, obwohl sie weiterhin ausserhalb der Stadt wohnten. Sie verpflichteten sich durch den Bürgereid zu Gehorsam und gewissen Abgaben und erhielten dafür militärischen Schutz und Anteil an städtischen Privilegien wie dem Marktrecht oder der Gerichtshoheit. Seltener war die kriegerische Unterwerfung des Adels, die als «Burgenbruch» in die nationale Erinnerung einging.

Die Territorienbildung war allerdings auch sonst konfliktträchtig – und führte unter anderem zum Sempacherkrieg. Ein Sieg der Habsburger hätte für die betroffenen Städte bedeutet, dass sie Verwaltungszentren geworden wären, nicht eigenständige Herrscher. Da die Städte in ihrem unmittelbaren Umland ein strenges Regime führen konnten, wäre die ferne habsburgische Herrschaft für die ländlichen Untertanen wohl leichter zu ertragen gewesen: Sie pflegte viele Organisationsbereiche der lokalen Selbstverwaltung zu überlassen. Bis in die Reformationszeit hinein belegten etliche Revolten wie der Zürcher «Waldmannhandel», dass die ländlichen Untertanen sich nur widerwillig unter das Joch der Städte fügten. Einen gewissen Rückhalt fanden sie dabei in den Länderorten, die im Geist der eidgenössischen Bünde als Schiedsrichter wirken konnten. In ihrer Doppelrolle wahrten sie, die manchenorts ja ebenfalls Herrschaftsrechte ausübten, die Ansprüche der Städte. Gleichzeitig verteidigten die Länderorte aber auch das Gewohnheitsrecht und «Herkommen», mit dem die Untertanen sich gegen den verstärkten obrigkeitlichen Zugriff (Abgaben, Kriegsdienst) wehrten. Erfolgreich waren sie vor allem dann, wenn es nicht gegen Miteidgenossen ging, sondern gegen einen Fürsten, wie im Fall von Appenzell gegen den Abt von St. Gallen.

Den Innerschweizer Länderorten stand vor Augen, dass Berns Territorienbildung vor ursprünglich reichsfreien Talschaften wie Hasli und Frutigen nicht Halt gemacht hatte. Wie ursprüngliche Verbündete zu Untertanen wurden, sobald die habsburgische Bedrohung wegfiel, zeigten die Beispiele von Weggis und Vitznau (zu Luzern) oder ähnlich der March und des Klosters Einsiedeln (zu Schwyz). Zug und Glarus, die 1352 vorübergehend in «böse Bünde» mit den Waldstätten, Zürich und – nur mit Zug – Luzern gezwungen wurden, sahen in ihren ursprünglichen habsburgischen Herren eine Schutzmacht gegen die aggressiven und überlegenen Nachbarn. Wenn sie schliesslich eigenständige Orte und nicht Untertanen wurden, so lag das nicht zuletzt daran, dass sie im Schnittbereich von Zürich und Schwyz lagen, die sich gegenseitig eifersüchtig kontrollierten.

Obwohl der Bund mit Zug von 1352 nicht von Dauer war, wurde die Stadt doch allmählich ein gleichberechtigter Ort. Das war deshalb bedeutungsvoll, weil Zug mit seinen untertänigen Vogteien und mit den drei gleichberechtigten ländlichen «Äusseren Ämtern» die territoriale Brücke von Zürich nach Luzern und zu den Waldstätten schlug. Mit der Eroberung des Aargaus 1415 wurden auch Bern und Zürich praktisch Nachbarn. Der Berner Aargau reichte bis zur Linie Reuss-Aare und machte aus Bern schon vor der Eroberung der Waadt und bis 1798 die flächenmässig grösste Stadtrepublik nördlich der Alpen. Das zweite bedeutende Ergebnis dieses Konflikts war die Vertreibung der Habsburger aus ihren Stammlanden. Und drittens entstanden mit der Grafschaft Baden und den Freien Ämtern die ersten Gemeinen Herrschaften. Mit deren Verwaltung erhielten die acht Orte erstmals eine dauerhafte gemeinsame Aufgabe, die sie durch Landvögte wahrnahmen, die im kantonalen Turnus alle zwei Jahre wechselten. Deren Rechenschaftsablage begründete die Tagsatzung als Gesandtenkongress. Trotz ihren stets beschränkten Kompetenzen blieb die Tagsatzung deshalb wichtig, weil andere gesamteidgenössische Institutionen fehlten. Bis 1798 gab es auch keinen Bundesvertrag, der alle Orte zusammen erfasst hätte. Das taten nur einzelne Dokumente wie der Sempacherbrief von 1393. Die Eidgenossenschaft blieb ein Gefüge von Bündnissen, die zudem vorerst keineswegs exklusiv waren. Genau dies führte zur Krise des Alten Zürichkriegs: Wem war die Reichsstadt an der Limmat mehr verpflichtet – dem formalen Stadtherren aus dem habsburgischen Königshaus oder den ländlichen Alliierten aus der Innerschweiz?

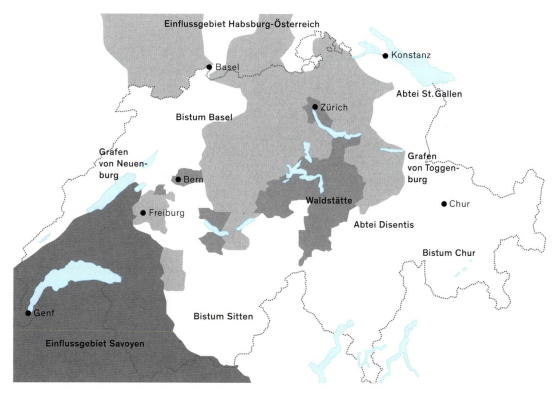

Die Einflussgebiete der Häuser Habsburg und Savoyen und die eidgenössischen Städte und Länder im Raum der heutigen Schweiz vor 1350

Schwören und Steuern

Mit einem Siegel 3.1 bekundete ein Herrschaftsträger, dass ein Dokument seinem Willen entsprach. Auch Körperschaften wie Klöster, Universitäten oder Städte schufen durch ein Siegel Rechtssicherheit. Da aber die meisten Menschen nicht lesen konnten, vermittelten öffentlich vollzogene Rituale die legitime politische Ordnung noch nachhaltiger. So versicherten die Bürger am festgelegten Schwörtag mit ihrem Eid, dass sie der Obrigkeit gehorchen und sich gegenseitig Hilfe leisten wollten. Die Darstellung einer Berner Huldigung 3.2 stammt aus der Spiezer Chronik Diebold Schillings des Älteren, der sich zudem ausmalte, wie die Grafen Hartmann und Eberhard von Kyburg im frühen 14. Jahrhundert ihr Burgrecht mit Bern erneuerten und schworen, 3.3 ihren Pflichten als Neubürger nachzukommen.

Während Bern schon im 14. Jahrhundert und vor allem seit dem erfolgreichen Laupenkrieg (1339) Besitzungen vom Bielersee bis zum Alpenkamm erlangte, begann Zürich erst im 15. Jahrhundert mit dem Erwerb von Herrschaftsrechten im Umland. Der entscheidende Schritt gelang 1424: Das Zürcher Territorium verdoppelte sich dank der Übernahme der Grafschaft Kyburg, die von den Habsburgern als Reichspfand überlassen werden musste. Wie andere Städte übernahm Zürich zumeist die bereits bestehenden Verwaltungsstrukturen. Mächtige Ratsmitglieder verwalteten die stadtnahen Vogteien direkt, die entfernteren Besitzungen kamen unter dort residierende Landvögte. Ihre hohen Auslagen für dieses Amt und das angestrebte «standesgemässe Leben» trieben sie wieder ein, indem sie einen Anteil an Zehnten, Steuern oder Zöllen einbehielten und die Güter der Landvogtei bewirtschafteten. Das Kyburger Urbar, 3.4 ein 1482 verfasstes Verzeichnis der Einkünfte, dokumentierte die Ansprüche der Stadt. Um diese durchzusetzen, war ein Landvogt darauf angewiesen, dass die dörflichen Führungsgruppen mit ihm zusammenarbeiteten. Grossbauern, Müller oder Wirte wirkten als lokale Amtsträger. Die wichtigsten bestimmte der städtische Rat, zum Teil wählte sie aber auch die Gemeinde.

Älteste Siegel von Zug (oben) und Luzern, und Gipsabdruck des 3. Siegels von Freiburg, 13. Jahrhundert 3.1

Huldigung der Berner vor dem Rat, Spiezer Chronik des Diebold Schilling, 1485 3.2

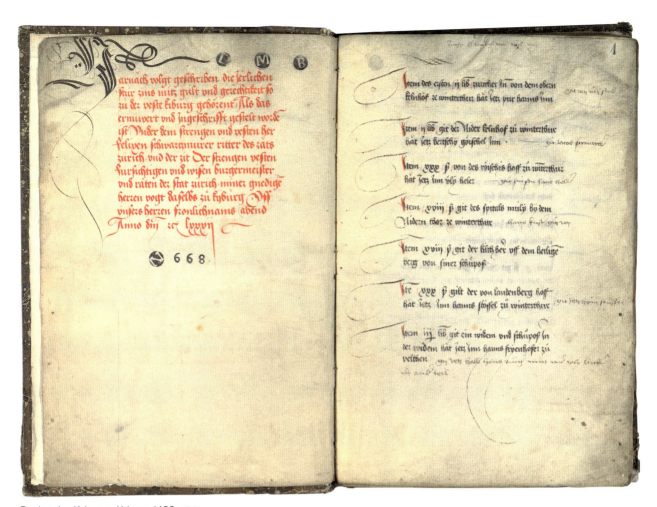

Beginn des Kyburger Urbars, 1482   3.4

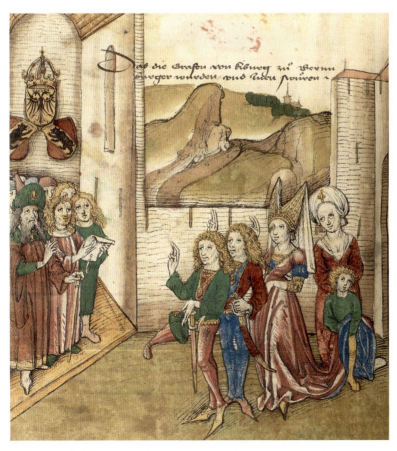

Hartmann und Eberhard von Kyburg schwören 1311 ein Burgrecht mit Bern,
Spiezer Chronik des Diebold Schilling, 1485   3.3

Konflikte bei der Territorienbildung

Zürichs Verspätung beim Aufbau eines Territoriums lag auch darin begründet, dass die Handwerkerzünfte erst im 15. Jahrhundert das Regiment dominierten. Stadtnahe Besitzungen garantierten ihnen einerseits Nachschub an Rohstoffen, andererseits ein Monopol beim Absatz ihrer gewerblichen Produkte. Die Ritter und Kaufleute, die seit Bruns Zunftrevolte von 1336 allmählich an Einfluss verloren, hatten dagegen eine weiträumige Perspektive, die vom Oberrhein und von Schwaben bis nach Norditalien reichte: städtereiche Regionen, in denen auch der Adel eine wichtige Rolle spielte. Den Kaufleuten begegnete dieser oft, wie hier in der auf 1371 datierten Szene der Spiezer Chronik, 3.5 in Gestalt von Raubrittern. Gewalttäter konnte aber auch ein Geistlicher wie der Propst des Zürcher Grossmünsters werden, der den Luzerner Schultheiss überfiel und dadurch den Pfaffenbrief von 1370 provozierte. Darin kamen die sechs Orte des Zuger Bunds überein, dass Kleriker bei solchen gewöhnlichen Verbrechen keinen Anspruch auf ein auswärtiges, also kirchliches Gericht hatten. Die Unterzeichner definierten ihre Gebiete erstmals räumlich als «unser Eydgnosschaft», in der sie die rechtliche Ordnung gemeinsam aufrechterhalten wollten.

Nicht nur, dass Bern und Glarus dem Pfaffenbrief fernblieben, zeigt die Offenheit der Allianzen. Im Norden gab es die naheliegende Alternative der Städtebünde, um die Sicherheit der Handelswege und des Rechtsvollzugs zu gewährleisten. 51 rheinische und schwäbische Reichsstädte unterzeichneten 1385 den Konstanzer Bund, 3.6 dem auch Zürich, Bern, Solothurn und Zug beitraten. Den Einschluss Luzerns verhinderte Schwyz: Die Vielfalt von politischen Optionen weckte Ängste und Eifersüchte. Tatsächlich vermerkte die Zürcher Kanzlei 3.7 jeweils nur knapp die Neubeschwörung des Bundes von 1351, die erstmals 1378 erfolgte und fortan in unregelmässigen Abständen von drei bis zwölf Jahren. Damit beschworen die Verbündeten aber nicht ihre wachsende Anhänglichkeit, sondern die Bereitschaft, die durch die territoriale Ausbreitung zunehmende Zahl von Konflikten friedlich zu regeln.

Der Konstanzer Bund, 1385 3.6

Ein Kaufmann wird von Raubrittern überfallen, Spiezer Chronik des Diebold Schilling, 1485   3.5

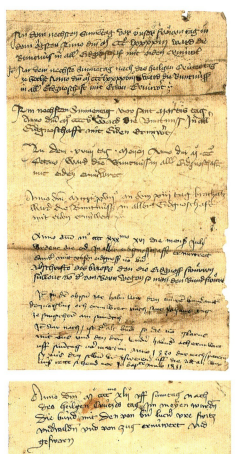

Notizen über die Neubeschwörung der eidgenössischen Bünde in Zürich, 1393–1430   3.7

Das einzige dauerhafte Bündnisgeflecht

Eine weitere Option, die im Reich die Regel wurde, war die Territorialherrschaft durch eine fürstliche Dynastie, hier die Habsburger. Sie führten 1361 am Lehenstag von Zofingen 3.8 vor Augen, dass ihre Anhängerschaft in der Innerschweiz und in den Städten des Mittellands sehr beachtlich war. Am Turnier setzten sich die Ritter in Szene, deren Helmzier den österreichischen Pfauenstoss, den roten Löwen von Bayern und den Jungfernrumpf mit Hirschgeweihen der Grafen von Thierstein zeigen. Gerade für Kaufleute war die effiziente Sicherung des Landfriedens durch den Militärstand keine abwegige Option. Damit wurden die Städte bei Ordnungsaufgaben aber von den Fürsten abhängig oder auf den engen Raum innerhalb der Stadtmauern zurückgebunden. Dieses Schicksal erlitten die meisten deutschen Reichsstädte. Langfristigen Erfolg hatten die Städtebünde nur in der flächendeckenden eidgenössischen Kombination mit Länderorten. Den ersten hatte Luzern 1332 mit den Waldstätten geschlossen, was den Handlungsspielraum gegenüber den habsburgischen Stadtherren und ihren Vögten erhöhte. Luzern versuchte, das Umland mit Burgrechten an sich zu binden, so das Entlebuch und die nahegelegene habsburgische Kleinstadt Sempach, aber auch landsässige österreichische Eigenleute, also unfreie Bauern. Als Herzog Leopold III., 3.9 gegen diese Rechtsbrüche einschritt, erlitt er mit seinem Ritterheer 1386 bei Sempach die sensationelle Niederlage gegen Fussknechte aus Stadt und Land. Die Kurzformel «In suo, pro suo, a suis occisus» gab die Empörung der Adelswelt darüber wider, dass der Herzog von seinen eigenen Untertanen ermordet wurde, als er in seinem Territorium seine rechtmässigen Herrschaftsrechte ausübte. Auf der anderen Seite feierten die Eidgenossen fortan am Tag des Sieges das «Schlachtjahrzeit» in der Sempacher Schlachtkapelle. Darin gedachte man der eigenen Gefallenen; seit 1886 sind aber auch die Wappen der erschlagenen Adligen 3.10 zu sehen. Durch den Tod vieler Gefolgsleute war das habsburgische Lehensgeflecht bis hin zum Oberrhein nachhaltig gelichtet. Im restlichen Reich verlief die Auseinandersetzung umgekehrt: Der fürstliche Herrenbund besiegte den Konstanzer Bund, und der Landfriede von Eger verfügte 1389 die Auflösung aller Städtebünde.

Wappen der bei Sempach umgekommenen Adligen, Schlachtkapelle Sempach LU, 1886   3.10

Reitersiegel von Herzog Leopold III. von Habsburg-Österreich, vor 1386   3.9

Turnier am habsburgischen Lehenstag in Zofingen AG 1361,
Luzerner Chronik des Diebold Schilling, 1513   3.8

Weshalb die Schlachtensiege?

Der Sieg von Sempach erregte wohl Aufsehen, aber schriftliche Spuren hinterliess er nur auf Seiten der Verlierer. Die eidgenössische Stilisierung zum Duell zwischen hochmütigen Rittern und Bauern mit Gottesvertrauen begann erst ein Jahrhundert später. 1476 wurde erstmals der «getrüwe man» erwähnt, dessen Heldentod erst ein Jahrhundert später auf einer Wappenscheibe von etwa 1560 3.11 zu sehen war, angefertigt nach einer Vorlage von Rudolf Manuel. Im «Halbsuterlied» von 1533 erhielt er den Namen «Winkelried», wohl um den Hauptmann Arnold Winkelried aus Unterwalden zu ehren, der 1522 als Söldner in französischen Diensten gefallen war. Dass die Kampfweise nicht immer heroisch war, lässt sich aus dem Sempacherbrief von 1393 3.12 schliessen – das erste Dokument, das die Unterzeichner Luzern, Zürich, Bern, Zug und Glarus (sowie Berns Verbündeten Solothurn) «in unser eitgenossenschaft» vereinte. Fahnenflüchtige und vorzeitige Plünderer sollten bestraft, Kirchen, Klöster und Frauen geschont werden.

Wie die Eidgenossen trotz oft fehlender Disziplin erfolgreich fochten, zeigt die Darstellung der Schlacht am Stoss 3.13 (1405) beim älteren Schilling, die allerdings eher für die Zeit um 1500 als um 1400 repräsentativ war. Die mit Schwyz verbündeten Appenzeller besiegten dort habsburgische Ritter, die ihrem Landesherrn beistanden, dem Fürstabt von St. Gallen. Am Rand von grossen Schlachthaufen hielten Kämpfer mit fünf Meter langen Spiessen die feindlichen Reiter auf Distanz, bis die Soldaten im Inneren des Harsts hervorbrachen. Nur mit knappen Helmen und einem leichten Harnisch geschützt brachen sie mit Hellebarden und anderen Nahkampfwaffen (Schweizerdegen, Schwert, Dolch) keilartig und geschlossen in die feindliche (Ritter-)Phalanx ein. Die hier abgebildeten Schusswaffen, auch die Armbrust, spielten nur eine sekundäre Rolle. Die erfolgreichen Appenzeller sicherten durch ein Burg- und Landrecht mit den Eidgenossen (ausser Bern) ihre Unabhängigkeit vom Abt, dessen Wappentier, den Bären, sie in ihrem Appenzeller Banner 3.14 übernahmen.

Wappenscheibe mit der Szene von Winkelrieds Heldentod, um 1560   3.11

Appenzeller Banner, 15. Jahrhundert   3.14

Die Schlacht am Stoss AR 1405, nach der Berner Chronik des Diebold Schilling, 1483   3.13

Der Sempacherbrief von 1393   3.12

Die Habsburger werden verdrängt

Die Eidgenossen wurden im Reich unterschiedlich wahrgenommen. Der Adel verachtete die unkonventionellen Streiter; den Bauern sagte man nach, sie wollten «all gern Appenzeller sin». Entscheidend war, dass die Reichskrone bis 1438 bei Familien lag, die mit den Habsburgern konkurrierten und deren Gegner unterstützten. Nur diesen Geschlechtern verdankten die eidgenössischen Orte seit dem Staufer Friedrich II. ihre Herrschaftsrechte, zuletzt dem Luxemburger Sigismund im kaiserlichen «Privilegiensegen» von 1415 und 1433. In ihrem rechtfertigenden Selbstverständnis wahrten die Eidgenossen fortan die Rechte von Kaiser und Reich gegen habsburgische Usurpation.

Diese Konstellation ging auf das Konzil zurück, das 1414 in Konstanz, also in unmittelbarer Nähe begann. In der Konzilschronik des Ulrich von Richental (um 1420), 3.15 erscheint Sigismund als Feudalherr, der Lehen vergibt. Die abgebildeten Ungarn müssen nicht bloss Gefolgschaft versprechen, sondern auch materielle Gegenleistungen erbringen, weil sie (ebenso wie die eidgenössischen Städte) «nit edel sind». Vor allem aber wollte der König das Schisma mit den drei Päpsten beheben. Der aus Rom angereiste Johannes (XXIII.) entzog sich jedoch der Absetzung und floh zu Herzog Friedrich IV. von Tirol, den ein Votivbild von 1427 als frommen Mann darstellte. 3.16 Darauf sprach Sigismund dem Habsburger alle seine Herrschaftsrechte ab. Das kam einer Einladung an die Eidgenossen gleich, die habsburgischen Stammlande im Aargau durch einen Reichskrieg in königlichem Auftrag zu erobern. Mit der Kapitulation der Stadt Baden und der sie überragenden Burg Stein war dies vollzogen. Die Berner Chronik Benedikt Tschachtlans von 1470 zeigt die Übergabe der Stadtfahne mit dem T-Balken an die Belagerer. 3.17 Diejenigen Orte, die formal noch unter österreichischer Herrschaft standen (Luzern, Zug und Glarus), wurden von Sigismund zudem für reichsunmittelbar erklärt.

Herzog Friedrich IV. von Tirol auf einem Votivbild in der Kirche Wilten, Innsbruck, 1427 3.16

Die Ungarn vor König Sigismund am Konzil von Konstanz, Chronik des Ulrich von Richental, um 1420 3.15

Die Belagerung und Übergabe der Stadt Baden AG 1415, Berner Chronik des Benedikt Tschachtlan, um 1470 3.17

Der Alte Zürichkrieg

Wie um 1450 das Wappenbuch Herzog Albrechts VI. 3.18 festhielt, anerkannten die Habsburger ihre schmerzlichen Verluste noch lange nicht, die ihnen die «Schwizer, der untrew knecht, […] wider got, ehr und recht» zugefügt hatten. Die österreichischen Rückerstattungsforderungen einten die Sieger von 1415 aber noch keineswegs in ihren politischen Zielen. Insbesondere die Reichsstadt Zürich mit ihren vielfältigen Kontakten in den Bodenseeraum und nach Vorderösterreich fragte sich, ob die undisziplinierten Kriegsleute aus den Alpen auf Dauer zuverlässiger waren als die Habsburger, die ab 1438 praktisch ununterbrochen den König und dann den Kaiser im Reich stellten. Der eigentliche Gegenspieler der Zürcher war nicht Habsburg, sondern das selbstbewusste Schwyz. Es suchte durch die Verbindung zu Appenzell die Länderorte gegenüber den wirtschaftlich überlegenen Städten zu stärken. Dieser West-Ost-Riegel gefährdete die Verkehrswege und Expansionspläne der Zürcher, die über den Walensee auf die Bündner Pässe zielten.

So führte 1436 der Tod eines der letzten Hochadligen im schweizerischen Raum zum Konflikt. Denn die Besitzungen des Grafen von Toggenburg lagen im umstrittenen Gebiet, und er hinterliess zwar keine Erben, aber widersprüchliche Testamente. Im Alten Zürichkrieg (1440–1450) stellten sich die übrigen Eidgenossen auf die Seite der Schwyzer gegen Zürich, das seinerseits ein Bündnis mit Friedrich III. schloss, dem habsburgischen König im Reich. Die bitteren Kämpfe schufen nachwirkende Bilder: der Tod des Zürcher Bürgermeisters Rudolf Stüssi bei St. Jakob an der Sihl 3.19 (hier in der Chronik des Bremgartners Werner Schodoler, um 1520), die Hinrichtung der Zürcher Besatzung der Festung Greifensee 3.20 oder die Schlacht von St. Jakob an der Birs gegen die französischen Armagnaken. Das militärische Patt führte 1450 zum Frieden, der Zürich seine Besitzungen beliess. Es musste aber die Innerschweizer Leseweise der älteren Bundesbriefe akzeptieren, die Bündnisse mit den zu Erbfeinden stilisierten Habsburgern angeblich ausgeschlossen hatten. Deshalb wurden der Luzerner-, Zuger- und Zürcherbund 3.21 unter den ursprünglichen Daten des 14. Jahrhunderts neu ausgestellt – nun aber ohne den im Original erwähnten Vorbehalt der österreichischen Rechte.

Wappenbuch von Herzog Albrecht VI. mit den Wappen der weiterhin beanspruchten eidgenössischen Orte, Ingeram Codex, um 1450/1460   3.18

Tod des Zürcher Bürgermeisters Rudolf Stüssi bei St. Jakob an der Sihl ZH 1443, Eidgenössische Chronik des Werner Schodoler, um 1520   3.19

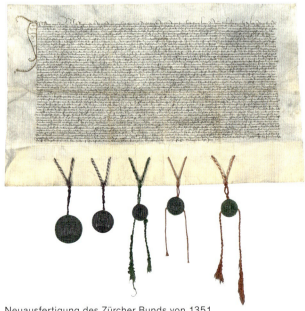

Neuausfertigung des Zürcher Bunds von 1351, Zürcher Exemplar, 1454   3.21

Hinrichtung der Besatzung von Greifensee 1444, Berner Chronik des Benedikt Tschachtlan, um 1470   3.20

Die Burgunderkriege
Der Schwabenkrieg
Expansion im Süden
Die Tragik des Soldwesens
Der Einfluss des Humanismus
Eine gemeinsame Vergangenheit entsteht
Grenzen werden eingezeichnet

4. Auf der Suche nach Grenzen

Mit dem Frieden von 1450 und der neuen Deutung der im 14. Jahrhundert geschlossenen Landfriedensbündnisse wurde die Eidgenossenschaft von einem lockeren Bündnisgeflecht zu einem einigermassen geschlossenen und abgegrenzten «Bündnisverbund». Nur so konnte sie politischen Bestand haben in einer Zeit, in der die lockeren Städtebünde den fürstlichen Territorialstaaten längst unterlegen waren. Von der Saane bis zur Thur und bald bis zum Bodensee erstreckte sich der «alte große pund obertütscher landen» zwar nicht ganz flächendeckend, aber ohne nennenswerte Konkurrenten. Das Unruhepotenzial kampflustiger Jungmannschaften wurde exportiert, einerseits in Form von Söldnern, andererseits durch Beutezüge in die Nachbarregionen, die mafiösen Charakter annahmen: Wer Schutzgeld entrichtete, blieb von Plünderungen verschont. In diesem Geist erfolgte die Eroberung des Thurgaus 1460 ähnlich wie 1415 auf Einladung eines Universalherrschers, nachdem diesmal Papst Pius II. einen habsburgischen Herzog, nämlich Sigmund von Tirol, gebannt hatte. Die Eidgenossen folgten der päpstlichen Einladung und besetzten den habsburgischen Thurgau. Er wurde eine Gemeine Herrschaft unter einem eidgenössischen Landvogt. Weitere eroberte Vogteien gingen in die 1483 gebildete Gemeine Herrschaft Sargans ein. Auch das bisher habsburgische Rapperswil musste 1464 ein Schirmbündnis mit den Waldstätten und Glarus eingehen, und Zürich erwarb drei Jahre später das inzwischen völlig isolierte habsburgische Winterthur. Südlich des Rheins verblieb Österreich damit nur noch das Fricktal.

«Oberdeutsch» war der Bund auch der Sprache nach. Selbst im 1481 zusammen mit Solothurn in die Eidgenossenschaft aufgenommenen Freiburg wurde es zur Amtssprache. Der Expansionsdruck nach Westen und Süden richtete sich damit gegen «welsche» Gebiete, die nur als Untertanen in der Eidgenossenschaft Platz haben konnten. Über den Gotthard stiessen die Urner schon im frühen 15. Jahrhundert wiederholt in die Leventina vor, die der Herzog von Mailand 1480 endgültig abtrat. Mehr Aufsehen erregten europaweit die Schlachtensiege gegen die Burgunder, welche die Eidgenossen propagandistisch als Abwehr gegen die «Türken im Occident» verklärten. Die Burgunderkriege gründeten aber noch in der Auseinandersetzung mit dem Tiroler Herzog Sigmund, der zum Schutz seiner vorderösterreichischen Besitzungen vor eidgenössischen Banden einen Verbündeten und Geldgeber suchte. Er fand ihn in Karl dem Kühnen, dem Herzog von Burgund. Die wohlhabenden Städte Flanderns ermöglichten Karl eine eigenständige Grossmachtpolitik zwischen Frankreich und dem Reich, weshalb er den elsässischen Sundgau gerne von Sigmund als Pfand annahm. Die erhofften Gegenleistungen, Massnahmen gegen die Eidgenossen, blieben aber aus. Deshalb ging der enttäuschte Sigmund von Tirol 1474 einen folgenreichen Vertrag ein: Die «Ewige Richtung» beendete die jahrzehntelange Feindschaft zwischen Habsburg und der Eidgenossenschaft und besiegelte die erlittenen Gebietsverluste. Bei diesem Bündnis und der folgenden Eskalation hatte der französische König Ludwig XI. seine Hände im Spiel. Es gelang ihm, seinen gefährlichen Konkurrenten Karl den Kühnen nicht nur militärisch zu binden, sondern eher unerwartet auch auszuschalten. Nach dem Schlachtentod des Herzogs bei Nancy und der Heirat des künftigen Kaisers Maximilian I. mit der Tochter Karls des Kühnen wurde das burgundische Zwischenreich zwischen Frankreich und Habsburg aufgeteilt.

Fortan standen sich die beiden Dynastien Valois und Habsburg in den südlichen Niederlanden und in der Freigrafschaft Burgund unmittelbar gegenüber. Der französisch-habsburgische Gegensatz wurde zu einer Ursache für fast alle mitteleuropäischen Kriege bis ins 18. Jahrhundert. Nachdem die Franzosen 1494 unter dem Nachfolger Ludwigs XI. in Italien eingefallen waren, wurde vor allem Oberitalien auf Jahrzehnte hinaus das Schlachtfeld, auf dem sich die europäischen Mächte Frankreich, Spanien und das Heilige Römische Reich miteinander massen. Bis auf Venedig und den Kirchenstaat brachten sie die dort blühenden Renaissancestaaten in ihre Abhängigkeit. Eidgenossen waren als Söldner von Anfang an bei diesen Kriegen dabei, und die Konkurrenz in diesem Gewerbe trug einiges bei zum Schweizer- oder Schwabenkrieg, der 1499 dem Rhein entlang entbrannte. Der anschliessende Friede von Basel bestätigte den territorialen Status quo weitgehend, entflocht aber zugleich konkurrierende Rechtsansprüche. Eine klare Grenze entstand – zu Konstanz und zu Schwaben, nicht zu «Deutschland», denn die Eidgenossen legten grossen Wert darauf, dass sie den Krieg nicht gegen König und Reich geführt hatten. Sie suchten 1499 keine «faktische Unabhängigkeit», wie es eine Schulbuchweisheit bis heute will. Als «des heilgen Römschen richs besunders gefryete Staend» gründeten sie ihre Herrschaftslegitimation weiterhin alternativlos auf königlichen Privilegien. Sie sagten dem Habsburger Maximilian 1511 zu, dem «allergnädigsten Herren dem Römischen Keyser» weiter getreue Dienste zu erweisen.

Den Basler Frieden vermittelte bezeichnenderweise der Herzog von Mailand, Ludovico Sforza. Er benötigte Reisläufer für seinen Kampf gegen Frankreich, das bereits viele Schweizer unter seinen Fahnen hatte. Nun zogen aber Kontingente der Orte mehr oder weniger koordiniert selbst gegen Süden. In den Jahren bis 1515 spielten die Eidgenossen zum einzigen Mal in ihrer Geschichte die Rolle einer europäischen Grossmacht und fanden dafür die Bewunderung von Zeitgenossen wie Niccolò Machiavelli. Der Herzog von Mailand trat ihnen die zukünftigen Gemeinen Herrschaften Lugano und Locarno mit den Seitentälern ab: den alliierten Wallisern vorübergehend das Eschental (Val d'Ossola) und den Bündnern das Veltlin, Bormio und Chiavenna, die Stadt am Ausgang der Bündnerpässe. Doch die strukturellen Grenzen der uneinheitlichen Verteidigungsbündnisse traten bald zutage. Die Eidgenossen vermochten den Mailändern abgelegene, landwirtschaftlich geprägte Alpentäler zu entreissen und diese als Gemeine Herrschaft zu verwalten und auszupressen. Ihre aufwendigen Entscheidungsmechanismen waren hingegen völlig überfordert, als sie die lombardische Ständelandschaft mit dem wirtschaftlichen und religiösen Zentrum Mailand mit seinen 100 000 Einwohnern beherrschen sollten. Nicht zuletzt fehlten die finanziellen Mittel, um mit der schnellen Entwicklung der Kriegstechnik, insbesondere mit dem Aufkommen der Artillerie Schritt zu halten. Die Niederlage bei Marignano führte nicht zum ersten Mal auch die Uneinigkeit der Eidgenossen vor Augen: Während die Innerschweizer die Schlacht geradezu provozierten, zogen sich die Truppen der westlichen Orte um Bern zurück, als die Franzosen bereit waren, ihnen die Lombardei abzukaufen.

Die Burgunderkriege

Auslöser der Burgunderkriege war 1475 der gemeinsame Angriff von Bern und Freiburg auf Savoyen, den Alliierten Karls des Kühnen in der Waadt. Der Herzog griff ein, unterschätzte aber seine Gegner und verlor in der Schlacht bei Grandson seine kostbare Habe, darunter den Brüsseler Tausendblumenteppich. 4.1 Wenig später, im Juni 1476, zerschlugen die Eidgenossen Karls Söldnerheer in der Schlacht bei der belagerten Stadt Murten. 4.2 Die Darstellung des jüngeren Schilling folgte der grossen, 1480 gefertigten Schlachtdarstellung im Freiburger Rathaus und vereinte verschiedene Schlachtszenen. Bei Nancy verlor Karl schliesslich Anfang 1477 Schlacht und Leben. Der territoriale Gewinn beschränkte sich für Bern und Freiburg auf die fortan Gemeinen Herrschaften Murten, Echallens, Grandson und Orbe. Die sieben östlichen Orte waren mehr am baren Geld interessiert, mit dem Savoyen das besetzte Waadtland auslöste.

Gleichwohl glaubten sich 1700 junge Innerschweizer durch die Beuteteilung übervorteilt und zogen 1477 im Saubannerzug 4.3 nach Genf, wo sie Schutzgeld erpressten. Die Stadtorte fühlten sich durch solche Aktionen diskreditiert und selbst bedroht. Deshalb schlossen sie sich in einem Sonderbund enger zusammen und nahmen darin auch Freiburg und Solothurn auf. Dies empörte wiederum die Länderorte. Sie waren den Städten schon so an Einwohnern und Ressourcen klar unterlegen und auf den Kriegsdienst wirtschaftlich angewiesen. Im Stanser Verkommnis gelang im Dezember 1481 die Einigung: Die nunmehr «Acht alten Orte» nahmen die beiden Städte als Bundesgenossen auf und verpflichteten sich, «muotwillen und gewalt triben» zu unterbinden. Der bereits hochgeachtete Einsiedler Niklaus von Flüe (Bruder Klaus) war nicht persönlich zugegen, aber seine Vermittlung dürfte die Innerschweizer Widerstände besänftigt haben. Die mahnenden Worte «machend den zun nit zuo wit» legte ihm jedoch erst 1537 der Luzerner Chronist Hans Salat in den Mund, um die neue Berner Expansion in die Waadt zu kritisieren. Wie Humbert Mareschets «Bundesschwur», 4.4 der ab 1586 im Berner Ratssaal zur Einigkeit mahnte, bewies Salat, dass der künftige Nationalheilige im konfessionellen Zeitalter als eines der wenigen Symbole gesamteidgenössischer Zusammengehörigkeit weiter wirkte. Zu Lebzeiten wurde er nicht porträtiert.

Ausschnitt aus dem Brüsseler Tausendblumenteppich, Teil der Burgunderbeute, um 1466   4.1

Die Schlacht bei Murten FR 1476, Luzerner Chronik des Diebold Schilling, 1513   4.2

Bundesschwur der 13 eidgenössischen Standesvertreter, mit Niklaus von Flüe (vorne links), Rathaus Bern, Ölgemälde von Humbert Mareschet, 1586   4.4

Der Saubannerzug nach Genf, 1477, Berner Chronik des Diebold Schilling, 1483   4.3

Der Schwabenkrieg

Stadt und Bistum Konstanz gerieten nach dem Alten Zürichkrieg verstärkt in das Visier der Eidgenossen, mit denen sie in vielfältiger Weise, aber nicht exklusiv verbündet waren. Weil sie ihre Ehre verletzt glaubten, stellten eidgenössische Freischaren 1458 im Plappartkrieg 4.5 Konstanz vor die Wahl, ein Sühnegeld zu bezahlen oder seine Reben zerstört zu sehen.

Mit ähnlichen Erpressungen konfrontiert sah sich die Stadt 1499 im Schwaben- oder Schweizerkrieg, wie er nach dem jeweiligen Feind benannt wurde. Auf eidgenössischer Seite traten mit den Drei Bünden in Rätien neue Akteure auf: der Graue Bund (Hauptort Trun), der Gotteshausbund (um Chur) und der Zehngerichtebund (um Davos). Ein Streit um Vogteirechte im Münstertal eskalierte zwischen dem Gotteshausbund und Maximilian, dem Herzog von Tirol und seit 1493 König im Reich. Er rief den Schwäbischen Bund zu Hilfe, dem Fürsten, Adlige, Prälaten und 20 schwäbische Reichsstädte angehörten. Als sich die Eidgenossen auf die Seite der Bündner stellten, standen sich eine adlig-hierarchische Bundesordnung und eine kommunale von gleichrangigen Orten gegenüber. Auf seinem Kupferstich vereinte der Kölner Meister P. P. W. die verschiedenen Schlachten und Scharmützel des Schwabenkriegs, 4.6 die mit der Schlacht bei Dornach im Juli 1499 endeten.

Maximilian konnte den wiederholt erwogenen Anschluss von Konstanz an die Schweizer verhindern, doch Basel und Schaffhausen traten im Gefolge des Kriegs 1501 dem Bund bei. Der Bundesbrief wurde auf dem Basler Kornmarkt der Bürgerschaft verlesen. 4.7 Die Gruppe der Länderorte wurde ihrerseits 1513 durch die Aufnahme des unruhigen Appenzell gestärkt, womit die nun bis 1798 bestehende Dreizehnörtige Eidgenossenschaft feststand.

Die Schlachten des Schwabenkriegs, Kupferstich des Kölner Meisters P.P.W., 1499   4.6

Der Zug der Eidgenossen nach Konstanz im Plappartkrieg 1458, Spiezer Chronik des Diebold Schilling, 1485   4.5

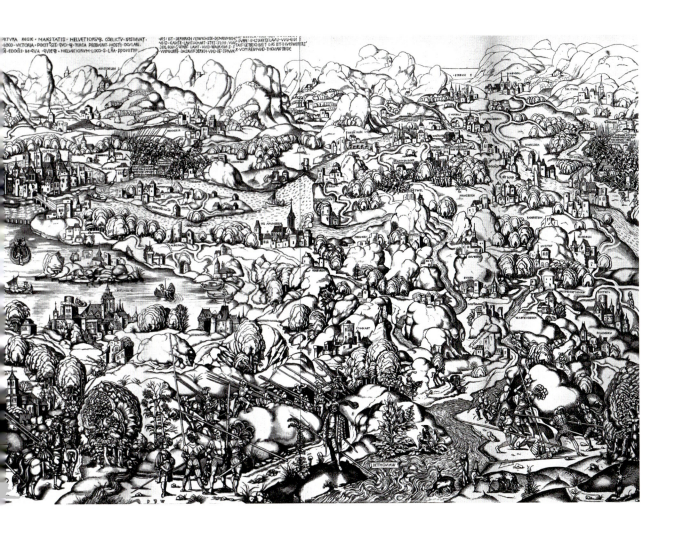

Die Verlesung des eidgenössischen Bündnisses in Basel 1501,
Bilderchronik des Christoph Silberysen, 1576   4.7

Expansion im Süden

Nach dem Schwabenkrieg begannen erste Kriegszüge der Waldstätte nach Süden. 1503 erlangten sie mit Bellinzona die strategisch wichtige Kontrolle über die Strassen zum Gotthard und zum San Bernardino. Deshalb schmückte der Basler Andreas Ryff die drei Burgen auf dem Bild von Bellinzona in seinem Circkell der Eidtgnoschaft (1597) mit den Wappen von Uri, Schwyz und Unterwalden, die sich in die Gemeine Herrschaft teilten. 4.8
Bald fanden sich auch die übrigen Orte als Verbündete des Kriegerpapsts Julius II., der 1506 die Schweizergarde schuf und die Franzosen aus Italien vertreiben wollte. Das gelang den Eidgenossen im Pavierzug und mit dem blutigen Sieg bei Novara (1513). Urs Graf verewigte den Kriegsrat des Oberbefehlshabers, 4.9 des Freiherrn und Zürcher Bürgers Ulrich VII. von Hohensax.
Politischer Führer der Schweizer in Italien war Matthäus Schiner, der Fürstbischof von Sitten und Landesherr im Wallis. Julius II. belohnte ihn für seine Dienste mit dem Kardinalshut, die Eidgenossen erhielten den Titel «Beschützer der Freiheit der Kirche» und ein Juliusbanner 4.10 für jeden beteiligten Ort. Eine Szene aus dem Neuen Testament am Obereck erhöhte das Kantonswappen, wie das Beispiel von Obwalden zeigt.
Bereits 1515 führte aber die Schlacht bei Marignano vor Augen, dass die Zukunft der Kriegsführung dem Zusammenspiel der Infanterie mit den Kavalleristen und einer beweglichen Artillerie gehörte. Diese durchlöcherten die Schweizer Gevierthaufen, woran Jean Goujon mit einem Relief auf dem Grabmal des siegreichen Königs Franz I. in Saint-Denis 4.11 erinnerte. Franz I. schloss schon 1516 einen Ewigen Frieden mit den Eidgenossen, der tatsächlich die folgenden drei Jahrhunderte prägen sollte. Frankreich wurde der Hauptempfänger von Schweizer Söldnern, während die schweizerischen Kaufleute handelspolitische Privilegien erhielten.

Die Schlacht von Marignano auf Jean Goujons Grabmal von König Franz I. in Saint-Denis bei Paris, um 1550 4.11

Das Juliusbanner des Standes Obwalden, 1513 4.10

Kriegsrat der Eidgenossen, Zeichnung von
Urs Graf, 1515   4.9

Die Tre Castelli in Bellinzona TI, Circkell der Eidtgnoschaft
von Andreas Ryff, 1597   4.8

Die Tragik des Soldwesens

Nicht erst Marignano führte den Schweizern die Probleme von Kriegs- und Solddienst vor Augen. Der ältere Diebold Schilling klagte bereits, dass die Siege gegen die Burgunder «boess und verfluechte roupguot» in die Schweiz gebracht hätten und die jungen Eidgenossen in den Kriegsdienst (ver-)führten. Tatsächlich kämpften die Schweizer schon seit dem 14. Jahrhundert in Italien, entweder als «Reisläufer» ohne Einwilligung der Obrigkeit oder dann später als «Söldner» im Rahmen von offiziellen Verträgen mit ökonomischen Gegenleistungen (Salzlieferungen, Handelsvorteile). Dem Ruf der Werber folgten Zehntausende, vor allem junge, unverheiratete Männer: Nachgeborene ohne Erbe, Knechte und Taglöhner, von denen die Hälfte nicht mehr zurückkehrte. Die hohen Verluste an Menschenleben trugen zum schlechten Ruf bei, den die fremden Dienste bereits bei Zeitgenossen hatten. Nicht nur der jüngere Schilling erinnerte an den Verrat von Novara, 4.12 als Schweizer Söldner im Jahr 1500 ihren Arbeitgeber, den Herzog von Mailand, treulos den Franzosen auslieferten.

Insbesondere die Pensionen, welche fremde Mächte offen oder heimlich Kriegsunternehmern und willfährigen Politikern bezahlten, wurden als Quelle von Korruption und Dekadenz angesehen. Die Assoziation mit Prostitution lag nahe und erklärt die häufige Präsenz von Dirnen auf den Bildern Urs Grafs des Älteren, der die Reisläufer, wie er selbst einer gewesen war, auch mit der Figur des Todes kombinierte. 4.13 Auf seiner Federzeichnung «Grauen des Schlachtfelds» 4.14 wies Graf die Opfer im Vordergrund durch Langspiesse, Schweizerdolch und Halbarte als Eidgenossen aus.

Verbreitet war die Gegenüberstellung des frommen und tugendhaften alten Eidgenossen (links) und des im Ausland verdorbenen und geldgierigen jungen Reisläufers. Sie wurden auf Hans Funks Glasgemälde 4.15 in den 1530er-Jahren mit der Schlacht von Pavia (1513) kombiniert.

Der Verrat von Novara 1500, Luzerner Chronik des Diebold Schilling, 1513 4.12

Reisläufer und Dirne, Zeichnung von Urs Graf, 1524 4.13

Grauen des Schlachtfelds, Zeichnung von
Urs Graf, 1521   4.14

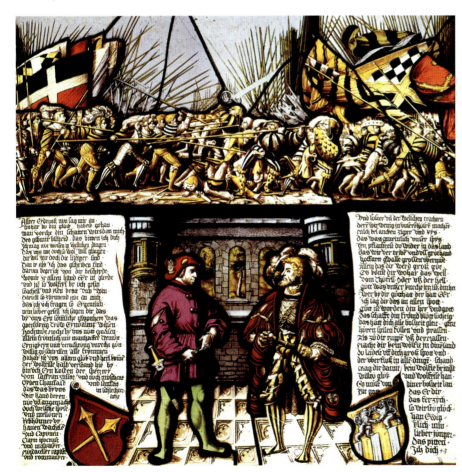

Der alte und der junge Eidgenosse, Allianzwappenscheibe
von Hans Funk, 1530er-Jahre   4.15

Der Einfluss des Humanismus

Die – zumindest unter Gelehrten – einflussreichsten Mahnrufe gegen die unaufhörlichen Kriege der Zeit stammten von einem Humanisten: Erasmus von Rotterdam mit seiner Friedensklage «Querela Pacis» und anderen Schriften. Er kam 1514 erstmals nach Basel, wo er sich 1521 niederliess und 1536, nach einem durch die Reformation bedingten Exil, auch starb. Die Rheinstadt hatte von 1431 bis 1449 ein Konzil beherbergt, was 1460 mittelbar zur Gründung der Universität durch Papst Pius II. führte. Die Miniatur aus der ersten Rektoratsmatrikel hält die Eröffnungsfeier im Münster 4.16 fest.
Für Erasmus viel wichtiger waren aber die Gewerbe, die sich im Umfeld der scholastischen Universität entwickelten: die Papiermühlen und vor allem der Buchdruck. Bei seinem Freund Johann Froben, der für seine feinen griechischen Lettern berühmt war, veröffentlichte Erasmus 1516 seine kritische Ausgabe des griechischen Neuen Testaments mit lateinischer Übersetzung. Urs Graf schmückte das wirkmächtige Pionierwerk mit Bordüren. 4.17
Ähnlich arbeitete Hans Holbein der Jüngere wiederholt für Basler Drucker und illustrierte «Das Lob der Torheit» von Erasmus und die «Utopia», die Erasmus' Freund Thomas Morus 1518 in Basel drucken liess. Seinen Ruhm verdankte Holbein aber vor allem den Porträts, die er von Erasmus von Rotterdam, 4.18 Johann Froben und anderen Persönlichkeiten in Basel und, später, am englischen Hof schuf. Nach Basel war Hans Holbein von Augsburg gekommen, mit seinem gleichnamigen Vater und dem Bruder Ambrosius. 1516 malte dieser das Geschäftsschild eines Schulmeisters, 4.19 der seinen Zöglingen das Lesen auch mit der Rute beibringt. Der intensivierte wirtschaftliche und politische Austausch verlangte solche Fähigkeiten nicht nur für Gelehrte, sondern auch für eine wachsende Zahl von Brief-, Gerichts- und Kanzleischreibern, Notaren, Bankiers, Buchhaltern oder Diplomaten. Die Reformation sollte diese Tendenz noch massiv verstärken.

Eröffnungsfeier der Universität Basel, Rektoratsmatrikel, 1460   4.16

Titel des Matthäus-Evangeliums in der Erasmus-Bibel von 1516
mit Zeichnungen von Urs Graf   4.17

Porträt des Erasmus von Rotterdam von Hans Holbein
dem Jüngeren, 1523   4.18

Geschäftsschild eines Schulmeisters von
Ambrosius Holbein, 1516   4.19

Eine gemeinsame Vergangenheit entsteht

Ein Produkt zunehmender Schriftlichkeit waren Geschichtswerke. Sie zeigten, dass die eidgenössischen Orte sich zusehends als dauerhafte Körperschaften verstanden, deren Ursprünge gesucht und notfalls erfunden werden mussten. Diebold Schilling der Ältere stellte um 1485 seinen Vorgänger Conrad Justinger, den ersten namentlich bekannten Chronisten, mit Schreibutensilien bei der Arbeit an seiner um 1420 verfassten Chronik dar. 4.20 Justinger empfängt gerade Besuch vom Berner Rat. Geschichtswerke waren ein hochpolitisches, obrigkeitliches Anliegen, die Autoren häufig Stadtschreiber, und ihre ungedruckten Werke blieben den Ratseliten vorbehalten. Eine schweizerische Besonderheit waren seit Benedikt Tschachtlans Werk (1470) die reich illustrierten Bilderchroniken, die auch im vorliegenden Band die Perspektive dieser Autoren auf ihre Vergangenheit dokumentieren.

Der Übergang von einem lockeren Bündnisgeflecht zu einem exklusiven Bund zeigt sich thematisch darin, dass Autoren wie Justinger die Geschichte ihrer Stadt schrieben; ab 1450 interessierte hingegen zusehends die Vergangenheit der gesamten Eidgenossenschaft. Entstanden die (Bilder-)Chroniken zumeist in Städten, so setzte der Obwaldner Landschreiber Hans Schriber um 1474 einer Urkundensammlung einen äusserst folgenreichen Vorspann voran. Das Weisse Buch von Sarnen 4.21 führte die Obwaldner Herrschaftsrechte nicht nur zum Brunnener Bund von 1315 zurück, sondern konstruierte die hier erstmals greifbare Befreiungssage: Landvogt «Gijssler», Burgenbruch, Rütlischwur und Tellenschuss. Schriber vertrat damit als Gegner des Ausgleichs mit Österreich («Ewige Richtung») die in der Innerschweiz weiterhin volkstümliche Position, dass die Habsburger tyrannische Erbfeinde waren.

In der ersten gedruckten Schweizergeschichte, der «Kronica von der loblichen Eydtgnoschaft», zeigte der Luzerner Petermann Etterlin 1509 die Szene vom Apfelschuss Tells. 4.22 Im konfessionellen Zeitalter diente die mythische Vergangenheit nicht nur beim Zürcher Reformierten Christoph Murer mit seinem Ursprung der Eidgenossenschaft 4.23 (1580) für Appelle an eidgenössische Gemeinsamkeiten.

Der Chronist Konrad Justinger in seiner Schreibstube, Spiezer Chronik des Diebold Schilling, 1485   4.20

Ursprung der Eidgenossenschaft, Kupferstich von Christoph Murer, um 1580   4.23

Tells Apfelschuss, Kronica von der loblichen Eydtgnoschaft
von Petermann Etterlin, 1509   4.22

Das Weisse Buch von Sarnen OW, um 1474   4.21

Grenzen werden eingezeichnet

Eine ruhmreiche Vergangenheit musste erzählt werden, weil die Eidgenossen mit ihren Siegen nicht nur europaweit Aufsehen erregten, sondern auch unter Legitimationsdruck gerieten. Die Bezeichnung aller Eidgenossen als (Kuh-)Schweizer unterstellte ihnen Sodomie und sollte die Bürger der Reichsstädte zu adelmordenden Rebellen stempeln, wie schon die Schwyzer bei Morgarten und Sempach. Die Antwort der «Bauern» sah in den Schlachtensiegen Gottesurteile in gerechten Kriegen gegen habsburgische Usurpatoren. Diese religiöse Rückbindung der Eidgenossenschaft zeigte sich auch in einer besonderen und angefeindeten Art des Betens mit zertanen Armen, 4.24 die der Luzerner Schilling vor der Schlacht bei Nancy darstellte.
Schillings Chronik (um 1513) präsentierte bei der Belagerung von Diessenhofen (1460) 4.25 ein frühes Bild von Schweizerkreuzen, die in Ergänzung zu den kantonalen Farben auf den Kriegsgewändern und Schlachtbannern erschienen und den Eidgenossen ebenfalls göttlichen Schutz verhiessen.
Humanisten taten den entscheidenden Schritt, um aus einem Bund von Städten und Ländern ein Volk mit einem Territorium zu konstruieren. Albrecht von Bonstetten schuf 1479 die erste Karte der Eidgenossenschaft 4.26 und gruppierte die erst acht Orte um die Rigi als Zentrum. Der Glarner Aegidius Tschudi benutzte 1538 erstmals in der Geschichte der Kartografie gepunktete Linien, um «Helvetia» vom Umland abzugrenzen. Der Zürcher Johannes Stumpf übernahm die Neuerung für seine Landtafeln 4.27 (1548). Die von Caesars «De bello Gallico» angeregte Entdeckung der Helvetier als angebliche Vorfahren war für diese Chronisten doppelt nützlich. Sie rechtfertigte eidgenössische Herrschaft in einem Land, das nach der Eroberung der Waadt vom Bodensee bis zum Genfersee reichte. In diesem «Alpenland» sei das «Alpenvolck» schon in der Antike frei gewesen, sodass der Rütlischwur, von Tschudi auf 1307 datiert, bloss dieses «land Helvetia (jetz Switzerland genant) wider in sin uralten stand und frijheit gebracht» habe.

Das «Beten mit zertanen Armen» vor dem Auszug nach Nancy 1476/77, Luzerner Chronik des Diebold Schilling, 1513   4.24

Die Rigi als Zentrum der Eidgenossenschaft, Karte von Albrecht von Bonstetten, 1479   4.26

Belagerung von Diessenhofen TG, 1460, Luzerner Chronik des
Diebold Schilling, 1513   4.25

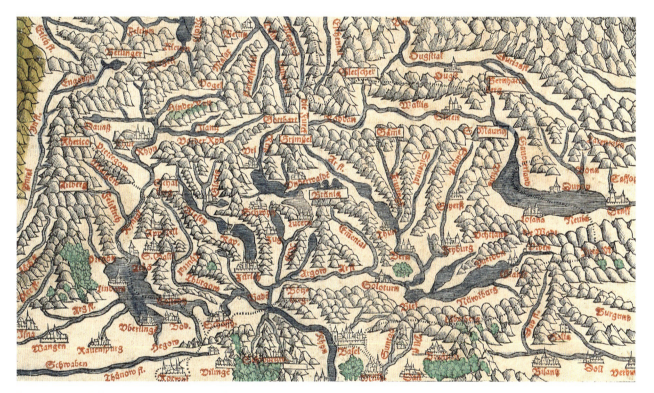

Die südorientierte Karte der Eidgenossenschaft, Landtafeln des
Johannes Stumpf, 1548   4.27

Die Obrigkeit als Reformatorin
Die Grenzen des Schriftprinzips
Wie legt man die Bibel richtig aus?
Militärisches Gottesurteil
Die Reformation in der Westschweiz
Die Antwort der römischen Kirche
Schwieriges Zusammenleben
Die Strafen Gottes

5. Das Ende der Eidgemeinschaft

Die eidgenössischen Bünde waren im Namen Gottes geschlossen und regelmässig durch einen gemeinsamen Schwur erneuert worden. Sehr schnell traten in einer in jeder Hinsicht religiös geprägten Gesellschaft die politischen Konsequenzen der Thesen zutage, die Martin Luther ab 1517 formuliert hatte und die dank dem Buchdruck rasch Verbreitung fanden. Konnte diese Gemeinschaft Bestand haben, wenn über das Wesen dieses Gottes nicht mehr Einigkeit bestand? Gott war nach den einen empfänglich für gute Taten, während er laut den anderen als Allmächtiger das Heil nur aus freier Gnade spendete, «sola gratia». Konnten die Bundeseide erneuert werden, wenn die Existenz der dabei angerufenen Heiligen bestritten wurde, weil sie nicht in der Heiligen Schrift vorkamen, also dem Prinzip «sola scriptura» widersprachen?

Ulrich Zwingli folgte den Lehren Luthers, ging aber schon früh eigene Wege. Der Hintergrund der beiden Männer unterschied sich erheblich: Luther war ein Augustinermönch auf der qualvollen Suche nach Gewissheit über das jenseitige Heil, Zwingli ein humanistischer Schüler von Erasmus, dem es um die Verchristlichung des – auch politischen – Alltags ging. Der Toggenburger Notabelnsohn, der nach Studien in Wien und Basel 1506 Pfarrer in Glarus geworden war, begleitete die dortigen Krieger nach Novara und Marignano. Nach der Katastrophe wurde der Kampf gegen Reislaufen, Pensionenwesen und die Abhängigkeit von fremden Fürsten ein Hauptanliegen Zwinglis. Von Anfang an begab er sich damit in Widerspruch zu den überbevölkerten Länderorten, die auf den Export ihrer Jungmannschaften ebenso angewiesen waren wie auf die Einnahmen aus den Solddiensten. Trotz erheblichen reformatorischen Strömungen in ihren Städten hingen auch die Patrizier von Luzern, Freiburg und Solothurn an ihren Offiziersstellen in fremden Diensten. Weniger wichtig waren sie für Zunftregimente wie die Gewerbe- und Handelsstadt Zürich, wo Zwingli seit 1519 als Leutpriester am Grossmünster wirkte. Zürich verzichtete nach dem Willen der Geistlichen bis 1612 auf Solddienste, wie auch die Berner Patrizier von 1529 bis 1582.
In Zürich wurde bereits in der kurzen Zeit von 1523 bis 1525 alles abgeschafft, was in der zeitgenössischen Kirche nicht schriftgemäss war und damit der Rückkehr zur reinen Urkirche entgegenzustehen schien: die Autorität der römischen Tradition und die päpstliche Vorrangstellung, Klöster und Mönchsorden sowie das Zölibat, Heiligenverehrung und Bilderkult, Prozessionen, Orgelspiel und Gemeindegesang.
Man beschränkte die sieben Sakramente auf Taufe und Abendmahl, das nur noch an vier Sonntagen im Jahr stattfand – als Gedächtnismahl mit Brot und Laienkelch, nicht mehr als Messe mit Hostie. Durch die Säkularisation übernahm der Zürcher Rat Eigentum und Rechtstitel der aufgehobenen kirchlichen Einrichtungen, insbesondere den Zehnten. Damit bezahlte er die Pfarrer und gründete ein Almosenamt und eine Hohe Schule. Die Geistlichen waren kein abgehobener Stand mehr, sondern wurden gleichsam zu «Staatsdienern» mit ähnlichen Rechten und Pflichten wie andere Bürger.
Als politisches Instrument diente die neue Lehre, bald aber auch die dogmatisch gefestigte der römischen Kirche, um der Bevölkerung in Predigt und Schuldienst, mit Katechismen und Ordnungsschriften einen gemeinsamen, gegen aussen trennscharfen Glauben einzubläuen. Besonders wichtig war dies, um neu erworbene Territorien einzubinden, was im eidgenössischen Umfeld in grösserem Umfang ein letztes Mal 1536 geschah: Bern eroberte mit Freiburger und Walliser Hilfe das savoyische Waadtland. Das «Corpus Helveticum» einschliesslich der Zugewandten Orte erreichte damit weitgehend die räumliche Ausdehnung von heute.
Ein weiteres politisches Ziel reformatorischer Stadtbürger bestand darin, sich von geistlichen Institutionen zu emanzipieren. In Basel und Genf wurde der Bischof endgültig aus der Stadt vertrieben. Weitgehende Emanzipation gelang auch dort, wo er, räumlich allerdings abgetrennt, in der Stadt verblieb: in Chur und Sitten, ebenso in St. Gallen der Fürstabt. Anders als die Städte brauchten die Innerschweizer für diese Emanzipation keine reformatorische Lehre. Die geistlichen Würdenträger wohnten in der Ferne, und starke Dorfgemeinden kontrollierten bereits seit dem Spätmittelalter die lokale Geistlichkeit fast wie ein Bischof, was ihnen verschiedene Päpste als Dank für Militärdienste auch bestätigten.
Nicht die staatskirchliche, sondern eine beinahe theokratische Richtung schlug die Reformation in Genf ein. Die isolierte Stadt fast ohne Umland musste fürchten, von Savoyen, Frankreich oder auch vom selbsterklärten, aber nicht selbstlosen Beschützer Bern geschluckt zu werden. Genfs Reformator, der nordfranzösische Jurist Jean Calvin, musste sich langwierig gegen die alteingesessenen Patrizierfamilien durchsetzen. Seine 1536 gedruckte und später erweiterte «Institutio Religionis Christianae», eine Unterweisung in der christlichen Religion, entwickelte aus der Vorstellung eines souveränen Gottes die Lehre von der doppelten Prädestination: Der Allmächtige hatte nicht nur die Erwählten, sondern auch die Verdammten im Vornhinein festgelegt.

Die calvinistische Kirchgemeinde konnte ohne herrschaftliche Eingriffe funktionieren, weil vier Gruppen die wichtigsten Aufgaben selbständig ausführten: Pfarrer, theologisch gebildete Lehrer, Presbyter («Älteste») und Diakone, denen das Spital- und Almosenwesen oblag. Die Presbyter bildeten mit den Pfarrern zusammen das Konsistorium. Es wachte darüber, dass die Sitten- und Glaubensregeln eingehalten wurden, und verhängte – auch gegenüber einflussreichen Gemeindemitgliedern – die Exkommunikation, den Ausschluss vom Abendmahl. Es waren also geistliche Institutionen, nicht politische, welche die Gemeinschaft definierten. Anders war dies in Zürich, wo das neuartige Modell des «Ehegerichts» (Sittengerichts) entwickelt worden, aber unter Kontrolle des Rats verblieben war.

Die internationale und vor allem langfristig anhaltende Bedeutung Calvins – in Frankreich, den Niederlanden, Süd- und Osteuropa, in Grossbritannien, in Nordamerika – übertraf diejenige der Deutschschweizer Reformatoren in Basel, Bern und selbst Zürich erheblich. Die juristische Genauigkeit und Systematik seines Denkens sprachen bürgerliche und kaufmännische Schichten an, die es gewohnt waren, Rechenschaft über ihr Wirken abzulegen. Die 1559 gegründete Genfer Akademie und die neu angesiedelten, humanistisch geprägten Druckereien zogen Professoren und Studenten aus ganz Europa an. In ihre Heimat zurückgekehrt, konnten sie dank dem autonomen Aufbau der Kirchgemeinden auch dort dauerhafte Strukturen errichten, wo sie von der altgläubigen Obrigkeit verfolgt wurden.

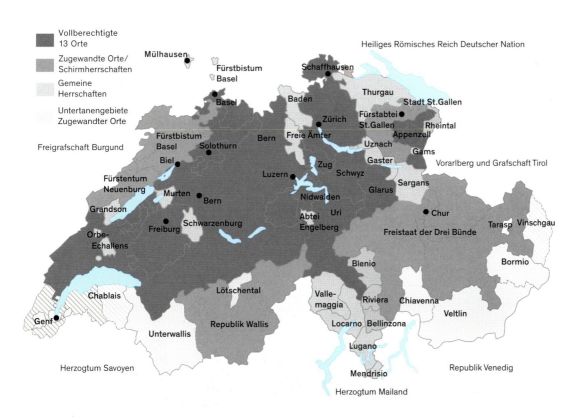

Die Eidgenossenschaft in der Frühen Neuzeit
(16.–18. Jahrhundert)

Die Obrigkeit als Reformatorin

In den vorreformatorischen Jahrzehnten wurden alte und neue Frömmigkeitsformen stark gepflegt. Das Gnadenbild der Madonna von Einsiedeln 5.1 war das Ziel vieler Pilger, wie ein frühes Andachtsbild nahelegt. Für die Abtei wirkte ab 1516 auch Huldrich Zwingli vorübergehend als Leutpriester. Als Hans Asper 1549 sein postumes Porträt von Zwingli malte, 5.2 konnte er auf Bilder des Reformators zurückgreifen. Möglicherweise ist er schon 1521 in vielsagender Gesellschaft auf dem Flugblatt «Beschribung der götlichen Müly», 5.3 zu sehen, das vom Zürcher Christoph Froschauer gedruckt wurde. Jesus leert die Evangelistensymbole mitsamt dem Apostel Paulus in die Mühle. Erasmus, der als Vordenker der Reformation galt, schaufelt den Ertrag – Glaube, Liebe, Hoffnung und Stärke – in einen Sack. Luther knetet aus dem Teig Brot und reicht es – vermutlich – Zwingli weiter. Dieser hält es in Form von Büchern dem Papst und anderen Prälaten hin. Doch sie winken ab und sprechen wie der Drachenvogel «Bann, Bann». Gott schaut den Reformatoren wohlwollend zu, der dreschende Bauer Karsthans beschützt sie.

Tatsächlich erhielt die Reformation ihre Dynamik durch die Verbindung von theologischen Anliegen und politischen Forderungen von Stadtbürgern, aber auch aus ländlichen Gebieten. Viele Bauern hofften, dass die Seelsorge sich bessern werde, wenn sie selbst die Pfarrer wählen konnten. Sie deuteten Luthers Rede von der «Freiheit eines Christenmenschen» oft und zu Unrecht als verheissene Befreiung von weltlichen Lasten wie dem Zehnten. Um das religiöse und soziale Unruhepotenzial in den Griff zu bekommen, veranstaltete der Zürcher Rat 1523 zwei öffentliche deutschsprachige Streitgespräche zwischen Altgläubigen und Anhängern der neuen Lehre. Eine um 1605 entstandene Abschrift der Reformationsgeschichte von Zwinglis Mitstreiter Heinrich Bullinger erinnerte an diese denkwürdige Zürcher Disputation. 5.4 Unter Führung der Räte und der Handwerkerzünfte mutete sich die weltliche Gemeinde zu, in Fragen des Seelenheils Grundsatzentscheidungen zu fällen und den Zürcher Pfarrern in Zwinglis Sinn das Schriftprinzip aufzuerlegen.

Das Gnadenbild der Madonna von Einsiedeln SZ, Kupferstich von Meister E.S., 1466 5.1

Huldrich Zwingli, Porträt von Hans Asper, um 1549 5.2

Zürcher Disputation, 1523, Reformationsgeschichte des
Heinrich Bullinger, Abschrift um 1605   5.4

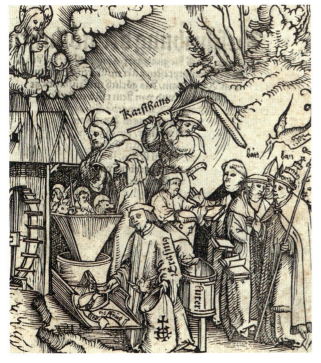

Beschribung der götlichen Müly, Kupferstich von
Hans Füssli, 1521   5.3

Die Grenzen des Schriftprinzips

Im Bilderkult sahen die Schweizer Reformatoren nicht nur einen Verstoss gegen das Zweite Gebot und einen götzendienerischen Irrweg über Heilige, also Menschen, zur Heilsgewissheit. Die hohen Aufwendungen wollten sie auch lieber den Armen zukommen lassen, den wahren Abbildern des gedemütigten Gottessohns. Die ersten Angriffe auf Bilder waren wohl spontane Einzelaktionen, wie sie das um 1500 entstanden Tafelgemälde Hans Leus des Älteren 5.5 im Zürcher Grossmünster erfuhr. Ein Bilderfeind zerkratzte die Gesichter der beiden Stadtheiligen Felix und Regula, die Leu vor dem Panorama Zürichs dargestellt hatte. 5.6 Der Bildersturm im toggenburgischen Kloster St. Johann von 1528 schmückte Bullingers Reformationsgeschichte 1574. 5.7 Abt und Mönche feiern am Altar die Messe, während die Bilderstürmer in die Kirche eindringen und den Kirchenschmuck wegtragen und zerstören.

Grenzen des Schriftprinzips erfuhren diejenigen Reformationsanhänger, die im Januar 1525 in Zürich anstelle der biblisch nicht belegten Kindstaufe erstmals eine Erwachsenentaufe vornahmen. Zwingli tat sie als Wiedertäufer ab, obwohl sie mündige Gläubige nicht erneut, sondern erstmals, bewusst und freiwillig taufen wollten. Unduldsam reagierte auch die Obrigkeit, weil die Täufer mit Berufung auf die Bibel keine Eide leisteten und den Militärdienst verweigerten, da er der Nächstenliebe widerspreche. Obwohl 1527 erstmals ein Täufer in der Limmat ertränkt wurde, blieb ihre Botschaft populär. Vor allem im Zürcher Oberland und im Berner Emmental bekundeten Täufer über zwei Jahrhunderte hinweg ihre Opposition zur städtisch-obrigkeitlichen Reformation. Die Wickiana hielt fest, wie Zürcher Milizen 1574 eine nächtlich abgehaltene Täuferversammlung ausheben. 5.8

Panorama der Stadt Zürich, von Hans Leu, um 1500, mit Kratzspuren des Bildersturms 5.6

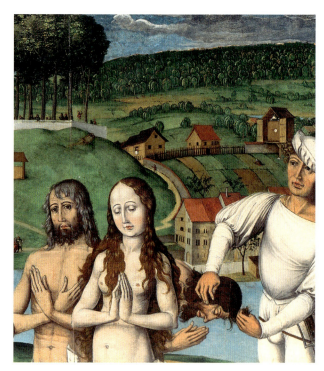

Felix und Regula auf dem Panorama der Stadt Zürich, restauriertes Tafelgemälde von Hans Leu, um 1500 5.5

Bildersturm im Kloster St. Johann im Toggenburg SG 1528, Reformationschronik des Heinrich Bullinger, 1574   5.7

Eine Täuferversammlung wird aufgehoben, Wickiana, 1574   5.8

Wie legt man die Bibel richtig aus?

Zwingli konnte auf eine beträchtliche Zahl von solid humanistisch ausgebildeten Mitstreitern zählen. Der wichtigste war Heinrich Bullinger aus Bremgarten. 5.9 Als Nachfolger Zwinglis wurde Bullinger Oberhaupt der Zürcher Kirche und wirkte europaweit vor allem durch seine Briefkontakte zu Gelehrten und Mächtigen. Mit ihm unterrichteten viele Reformatoren an der Hohen Schule, die aus verstaatlichtem Kirchengut errichtet und finanziert wurde. Sie legten die Bibel im reformatorischen Sinn aus und unterrichteten den neuen Pfarrerstand, der weit über das Kantonsgebiet hinaus wirkte. Dank dem Unterricht in den drei alten Sprachen Hebräisch, Griechisch und Latein lag auf philologisch solider Grundlage schon 1531 die Zürcher Bibel 5.10 als Gemeinschaftsübersetzung vor. Wie das Bild in den Schreibanweisungen des Urban Wyss (1549) zeigte, 5.11 wollten die Reformatoren auch Weltliche alphabetisieren und zu selbständiger Schriftlektüre befähigen.

Dass aber Gott aus der Bibel nicht eindeutig sprach, erfuhr Zwingli im bitteren Streit mit Luther, der an der Realpräsenz von Christi Fleisch und Blut beim Abendmahl festhielt. Zwingli dagegen deutete Brot und Wein als blosses Symbol, mit dem die Gläubigen des Opfers Christi gedachten. Im hessischen Marburg kam es im Oktober 1529 zu einem Religionsgespräch unter den führenden Neugläubigen, die ihre Unterschriften auf dem Dokument hinterliessen. 5.12 Luther irrte nicht, als er meinte, Zwingli habe einen «anderen Geist». Süddeutschland blieb von Strassburg bis Augsburg noch bis zur Jahrhundertmitte offen für zwinglianische Einflüsse, dann etablierte sich der Rhein als innerprotestantische Grenze.

Heinrich Bullinger, Porträt von Hans Asper, 1550   5.9

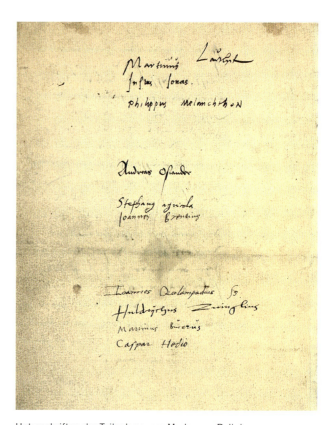

Unterschriften der Teilnehmer am Marburger Religionsgespräch, 1529   5.12

Blick in eine Schulstube, Urban Wyss, Kupferstich, 1549   5.11

Titelblatt der Zürcher Bibel, 1531   5.10

Militärisches Gottesurteil

Über die Rheingrenze hinweg schlugen die romtreuen Waldstätte Luzern und Zug ungewohnte Brücken zu den Habsburgern. Sie gingen mit dem Bruder Kaiser Karls V., seinem späteren Nachfolger Ferdinand I., 1529 die «Christliche Vereinigung» ein. Damit schützten sie sich gegen die bedrohlichen Burgrechte der Zürcher mit den ebenfalls protestantischen Städten Konstanz (1527), Bern, St. Gallen (1528), Basel, Schaffhausen, Biel, Mülhausen (1529) und Strassburg (1530), welche die eidgenössischen Bünde sprengten. Zudem weigerten sich die Zürcher, die Bünde mit der herkömmlichen Anrufung der Heiligen zu beschwören. Damit entfiel die metaphysische und rechtliche Basis der Eid-Genossenschaft. Jeglicher Austausch wurde schwierig: Da die Altgläubigen fürchteten, Zürcher Münzen seien aus säkularisierten Kirchenschätzen geprägt worden, verweigerten sie deren Entgegennahme und stempelten einen Messkelch ein. 5.13

Zeichnung eines Zürcher «Kelchbatzen» von 1526, Johann Stumpf, Reformations- und Schweizerchronik (1547/48) 5.13

Zwinglis kriegerische Offensive war die Suche nach einem Gottesurteil in einem unauflösbaren inneren Konflikt. Bereits 1529 kam es beinahe zum Krieg. Die Kappeler Milchsuppe, 5.14 welche die Soldaten beider Parteien nach der friedlichen Einigung gemeinsam auslöffelten, wurde nicht nur dank Bullingers Reformationschronik ein Denkmal eidgenössischer Gemeinsamkeiten. Eine Zürcher Getreidesperre führte aber wenig später, am 11. Oktober 1531, zur Schlacht bei Kappel und zu Zwinglis Tod. Die Luzerner behielten Zwinglis Helm 5.15 als Kriegsbeute, bis er nach dem Sonderbundskrieg 1847 nach Zürich zurückkehrte. Wie es bei vielen katholischen Reliquien der Fall ist, dürfte er mit seinem Namensgeber aber nicht viel zu tun gehabt haben.

Angeblicher Helm Zwinglis   5.15

Der Kappeler Landfriede überliess es jedem eidgenössischen Stand, das Bekenntnis selbst zu bestimmen und so konfessionell homogene Territorien zu schaffen. Um neue Waffengänge zu vermeiden, verbot er Schmähungen der konfessionellen Gegner. Die Tagsatzung schritt ein, wenn etwa 1556 eine Flugschrift den Zugern vorwarf, sie würden Bibeln verbrennen. 5.16

Die Kappeler Milchsuppe 1529, Abschrift der Reformationschronik Heinrich Bullingers, um 1605   5.14

Verbrennung von Bibeln, Kopie einer Schmähschrift, Wickiana, 1556   5.16

Die Reformation in der Westschweiz

Das seit 1528 protestantische Bern band erstmals französischsprachige Gebiete in grösserem Umfang an die Eidgenossenschaft und entsandte die Reformatoren Guillaume Farel und Pierre Viret unter anderem in das 1536 eroberte Waadtland. Das postume Porträt von 1590 zeigt den predigenden Farel 5.17 im Jahr 1530, während der göttliche Lichtstrahl auf die Stadt Neuenburg fällt. Farel wirkte auch in Genf und berief Calvin dorthin. Von diesem entstanden zu Lebzeiten kaum Porträts, vielleicht wegen der reformierten Bilderfeindlichkeit. Sein Student Jacques Bourgoin skizzierte um 1560 Calvin 5.18 während einer Vorlesung im Auditorium. Bourgoin gehörte zu den zahlreichen Gebildeten und Flüchtlingen aus Frankreich, Italien und den Niederlanden, die Genfs Charakter völlig veränderten. Manch alteingesessene Familie wanderte aus, einige Patrizier wurden hingerichtet. Dieses Schicksal widerfuhr auch dem spanischen Antitrinitarier Miguel Servet, dessen Feuertod grundsätzliche Debatten über religiöse Toleranz entfachte. Theologisch stand Calvin anfangs den gemässigten Lutheranern nahe. Er und sein Nachfolger Theodor de Bèze entwickelten aber seit dem Consensus Tigurinus, 5.19 der Zürcher Übereinkunft von 1549, die Gemeinsamkeiten mit den Zwinglianern, vor allem beim Abendmahlverständnis. Nachdem das linksrheinische Konstanz als Folge des Schmalkaldischen Kriegs an Österreich gefallen war, lag den Zürchern und Bernern sehr daran, dass nicht auch der zweite, südwestliche Zugang zum Mittelland in den Besitz einer katholischen Grossmacht geriet. Genau das wollte Savoyen, das erst nach anhaltendem Kleinkrieg und einem gescheiterten nächtlichen Überraschungsangriff, der «Escalade» von 1602, 5.20 die Genfer Unabhängigkeit anerkannte. Bis heute feiern die Genfer die legendäre Mère Royaume, die mit ihrem Suppentopf einen der Savoyarden erschlagen haben soll, die sich in der Dezembernacht einschlichen.

Porträt des Reformators Guillaume Farel, Ölgemälde, 1590   5.17

Porträt von Jean Calvin, Skizze von Jacques Bourgoin, um 1560   5.18

L'Escalade von 1602, Kupferstich von François Diodati, 1677   5.20

CONSEN
SIO MVTVA IN RE
SACRAMENTARIA MINI-
strorum Tigurinæ ecclesiæ, & D. Io-
annis Caluini ministri Geneuen-
sis ecclesiæ, iam nunc ab
ipsis authoribus
edita.

1. Corinth. 1.

Obsecro autem uos fratres, per nomen domini nostri Iesu Christi, ut idem loquamini omnes, et non sint inter uos dissidia, sed sitis integrum corpus, eadem mente, & eadem sententia.

TIGVRI EX OFFICINA
Rodolphi Vuissenbachij.

Titelblatt des Consensus Tigurinus, 1549   5.19

Die Antwort der römischen Kirche

Das Konzil, das von 1545 bis 1563 in drei Tagungsperioden in Trient zusammenkam, sollte als katholische Reform Missstände in der römischen Kirche beheben und als Gegenreformation nach Jahrzehnten protestantischer Herausforderungen die eigene Glaubenslehre neu befestigen und ausbreiten. Die katholischen Eidgenossen waren erst in der letzten und wichtigsten Tagungsphase vertreten, durch ihren führenden Staatsmann, den Nidwaldner Melchior Lussy. Er liess die Tafel malen, die ihn – mit A markiert – an protokollarisch herausgehobener Stelle im Kreis der Konzilsväter zeigte. 5.21

Die Umsetzung der Tridentiner Reformbeschlüsse betrieb Lussys Freund, der Mailänder Erzbischof und Kardinal Carlo Borromeo. Alessandro Gorla erinnerte 1620 mit seinem Bilderzyklus in Biasca 5.22 an den zehn Jahre zuvor bereits Heiliggesprochenen. Borromeo richtete in Mailand das «Collegium Helveticum» ein, damit gut ausgebildete und vorbildliche Priester die notleidende Seelsorge verbesserten, für die oft Kapuziner zuständig waren. Die Jesuiten in Luzern, Freiburg, Pruntrut, Solothurn, Brig und Sitten schufen Kollegien für den höheren Unterricht der katholischen Eliten. Sie sind schwarzgewandet auf dem Bild dabei, als die Reliquien der Heiligen Einbeth 1624 in die luzernische Wallfahrtkapelle Adelwil überführt werden. 5.23 Die hierarchisch abgehobene, lateinische Messfeier verband sich mühelos mit erneuerten und intensivierten volkstümlichen Frömmigkeitsformen. Borromeos Wirken brachte die schweizerischen Katholiken 1586 in einem Goldenen Bund zur Verteidigung des Glaubens zusammen. 5.24 Auch «Borromäischer Bund» genannt, ging dieses Sonderbündnis wiederum eine Allianz mit Spanien und Mailand ein; schon seit 1560 bestand ein Bündnis der katholischen Orte mit Savoyen.

Kardinal Carlo Borromeo, Bilderzyklus in Biasca TI von Alessandro Gorla, 1620   5.22

Übertragung der Reliquien der Heiligen Einbeth in die Wallfahrtskapelle Adelwil LU, 1624   5.23

Appenzeller Ausfertigung des Goldenen Bundes, 1586   5.24

Melchior Lussy an der Tagung des Konzils von Trient 1562/63, Kapuzinerinnenkloster
St. Klara Stans NW, 1563, Kopie von 1769   5.21

Schwieriges Zusammenleben

Die Karte der Schweizer Kapuzinerprovinz von 1668 5.25 zeigte die konfessionellen Verhältnisse: Weiss sind die katholischen Gebiete, rot diejenigen der Häretiker und gelb die konfessionell gemischten, wo der Einsatz am gefragtesten und Konflikte häufig waren. Sogar die Tagesdatierung war seit der gregorianischen Kalenderreform 1584 unterschiedlich: Die protestantischen Kantone akzeptierten sie erst 1701. Die Spaltung von Appenzell in zwei Halbkantone erfolgte 1597 deshalb, weil die dortigen Katholiken dem Borromäischen Bund beitreten wollten, die Reformierten hingegen nicht.
In Glarus konnte eine Kantonsteilung nur verhindert werden, indem beide Konfessionsgruppen parallele Strukturen entwickelten, bis hin zu einer eigenen Landsgemeinde. Das politische Gedicht «Der Alt und neue Prophet des Schweizerlandes» stellte im frühen 17. Jahrhundert den katholischen Glarner links, mit dem Heiligen Fridolin im Wappen, dem «unkatholischen» Glarner gegenüber. 5.26
Die andere Ausnahme von der konfessionellen Einheitlichkeit waren die Gemeinen Herrschaften, weil sich dort Landvögte der beiden Konfessionen abwechselten und ihre Glaubensbrüder schützten. In kleineren Gemeinden mussten sich die beiden Religionsgruppen in dieselbe «Simultankirche» teilen. Ein Brautkasten von 1810 5.27 zeigt dies am Beispiel von Stein im Toggenburg: Der reformierte Pfarrer predigt von der Kanzel, im Chor steht ein katholischer Marienaltar. Ausstattungsfragen in solchen Kirchen, Konversionen oder Mischehen konnten stets Ausgangspunkt von Streitigkeiten werden.
Besonders verzwickt war die Lage in den Drei Bünden, wo die Talschaften weitgehend autonom waren und ihren Glauben selbst wählten. Wie ein Flickenteppich lagen reformierte Gemeinden manchmal unmittelbar neben katholischen. Das reformatorische Schriftprinzip wertete auch hier die Umgangssprachen zu Schriftsprachen auf. Im Engadin erschien 1552 das erste auf Ladinisch gedruckte Buch, ein zwinglianischer Katechismus; 1560 folgte das Neue Testament und 1679 die erste Gesamtübertragung der Bibel in einen rätoromanischen Dialekt. 5.28

Reformierte Predigt in Simultankirche, Brautkasten aus Stein/Toggenburg SG, 1810   5.27

Ladinische «Schulser Bibel», 1678/79   5.28

Karte der Schweizer Kapuzinerprovinz, 1668   5.25

Der katholische (links) und der unkatholische (rechts) Glarner,
kolorierte Zeichnung, 17. Jahrhundert   5.26

Die Strafen Gottes

Die konfessionellen Auseinandersetzungen wurden auch deshalb so erbittert geführt, weil die Religion Erklärung und Trost spenden musste für eine Umwelt, die unwirtlich war und bedrohlicher wurde. In den 1560er-Jahren begann eine bis etwa 1640 anhaltende Phase von kühlen Frühjahren, feuchten Sommern und kalten, langen Wintern mit anhaltenden Nordwinden. Die Ernteerträge gingen zurück, die Viehzucht litt ebenfalls. Die Lebensmittel wurden teurer, die Verdienstmöglichkeiten seltener, der Reallohn kleiner, und dazu wuchs die Bevölkerung. Johann Jacob Wick schrieb in seinen Sammlungen von Nachrichten zur Zeitgeschichte nicht nur «vom grossen hunger und thüre» im Jahr 1573 in der östlichen Schweiz. Die Federzeichnung zeigt das schlechte Wetter und, infolge der Hungersnot, die Leichen im Gras. 5.29

Auch auf Hans Heinrich Glasers Bibelszene, die der Künstler 1629 vor die Tore Basels versetzte, ist der Boden mit Toten übersät. 5.30 König David beklagt kniend die Pestopfer, doch der Prophet Gad verweist ihn auf den Würgeengel und die Bibelstelle Samuel 2, 24: Die regelmässig wiederkehrende Seuche ist eine Geissel des Rächergottes für die sündigen Menschen. Aussergewöhnliche Naturereignisse, etwa der 1562 in der Wickiana abgebildete Komet, 5.31 galten als «fhürig und erschrokenlich Zeichen» von Gottes schwer ergründbaren Absichten.

Von solchen Deutungen des Übernatürlichen war es nicht weit zu lebensgefährlichen Kontakten mit Dämonen. Im heutigen Gebiet der Schweiz fanden schon seit dem 15. Jahrhundert überdurchschnittlich viele Hexenprozesse statt, so auch der letzte in Europa, in dem 1782 die Glarnerin Anna Göldi hingerichtet wurde. Verhängnisvoll wirkte sich die Lehre aus, dass Hexen nicht Einzeltäterinnen seien, sondern Sektenmitglieder. Am Hexensabbat erfolge die Aufnahme einer neuen Hexe durch die Vermählung mit dem Teufel – auf dem Bild 5.32 links – und den Beischlaf. Ein Teufelsmal, etwa eine Narbe, liess sich bei den meisten Menschen als «Beweis» finden, und die Folter sorgte für Geständnisse und die Benennung weiterer Hexen. Der Schritt von der Anklage wegen Hexerei zu Prozess und Hinrichtung war so kurz, wie ihn Johann Jakob Wick am Schicksal von Verena Trost, Barbara Meyer und deren Tochter Anna Lang in Bremgarten (1574) zeigte.

Schlechtes Wetter und Hungersnot im Thurgau, Wickiana, 1573   5.29

Komet in Stein am Rhein SH, Wickiana, 1562   5.31

König David und Gad vor den Toren Basels, Kupferstich von
Hans Heinrich Glaser, 1629   5.30

Hexensabbat und Hinrichtung von drei Hexen in Bremgarten AG,
Wickiana, 1574   5.32

Strenge hierarchische Ordnungen
Herrschaft im Rahmen des Reiches
Die traditionelle Selbstdarstellung
Bündner Wirren und Bauernkrieg
Wann wurden die Eidgenossen souverän?
Ein neues politisches Selbstverständnis

6. Der Eintritt in die Staatenwelt

Im 16. Jahrhundert wuchs die Bevölkerung erheblich, und die Landwirtschaft litt zunehmend unter schlechteren klimatischen Verhältnissen. Ein kleinerer Kuchen musste auf mehr Münder verteilt werden. Viele Gemeinden, um 1650 auch Bern und Zürich, beschlossen daher, keine neuen Bürger mehr aufzunehmen, um ihre Ressourcen den bisherigen Nutzniessern vorzubehalten. Zudem grenzten sich die ratsfähigen Familien immer stärker von den gewöhnlichen Bürgern ab. Einen aristokratischen Lebensstil pflegten vor allem die Patrizierregimente in Bern und in den katholischen Städten Luzern, Freiburg und Solothurn. In den reformierten Orten Zürich, Basel und Schaffhausen, auch in St. Gallen, besassen die Handwerkerzünfte zwar verbriefte Mitbestimmungsrechte. Doch nur die Elite aus wohlhabenden Kaufmannsfamilien und verschwägerten Magistratengeschlechtern konnte die langfristigen Investitionen für Ausbildung, Repräsentation und die Pflege von Beziehungen tätigen, welche für die immer anspruchsvolleren Verwaltungsämter nötig waren. Die täglichen Regierungsgeschäfte lagen bei einem Kleinen Rat mit einigen Dutzend Mitgliedern, wenn nicht ein Ausschuss – der Geheime Rat – der eigentliche Machtträger war. Auch in den Länderorten entstand eine «Häupterherrschaft», welche die wichtigen Ämter kleinen lokalen Dynastien vorbehielt. Machtbasis waren fremde Dienste und Ehrungen im Ausland, Grundbesitz, Heiratsallianzen und Klientelnetze in der Heimat, auch gute Kontakte zu Klerikern, dazu einträgliche Ämter in den Gemeinen Herrschaften. Die Landsgemeinden behielten aber ihr Recht auf Mitsprache und Kontrolle in den grundsätzlichen Fragen wie Wahlen und Gesetzgebung.

Vor allem die patrizischen Kantone fügten sich in ihrem Selbstverständnis problemlos ein in die hierarchische Staatsbildung und ständische Struktur des Ancien Régime. Die Räte wollten Gesetze erlassen wie ein absoluter Fürst und im Sinn der «guten policey» immer mehr Lebensbereiche durch Verordnungen («Mandate») regeln. In beiden Konfessionen ähnlich wurde die Kirche so zu einem Instrument der Obrigkeit. Ihre Pfarrer stammten meist aus der Hauptstadt, wirkten aber über das ganze Territorium verteilt und konnten dank Predigt, Beichte oder Sittengericht Kontrollaufgaben übernehmen.

Derartige Kompetenzen fehlten der Tagsatzung völlig, sie war bloss ein regelmässiger Kongress von Gesandten, die an die Instruktionen ihrer Kantonsregierung gebunden blieben. Beschlüsse waren nur bei Einstimmigkeit allgemein verbindlich. Neben gut drei gemeineidgenössischen Tagsatzungen in Baden fanden jährlich etliche katholische Sondertagsatzungen in Luzern und einige reformierte in Aarau statt. Im Rahmen ihrer Möglichkeiten versuchte die Tagsatzung, religiöse Gegensätze durch politische Verfahren («Parität») und informelle Begegnungen zu entschärfen. Um das labile Gleichgewicht nicht zu gefährden, hielten die dreizehn Orte zumeist am Status Quo fest. Ein «cantonnement», die Aufnahme weiterer Kantone, kam seit der Glaubensspaltung nicht mehr in Frage. Eher wurden die Bande zu religionspolitisch exponierten Verbündeten gelockert oder blieben auf einzelne Orte beschränkt: Genf nur mit Zürich und Bern, der Basler Fürstbischof nur mit den katholischen Kantonen, Neuenburg nur mit seinen historischen Verbündeten. Die geografisch völlig isolierte, altgläubige Reichsstadt Rottweil verlor ihren Zugang zur Tagsatzung im 17. Jahrhundert definitiv, das protestantische Mülhausen vorübergehend.

Nur gelegentlich bei der Tagsatzung zugegen waren die beiden anderen Föderationen im Alpengebiet, das Wallis und die Drei Bünde. Formal waren sie zwar Zugewandte Orte, aber eigentlich Alliierte gleichen Rechts. Ähnlich wie die dreizehn Orte an der Tagsatzung versammelten sich im Wallis die Zenden regelmässig im Landrat, in dem weniger die Gemeinden als die rund 30 dominierenden Geschlechter das Sagen hatten. Die starke protestantische Neigung unter ihnen verschwand im frühen 17. Jahrhundert, als sie die weltliche Macht des Landesfürsten, des Bischofs von Sitten, brechen konnten. Die Bündner Entsprechung zu Tagsatzung und Landrat war der Bundstag. Die 52 Gerichtsgemeinden, meist Talschaften, die ihrerseits wieder verschiedene Dörfer vereinigten, entsandten dazu 65 Boten.

Als Verbindungsland zwischen den habsburgischen Gebieten Tirol und Mailand wurden die Drei Bünde in den Dreissigjährigen Krieg hineingezogen. Bereits vorher hatten ihre gemeinsamen Untertanen sich im «Veltlinermord» von 1620 gewaltsam gegen die wirtschaftliche Ausnützung und das Vordringen der Reformierten erhoben. Die Parteienwechsel des berüchtigten Jürg Jenatsch waren symptomatisch für die innere Spaltung und die äusseren Abhängigkeitsverhältnisse der Drei Bünde.

Obwohl es daran auch in der Eidgenossenschaft nicht mangelte und die erst 1646 entwickelte Verteidigungskonzeption («Defensionale von Wil») den Härtetest nicht bestehen musste, blieb sie vom Krieg letztlich verschont und profitierte wirtschaftlich. Als die Konjunktur einbrach, entbrannte im Entlebuch 1653 der Bauernkrieg. Politische und wirtschaftliche Forderungen richteten sich, unter Berufung auf Wilhelm Tell, bald nicht nur an die eigene Regierung. Die Luzerner Aufständischen fanden Rückhalt bei den Berner, Solothurner und Basler Bauern, die sich zu einem konfessionsübergreifenden «Bauernbund» zusammenschlossen. Wohl musste er nach einigen Gefechten aufgelöst werden, aber die Regierungen übten fortan bei Steuererhebungen Zurückhaltung.

Wenig später eskalierten konfessionelle Gegensätze zwischen Zürich und Schwyz im Ersten Villmergerkrieg. Die gleichnamige Schlacht entschieden die Innerschweizer 1656 zu ihren Gunsten. Die bereits beträchtlichen Kosten dieses vergleichsweise kurzen Kriegs lassen ahnen, weshalb die Eidgenossenschaft als spätmittelalterliches Relikt überlebte. Sie musste nicht direkt am kriegerischen Selektionsprozess teilnehmen, der allmählich die europäische Staatenwelt hervorbrachte, und belastete die Untertanen nur wenig oder gar nicht mit Steuern, zumal ein teurer Königshof fehlte. Den Dauerfeinden Habsburg und Frankreich kam der arme Pufferstaat zupass, und den Franzosen lieferte er vergleichsweise günstige Söldner für ihre Eroberungskriege. Deshalb übte Frankreich, das mit allen Orten dauerhaft verbündet war, über seinen in Solothurn residierenden Botschafter meistens einen mässigenden Einfluss auf die schweizerischen Streitparteien aus.

Der Gegensatz der beiden Grossmächte bildete auch den Hintergrund für die «Exemtion» der Eidgenossenschaft im Westfälischen Frieden von 1648: die Befreiung vom Reichskammergericht, wie sie seit 1495 für die damaligen zehn Orte galt und nun für alle dreizehn. Erst in den folgenden Jahrzehnten setzte sich die französische Leseart durch, dass der Kaiser die Eidgenossenschaft damit in die Souveränität entlassen habe. Der französische Verbündete schwächte so den habsburgischen Kaiser und wurde selbst bedrohlich. Ludwig XIV. rückte immer näher an die Schweizer Grenzen heran und empörte die Reformierten 1685 durch die Vertreibung der Hugenotten, von denen 20 000 sich in der Schweiz niederliessen. Die reformierten Kantone fanden daraufhin neue Alliierte, namentlich die Niederlande und Preussen. Dessen König wurde 1707 Fürst von Neuenburg, um die Erbfolge eines französischen Prinzen zu verhindern. Dass die Eidgenossenschaft als Ganzes keine aktive Aussenpolitik betrieb, lag nicht an den Lektionen von Marignano, sondern an der konfessionellen Spaltung, die gemeinsame Strategien verunmöglichte. «Neutralist» war im konfessionellen Zeitalter ein Schimpfwort und keine Option, weil niemand in Fragen des wahren Glaubens, um die gekämpft wurde, unentschieden bleiben durfte. Es dauerte bis 1674, ehe sich die Tagsatzung erstmals zum «Neutral Standt» erklärte. Positive Erörterungen des Themas folgten, bis der einflussreiche Neuenburger Völkerrechtler Emer de Vattel 1758 festhielt, dass die Schweiz in allen Kriegen strenge Neutralität beachte.

Strenge hierarchische Ordnungen

Ähnlich wie andere europäische Staaten auch versuchten Zürich und Bern, ihr Territorium in Form ihrer Wappentiere darzustellen: als Löwe 6.1 beziehungsweise Bär. Das majestätische Selbstverständnis dieser Tiere bestimmte zusehends die Haltung gegenüber den Untertanen.

Das Berner Rathaus und seine Burgerstube waren zwar in ihrer Form durchaus mittelalterlich, aber 1586 durch mehrere Gemälde von Humbert Mareschet reich geschmückt worden. Zu ihnen gehörte die bereits oben (4.4) abgebildete Szene mit Bruder Klaus als Mahnung zur Einheit, ferner ebenfalls von Humbert Mareschet die Berner Gründungssage und die Reihe der Bannerträger. Auf der Seitenwand links auf dem anonymen Gemälde 6.2 sind Appenzell und Schaffhausen zu erkennen. Seit der «Nüwen Ordnung» von 1643 hatte die Aarestadt offiziell eine erbaristokratische Verfassung mit 420 regimentsfähigen und nur noch 98 tatsächlich im Grossen Rat vertretenen Familien. Die Grossräte sitzen links, gegenüber den eigentlichen Machtträgern, den 27 Kleinräten. An ihrer Spitze standen die beiden sich jährlich abwechselnden Schultheissen. Der amtierende empfängt stehend vor seinem Thron einen fremden Gesandten.

Auch beim Gottesdienst wurde die Hierarchie beachtet, wie der Blick in das Basler Münster 6.3 um 1650 verrät. Vorne links sitzen um den Bürgermeister die Häupter der Stadt, ihnen gegenüber befindet sich rechts der «Männerleidstuhl». Auch in den übrigen Kirchenbänken sind die Geschlechter getrennt.

Ebenso klar gegliedert war die Zuger Landsgemeinde, 6.4 deren Ordnung Heinrich Ludwig Muos 1698 druckte. Rechts vorne ist der Einzug der Standeshäupter und Räte mit A gekennzeichnet, die ein zweites Mal auf ihren Plätzen C gezeichnet sind, während sie dem Landamman (im Zentrum B) lauschen. E kennzeichnet den obersten Weibel, F den Landschreiber. D zeigt an mehreren Stellen, «wie der gemeine gefreyte Mann mit seiner aufhabenden Hand sein Votum oder Stimm gibt».

Gottesdienst im Basler Münster, Johann Sixt Ringle, Ölgemälde, um 1650   6.3

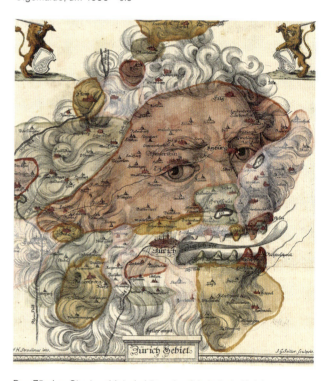

Das Zürcher Staatsgebiet als Löwenkopf, kolorierte Zeichnung von Johann Heinrich Streulin, 1698   6.1

Empfang von Gesandten im Berner Ratssaal,
Ölgemälde, um 1600   6.2

Zuger Landsgemeinde, Heinrich Ludwig Muos,
Kupferstich, 1698   6.4

Herrschaft im Rahmen des Reiches

Hans Heinrich Schwyzers 1657 gefertigter Immerwährender Regimentsspiegel 6.5 wurde im Zürcher Rathaus aufgestellt und bildete die Verfassung als Teil der kosmischen Ordnung und als berechenbare Maschine ab. Tatsächlich erlaubten die im Schrank angebrachten 162 drehbaren Scheiben, nicht nur die vergangenen Amtsinhaber seit 1490 zu erfassen, sondern auch die künftigen bis zum Ende der eigenen Staatlichkeit im Jahr 1798. Auch die weniger oligarchischen Länderorte stellten ihr Regiment selbstbewusst dar, so Appenzell Innerrhoden mit Johann Martin Geigers Kleiner Ratsrose 6.6 von 1688. Eine Gerichtsszene in der Mitte widerspiegelte das herkömmliche Verständnis der Obrigkeit als Statthalter der obersten Richter Gott und Kaiser. Darum herum bilden die Wappen der Rhoden mit Schutzheiligen und bewaffneten Bären einen ersten Kreis, die Wappen der Geheimräte den zweiten. Selbstverständnis und Selbstdarstellung der Eidgenossenschaft ergaben gleichsam weitere Kreise, mit dem Kaiser als idealem Universalherrscher im Zentrum. Deshalb überragte seit 1492 der doppelköpfige Reichsadler die Wappen der acht alten Orte auf dem Badener Landvogteischloss: 6.7 Vom Reich ausgehend und im Reich selbst übten sie Herrschaft aus. Wo die Orte das, wie in der Grafschaft Baden, gemeinsam taten, stellten sie sich als festgefügte Wappenkette dar. Gemäss dem Urbar von 1683 6.8 erlebten die Untertanen in der Gemeinen Herrschaft idyllisch dargestellte Sicherheit, da die verbündeten Orte beanspruchten, immer treu für Friede, Vaterland und Freiheit einzutreten.

Kleine Ratsrose von Appenzell, Johann Martin Geiger, 1688   6.6

Wappenkette auf dem Titelblatt des Urbars der Grafschaft Baden, 1683   6.8

Zürcher Regimentsspiegel, Hans Heinrich Schwyzer, 1657   6.5

Die Wappen der acht alten Orte auf dem Landvogteischloss
in Baden AG, 1492   6.7

95

Die traditionelle Selbstdarstellung

Der umfassende «Circkell der Eidtgnoschaft» 6.9 ist auf dem Titelblatt zu Andreas Ryffs gleichnamigem Werk von 1597 zu sehen. Von ihm stammt auch die Darstellung der Tagsatzungsgesandten 6.10 in Baden. Beide Bilder beachten die protokollarische Reihenfolge, die unter den formal gleichrangigen Kantonen fast unverändert bis heute gilt. Der Bürgermeister des Vororts Zürich hat links am Tisch den Vorsitz, Schreiber stehen ihm bei. Es folgen die beiden nächstwichtigen Glieder der Achtörtigen Eidgenossenschaft, die Städte Bern und Luzern. Auf dem «Circkell» sind die Stände durchnummeriert. Bern erscheint rechts, auf der vornehmeren Seite des Vororts Zürich, zu dessen Linken dann Luzern und ähnlich alternierend Uri, Schwyz, Unterwalden, Zug und Glarus. Im Ratssaal haben Ob- und Nidwalden je einen eigenen Vertreter, dann geht die Reihenfolge mit Zug und Glarus weiter, die dem Vorsitzenden auf der Bank gegenübersitzen. Anders als heute hat Basel, die grösste Stadt der Eidgenossenschaft, den ersten Rang unter den jüngeren fünf Orten. Sein Gesandter sitzt deshalb, mit dem Rücken zum Betrachter, am nächsten beim Vorort. Freiburg, Solothurn, Schaffhausen, Appenzell Innerrhoden und Ausserrhoden folgen. Auch unter den Zugewandten gibt es klare Hierarchien: Rechts neben dem Nidwaldner sitzt der Vertreter des Fürstabts und dann derjenige der Stadt St. Gallen, es folgen die Drei Bünde (im «Circkell» in einem einzigen Wappen zusammengefasst, wie es noch gar nicht existierte), das Wallis, Rottweil, Mülhausen und Biel. Der Wappenkranz war allerdings nicht für das «Corpus Helveticum» reserviert. So prägten die reformierten Orte Medaillen, auf denen ihre vier Wappen das Schweizerkreuz umgaben. Und die sieben katholischen Orte verbanden in einem Bündnis von 1578 6.11 ihre Wappen mit Ketten auch mit dem Fürstbischof von Sitten und den sieben Walliser Zenden. Die Eidgenossenschaft blieb ein Rahmenabkommen, das verschiedene interne Allianzen erlaubte.

Bündnis der katholischen Orte mit dem Fürstbischof von Sitten und den Walliser Zenden, 1578   6.11

Titelblatt des Circkell der Eidtgnoschaft von
Andreas Ryff, 1597   6.9

Die Tagsatzung in Baden AG im Jahr 1531, Circkell der
Eidtgnoschaft von Andreas Ryff, 1597   6.10

Bündner Wirren und Bauernkrieg

Eine ähnliche Vielfalt gab es in Rätien. Die Personifikation der vergleichsweise demokratischen Verfassung 6.12 bot für viele eine ungeheuerliche Figur: Ein reformierter und ein katholischer Pfarrer, Führer der Bündner Adelsgruppierungen und lasterhafte Tierallegorien streiten sich darum, als Haupt zu befehlen. Die Hände aber sind gefesselt, weil sich der Körper den venezianischen, spanischen und französischen Soldzahlungen verpflichtet hat, um die armen, aber wahlberechtigten Gefolgsleute zu befriedigen. Die Karikatur entstand um 1620, ebenso wie das protestantische Flugblatt Spanische Muggen, 6.13 das die Bündner Wirren nach dem «Veltlinermord» an den dortigen Reformierten thematisierte: Während der Markuslöwe links zuschaut, greift der spanische Wolf mit der Mailänder Schlange den Bündner Bock an, obwohl ihm der gallische Hahn zusetzt. Von den Löwen der Pfalz, Böhmens und der Niederlande belästigt, drängt auch das katholische Bayern in den eidgenössischen Zaun. Statt sich auf die Kraft des Schweizer Stiers zu besinnen, der von einem Jesuitenfuchs geblendet wird, streitet sich das gemischtkonfessionelle eidgenössische Paar, dem ein Pensionenherr Bestechungsgelder zubläst.

Zu Kriegen eskalierten diese inneren Streitigkeiten bezeichnenderweise erst, als keine Verwicklung in den europäischen Konflikt mehr drohte. Das Porträt Niklaus Leuenbergers, 6.14 des Anführers der Bauern im Krieg von 1653, entstand nach seiner Hinrichtung, die den Friedensabmachungen widersprach. Um der Bauern Herr zu werden, hatten sich die Obrigkeiten über die Kantons- und Konfessionsgrenzen hinweg zusammengetan. Doch die Eintracht währte nicht lange: Streitigkeiten zwischen Zürich und Schwyz, das seine Selbstbestimmung gefährdet glaubte, führten schon 1656 zum Ersten Villmergerkrieg. Auf einer Hinterglasmalerei von 1658 6.15 reicht Lucerna dem Sieger von Villmergen, Hans Christoph Pfyffer, den Lorbeerkranz.

Die Bündner Demokratie als Ungeheuer, Aquarell um 1620   6.12

Lucerna bekränzt den Sieger der Schlacht bei Villmergen, Hinterglasmalerei, 1658   6.15

Bauernführer Niklaus Leuenberger, Hans Heinrich Glaser
zugeschrieben, Aquarell, 1653   6.14

«Spanische Muggen», Allegorie der Bündner Wirren,
Kupferstich, um 1620   6.13

Wann wurden die Eidgenossen souverän?

Bei den westfälischen Friedensverhandlungen erlangte der Basler Bürgermeister Johann Rudolf Wettstein 1648 die Befreiung aller dreizehn Orte vom Reichskammergericht. Das Dankesgeschenk der Basler Kaufleute war also zu Recht ein Nautilusbecher, 6.16 auf dem ein Reichsadler den Schriftzug «Privilegia» hielt. Denn die Exemtion war ein Zugeständnis des Kaisers im Rahmen des Reichsrechts und ist nicht gleichzusetzen mit der von Frankreich beförderten völkerrechtlichen Souveränität.

Für die Schweizer war die Übernahme eines neuen Staatsverständnisses auch wegen eines unlösbaren Dilemmas knifflig: Wer war eigentlich souverän – der einzelne Kanton oder das ganze «Corpus Helveticum»? Die Kantone beharrten auf grösstmöglicher Autonomie, fürchteten aber teilweise, für die staatliche Selbständigkeit zu schwach zu sein. Die katholischen Länderorte prägten tatsächlich noch um 1750 Münzen wie diesen 20 Kreuzer 6.17 aus Obwalden, auf denen der doppelköpfige Adler des Heiligen Römischen Reichs mit seinem katholischen Kaiser Schutz gegen die grossen reformierten Kantone versprach. Zürich und Bern vertrauten dagegen im Sinn der Souveränitätslehre auf die eigene Macht und das Schwert als Grundlagen der Staatlichkeit. Daher erfolgte hier radikales Umdenken, wie es die Zürcher in ihrem 1698 neu gebauten Rathaus mit einer konsequenten Inszenierung als souveräne Republik vorführten. Selbst das Tafelgemälde, 6.18 das Hans Asper 1567 dem Rat geschenkt hatte, entging nicht der Überarbeitung. Er hatte eine traditionelle Wappenpyramide gemalt, mit den Reichsinsignien Doppeladler, Kaiserkrone und Reichsapfel. Diese ersetzte man 1698 durch einen Freiheitsaltar mit dem Bundesschwur, Ähren, einem Merkurstab und einem Freiheitshut sowie einem Palmwedel als Symbolen republikanischen Wohlstands. 6.19

Der Nautilusbecher, Dankesgeschenk an den Basler Bürgermeister Johann Rudolf Wettstein, 1648   6.16

20 Kreuzer aus Obwalden, um 1750   6.17

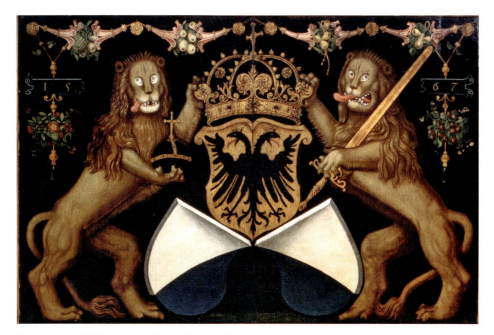

Standestafel mit Wappenpyramide im Zürcher Rathaus,
Hans Asper, 1567   6.18

Übermalte Wappenpyramide von 1698, in Jean Kerns Kopie
von 1939, vor der Restaurierung des Originals   6.19

Ein neues politisches Selbstverständnis

Auch beim «Corpus Helveticum» als Ganzem führte ein längerer Weg zum Selbstverständnis als Völkerrechtssubjekt. Um 1612 wurde die erste Darstellung einer Landespersonifikation 6.20 gemalt, der künftigen Helvetia. Sie stand «Königreichern gleich» zwischen – von rechts nach links – dem Dogen, den Königen von Frankreich und Spanien, dem Herzog von Savoyen, dem Erzherzog von Österreich und dem Markgrafen von Baden-Durlach. «Wunder Schweizerland, werthster Freyheit höchste Zier», sollte sich den (Söldner-)Werbungen der Mächte entziehen und ihre keusche Unschuld wahren. Das gelang im Dreissigjährigen Krieg trotz Krisen. Am gefährlichsten war das Jahr 1633, als schwedische Truppen dank Zürcher Duldung über Stein am Rhein und den Thurgau gegen das linksrheinische, habsburgische Konstanz vorrücken konnten. Dass sie die Belagerung von Konstanz erfolglos abbrachen, schwächte die Zürcher Kriegspartei und rettete wohl den inneren Frieden.
Diesen beförderte auch der französische König, mit dem Orte und Zugewandte 1663 die Soldallianz erneuerten. Das Zeremoniell ihrer Beschwörung in Paris demonstrierte jedoch ebenso wie Charles Le Bruns Gobelin, 6.21 dass Ludwig XIV. die Eidgenossen nicht als Gleichrangige behandelte. Der prächtige Ludwig überragt die bäuerischen, dunkel gekleideten Schweizer majestätisch. Sie haben den Hut gezogen, er behält ihn auf, wie es das Vorrecht eines Souveräns ist.
Solche Brüskierungen trugen zu einem neuen Selbstverständnis bei, das auf der Kachel eines Ofens 6.22 greifbar wurde, den David Pfau für das 1698 erbaute Zürcher Rathaus fertigte. Sie empfahl dem «Weisen Freyen Stand» die «Eidgnössische Neutralitaet» als Mittelweg zwischen Skylla und Charybdis, abseits der beiden streitenden Löwen (Frankreich und Habsburg). Ausgerechnet ein abseits stehender Fuchs symbolisierte diese schlaue Weisheit. Im konfessionellen Zeitalter, etwa auf den «Spanischen Muggen» (oben 6.13), hatte er noch den verschlagenen Jesuiten dargestellt.

Kachel eines Ofens aus dem Zürcher Rathaus, David Pfau, um 1700   6.22

Neubeschwörung der Soldallianz von 1663 zwischen Ludwig XIV. und den eidgenössischen Gesandten in Notre Dame in Paris, Gobelin von Charles le Brun, nach 1705   6.21

«Wunder Schweizerland, werthster Freyheit höchste Zier», Ölgemälde, um 1612   6.20

Übergang zur Heimarbeit
Der Bauernalltag
Aufklärer in der Natur
Die tugendhafte Republik als Ziel
Politische Unrast
Wider die feudale Ordnung!

7. Wirtschaftliche Reformen, politische Revolten

Die mittelalterliche Grenze zwischen Landwirtschaft und Gewerbestadt verschob sich in der Frühen Neuzeit allmählich. In den Städten kontrollierten Zünfte Qualität und Quantität der Produktion, um ihren Angehörigen ein sicheres, für den ehrbaren Lebenswandel ausreichendes Einkommen zu gewährleisten. Wirtschaftliche und damit auch politische Selbständigkeit von privilegierten Handwerkern war also das Ziel – und nicht Gewinnsteigerung oder rationellere Arbeitsweisen. Deshalb wichen Kaufleute auf die Landschaft aus, wo sie als «Fabrikanten» die Einschränkungen des Zunftsystems umgehen konnten. Sie belieferten Kleinbauern für die Heimarbeit mit Rohwaren (Wolle, Seide, ab 1700 Baumwolle) oder Halbfabrikaten (Garn, Tuche); ebenso liehen sie Webstühle oder Spinnräder für die Verarbeitung. Dabei konnte die ganze Familie mitwirken, auch die Kinder, und ebenso entferntere Familienmitglieder, Kostgänger oder Knechte. Hergestellt wurden in der Regel hochstehende Güter, die für den Export bestimmt waren, zumal die Fabrikanten ihren zünftischen Mitbürgern auf dem lokalen Markt keine Konkurrenz machen durften. Findige Aufsteiger, oft auch religiöse Flüchtlinge wie die Hugenotten, dominierten das Geschäft und lernten, selbständig ihre ausländischen Absatzmärkte zu finden. Die neuen Verdienstchancen prägten auch die Heimarbeiter nachhaltig. Eine heimische Alternative zum Solddienst tat sich ihnen auf. Sie wurden in die überlokale Geldwirtschaft eingebunden und orientierten sich bei wirtschaftlichen Kalkulationen und im Konsumverhalten nicht mehr an bäuerlichen, sondern an städtischen Vorbildern. Mittelfristig konnte sich damit ein eigenständiger ländlicher Unternehmergeist entfalten.

Vom Appenzell und Toggenburg über Glarus und das Zürcher Oberland bis in den Oberaargau und in den Jurabogen entstanden so fast zusammenhängende Gewerberegionen. Es waren relativ hoch gelegene, hügelige Gegenden, für den Ackerbau weniger geeignet, dafür in der Nähe derjenigen Städte, die mehr durch die Kaufmannschaft als durch das Soldwesen geprägt waren. Die ostschweizerischen «Fabrikanten» konzentrierten sich auf die Verarbeitung von Baumwolle und auf die Stickerei, während die Seidenverarbeitung von Zürich, Basel und Genf aus organisiert wurde. Vor allem im welschen Jura war die Spitzenklöppelei zu Hause. Neben der Textilverarbeitung entwickelte sich von Genf und den hugenottischen Refugianten ausgehend im Jura eine zweite gewinnträchtige Exportbranche: die Herstellung von Uhren.

Insbesondere in den Regionen mit Heimarbeit wuchs die Bevölkerungszahl erheblich, in der ganzen Schweiz im 18. Jahrhundert von 1,2 auf 1,65 Millionen Einwohner. Die Pest verschwand allmählich, Hungerkrisen wurden seltener, und eine vergleichsweise friedliche Prosperität liess das Heiratsalter sinken: Um eine Familie zu gründen, mussten Heimarbeiter nicht darauf warten, dass sie ein Stück Land erbten. Die Lohnarbeit liess sie früh selbständig werden. Wie aber konnte die steigenden Kinderzahl ernährt werden in einem Land, das seinen Getreidebedarf bisher nur zur Hälfte decken konnte? Bis die Kartoffel zum Wundermittel wurde, mussten etliche Widerstände überwunden werden. So war sie dem Zehnt nicht unterstellt, was Grundherren von der Umstellung abhielt. Auch die vielfältigen Regelungen und Absprachen der Dreizelgenwirtschaft und des Flurzwangs verhinderten, dass ein Bauer selbständig über die sinnvolle Nutzung des Bodens entschied. Damit nicht immer ein Drittel der Äcker brach lag, wurde im 18. Jahrhundert zusehends der nährstoffreiche Klee angepflanzt. Er führte dem ausgelaugten Boden Stickstoff zu und diente als Futter für eine Viehzucht, die nun im Stall intensiviert wurde. Die Agrarreformer rieten zur Aufteilung der Allmend auf die besitzenden Bauern, die so das Land mit einer langfristigen Perspektive auf Marktproduktion rationeller nutzen konnten. Solche Massnahmen erhöhten aber die sozialen Spannungen mit denen, die kaum eigenes Ackerland besassen und mit ihrem Kleinvieh die Allmend (über-)nutzten: verschuldete Kleinbauern, Tauner (Taglöhner) ohne eigenen Pflug, zugezogene Hintersassen ohne volle Bürgerrechte. Als diese Randgruppen ihre landwirtschaftliche Existenzgrundlage verloren, entstand ein ländliches Proletariat, das zuerst durch dörfliche Heimarbeit und dann durch die Migration in die Städte die Arbeitskräfte für die beginnende Industrialisierung stellte.

Auch politisch wurde der Gegensatz zwischen Städten und ländlichen Regionen allmählich wichtiger als die konfessionellen Gegensätze. Im Zweiten Villmergerkrieg kämpfte Luzern 1712 bereits eher unwillig auf Seiten der Waldstätte und des Fürstbischofs von St. Gallen gegen Zürich und Bern. Nach der Niederlage und dem Verlust einiger Vorrechte in den Gemeinen Herrschaften wandten sich Luzerner Patrizier ihresgleichen in den reformierten Städten zu. Es einte sie das herrschaftliche Selbstverständnis, das sich als aufgeklärter Absolutismus entpuppen konnte; gerichtet gegen den Traditionalismus von Zünften, Bauern oder Grundbesitzern und gegen die kirchliche Bevormundung durch die reformierte Orthodoxie oder die Papstkirche.

In diesem Spannungsfeld entbrannten im 18. Jahrhundert fast in allen Kantonen Konflikte. Es ging darum, welche Einwohnergruppen Anteil an der Souveränität hatten und damit Verfügungsgewalt über die wirtschaftlichen Ressourcen Landbesitz und Landbevölkerung. Je nach Situation führte eine kleinere oder grössere Gruppe des Rats diesen Kampf gegen Kollektive, die sich zumeist auf herkömmliche Rechte beriefen: die Bürgergemeinde, Zünfte, wohlhabende Neubürger, Landstädte oder Landgemeinden, Untertanen, die Kirche oder an sich regimentsfähige, aber ausgegrenzte Familien. In der Regel verblieben solche Staatsbildungskonflikte auf lokalem Niveau und gingen zugunsten der Obrigkeit aus. Aber die Hinrichtungen des Berner Burgers Samuel Henzi (1749) und des Zürcher Pfarrers Johann Heinrich Waser (1780) wegen Verschwörung und die wiederholten «Troublen» in Genf erregten europaweit Aufsehen. Sie zeigten, dass der Graben zwischen der Verfassungsrealität und der von Aufklärern verklärten Schweizer Freiheit schnell wuchs.

Übergang zur Heimarbeit

Bilder von Heimarbeit gab es im 18. Jahrhundert kaum. Anders als das Bauern- und Hirtenleben eignete es sich nicht zur idyllischen Verklärung. Auch der wohlgekleidete «Lismer» am Sockenwirkstuhl 7.1 (1764) gibt keinen Einblick in den ländlichen Alltag, wohl aber in die bereits anspruchsvolle Technologie der frühen Strickmaschine, die von geflohenen Hugenotten in die Schweiz gebracht wurde. Dank dem zünftischen Selbstverständnis besser dokumentiert ist das ältere Textilgewerbe, namentlich die Leinenproduktion, die in St. Gallen bis ins Mittelalter zurückreichte. Ein anonymes Ölgemälde von 1714 7.2 präsentierte die Männer, die an der Leinwandproduktion beteiligt waren. Ganz links steht der Kaufmann; es folgen Faktor, Feilträger, Leinwandmesser, Bauer, Bleicher (in rotem Gewand), Leinwandschneider, Färber, Einbinder, Küfer, Fuhrmann und Maultiertreiber. Etwa gleichzeitig entstand ein Zyklus von Gemälden, welche die Etappen der Leinenproduktion zeigten, 7.3 vom Pflügen des Flachsfelds bis zum Verladen der gestempelten Ware beim Tuchhaus. Die genau geregelten Produktionsschritte der St. Galler Zünfte erwiesen sich im 18. Jahrhundert bald als zu teuer, wogegen im Oberaargau, im Emmental und im Entlebuch die Leinwandherstellung in Heimarbeit, aber auch auf eigene Rechnung aufblühte.

Die von Genf ausgehende Uhrenproduktion kombinierte das Wissen von Hugenotten über Taschenuhren mit der hochstehenden städtische Gold- und Silberschmiedekunst. Die Spezialisierung und Arbeitsteilung war deutlich höher als bei Textilien. Heimarbeiter fertigten die Rohwerke in Juratälern, die Endbearbeitung erfolgte in der Stadt, so bei der abgebildeten Herrentaschenuhr 7.4 mit Damenporträt, zwölf weissblauen Emailkartuschen für die Zahlen und einem Stundenring. Neben Genf entwickelte sich vor allem das Fürstentum Neuenburg zu einem eigenständigen Zentrum der Uhrenproduktion.

«Lismer» am Sockenwirkstuhl, gemaltes Blechschild, 1764   7.1

Herrentaschenuhr mit Damenporträt, François Terroux, Genf, um 1690   7.4

Berufsleute des Leinwandgewerbes in St. Gallen,
Ölgemälde, um 1714   7.2

Etappen der Leinenproduktion in St. Gallen: Kochen des
Flachses und Spinnen des Garns, Dehnen mit Steinkugeln,
Ölgemälde, um 1680   7.3

Der Bauernalltag

Der Plan der Gemeinde Inkwil 7.5 von 1749 zeigt die typische Dreizelgenlandschaft. Das Dorf liegt am Bach, um dessen Lauf sich die Gärten (Matten) erstrecken. Die Parzellen eines jeden Bauern waren gleichmässig auf die drei Zelgen verteilt, die alternierend als Brachzelg, Sommerzelg oder Winterzelg genutzt wurden. Zur Allmend zählten das Moor am See und die Wälder im Süden und Norden der Gemeinde. Beides diente herkömmlich als Weideland vor allem für Kleinvieh, sollte aber nach Vorstellung der Agrarreformer einer nachhaltigeren Nutzung zugeführt werden.

Die Ansichten von Zürcher Dörfern, 7.6 die David Herrliberger Mitte des 18. Jahrhunderts vorlegte, zeigten im Vordergrund typische bäuerliche Tätigkeiten, hier das Pflügen und die Arbeit im Garten und Hof. Ebenfalls einem Zyklus entstammt das Bild von Ulrich Bräker mit seiner Frau Salome, 7.7 nämlich den 127 Bauerntypen, die Joseph Reinhard im ausgehenden 18. Jahrhundert schuf. Bräkers «Lebensgeschichte und natürliche Ebentheuer des Armen Mannes im Tockenburg» von 1789 sind das einzigartige Zeugnis eines Kleinbauern. Als Kind eines pietistischen Tagelöhners und einer Heimarbeiterin lernte er neben der frühen Arbeit Lesen und Schreiben, führte Tagebuch, wurde Knecht und dann Söldner im preussischen Heer. Im Siebenjährigen Krieg desertierte er, führte in der Moralischen Gesellschaft zu Lichtensteig aufklärerische Debatten und kommentierte Shakespeare. Als ländlicher Garnzwischenhändler hatte er allerdings seine Schwierigkeiten und ging Bankrott.

Ansicht von Stammheim ZH und Dinhard ZH, David Herrliberger, Kupferstiche, Mitte 18. Jahrhundert 7.6

Ulrich Bräker und seine Frau Salome, Porträtzyklus des Joseph Reinhard, Ende 18. Jahrhundert 7.7

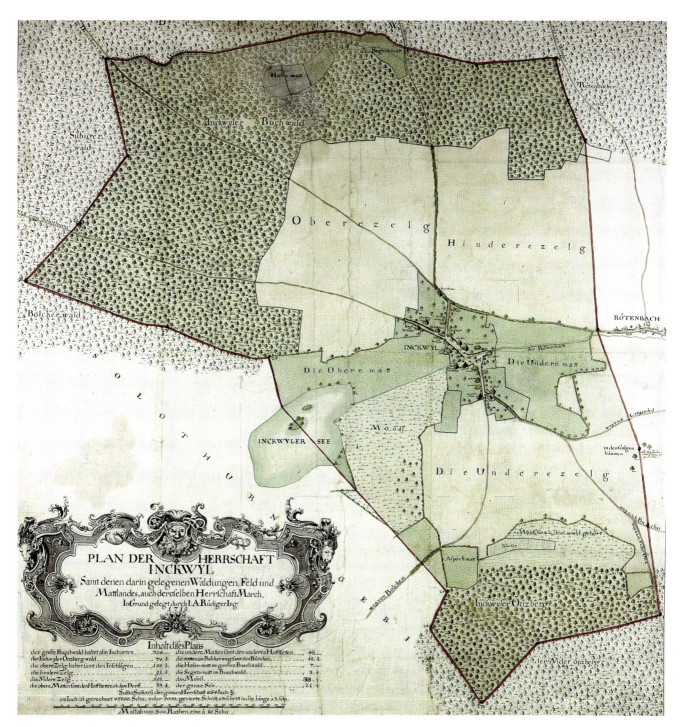

Plan der Gemeinde Inkwil BE, 1749   7.5

Aufklärer in der Natur

Ulrich Bräker war nicht der einzige berühmte Bauer seiner Zeit. Die «Wirthschaft eines philosophischen Bauers» (1761) schilderte, wie Jakob Gujer 7.8 («Kleinjogg») seine Erträge zu steigern versuchte. Selbst Goethe besuchte in Rümlang diesen Vertreter der physiokratischen Lehre, wonach der nationale Wohlstand in der Landwirtschaft gründe. Ebenfalls ausländische Reisende verklärten, zusammen mit Schweizer Gelehrten, die Landesnatur. Balthasar Anton Dunker kombinierte auf seinem Stich des Staubbachfalls bei Lauterbrunnen (1776) frühe Touristen mit Albrecht von Haller im Medaillon. 7.9 Durch die Dichtung «Die Alpen» (1729) trug Haller zu einem neuen Bild bei: Früher als unwirtliche Bedrohung wahrgenommen, wurden die Berggipfel atemberaubende Burgen ursprünglicher Unverdorbenheit und Freiheit, ein überkonfessionelles Identifikationsangebot an die Eidgenossen, dessen Ästhetik europaweit wirkte.

Die Agrarreformen waren häufig Thema akademischer Preisfragen. Mit ihnen schufen aufklärerische Sozietäten in schweizerischen Städten eine allmählich politisierte Öffentlichkeit. Eine akademische Preisaufgabe regte auch den Genfer Jean-Jacques Rousseau zu seiner epochalen Kulturkritik an, wonach der wissenschaftliche Fortschritt die Sitten der Menschen nicht verbessert habe. Januarius Zick hielt 1757 den Moment dieser Erkenntnis Rousseaus 7.10 fest, die den erregten Aufklärer hingeworfen hat: bezeichnenderweise neben den Weg, in die Natur. Solche Inspirationen waren bis dahin nicht das Ergebnis bürgerlicher Wahrheitssuche, sondern religiöser Ekstase gewesen, wie sie fast gleichzeitig Franz Ludwig Hermann auf das Deckengemälde der Schlosskapelle im thurgauischen Mammern 7.11 bannte. Im Kardinalsgewand empfängt Carlo Borromeo göttliche Erleuchtung, rechts begleitet vom österreichischen Landespatron, Markgraf Leopold III., sowie Kaiser Franz I. und Königin Maria Theresia. Das Bild fasst zusammen, wovor schweizerischen Aufklärern graute: religiöser Enthusiasmus und habsburgische sowie italienische, also ausländische Fremdbestimmung.

Der Zürcher Reformbauer Jakob Gujer, («Kleinjogg»), Radierung von Johann Jacob Wüest, Ende 18. Jahrhundert 7.8

Die Erkenntnis des Jean-Jacques Rousseau, Ölgemälde von Januarius Zick, 1757 7.10

Die Erleuchtung des Kardinal Borromeo, Deckengemälde von Franz Ludwig Hermann
in der Kapelle von Schloss Mammern TG, 1750   7.11

Der Staubbachfall mit einem Medaillon des Albrecht von Haller, Kupferstich von
Balthasar Anton Dunker, nach einem Gemälde von Caspar Wolf, 1776   7.9

Die tugendhafte Republik als Ziel

Laurent Midarts Stich erfasste den Einzug des französischen Botschafters und der eidgenössischen Gesandten in die St. Ursen-Kirche 7.12 der Ambassadorenstadt Solothurn, wo sie 1777 die Soldallianz erneuerten – auch die reformierten Orte, die beim Bündnis von 1715 nicht mitgemacht hatten. Umso mehr ärgerten sich Aufklärer über das, was die Allianz für sie symbolisierte: monarchische Herrschsucht, eitles Zeremoniell, Abhängigkeit durch fremde Dienste. Gleichsam eine Entgegnung war Alexander Trippels Holzskulptur mit Tell und seinem Sohn. 7.13 Trippel fertigte sie als Sockel für einen Tischbecher, aus dem die Mitglieder der Helvetischen Gesellschaft beim Gesang patriotischer Lieder «Schweizerblut» tranken – Wein aus den Reben von St. Jakob an der Birs.

Die Helvetische Gesellschaft war 1762 als gesamtschweizerische Aufklärungssozietät gegründet worden, deren jährliche Treffen Katholiken und Reformierte in brüderlichem Geist vereinte und auch Welsche einbezog. Um die kantonalen wie die eidgenössischen Institutionen zu reformieren, suchten die Aufklärer die Inspiration der edlen, mittelalterlichen Vorfahren. Deren Vorbildfunktion für eine erneuerte, tugendhafte Republik verkündete Johann Jacob Bodmer schon lange, der damit Generationen von Zürcher Aufklärern erzog. Zu ihnen zählte der Maler Johann Heinrich Füssli, der sich um 1780 selbst im Gespräch mit dem greisen Bodmer 7.14 malte. Ganz in Bodmers Sinn war es auch, dass ein reformierter Basler 1734 erstmals das berühmte «Chronicon Helveticum» drucken liess, das der Glarner Katholik Aegidius Tschudi im 16. Jahrhundert verfasst hatte. In dieser Version erreichte die Tellengeschichte Johannes von Müller und Friedrich Schiller, die sie weltberühmt machten. Geschmückt war das «Chronicon» durch einen Stich David Herrlibergers, 7.15 auf dem eine gekrönte Helvetia als Schweizer Republik thront, umgeben von Tugendallegorien. Herakles im Löwenfell legt seine Keule zu ihren Füssen – kein Krieg mehr droht den Eidgenossen.

Der Maler Johann Heinrich Füssli im Gespräch mit Johann Jacob Bodmer, Ölgemälde von Johann Heinrich Füssli, um 1780   7.14

Tell-Skulptur mit Trinkbecher für die Helvetische Gesellschaft, Alexander Trippel, um 1780   7.13

Einzug des französischen Botschafters in Solothurn,
Kupferstich von Laurent Midart, 1777   7.12

Helvetia als Frontispitz des «Chronicon Helveticum» von Aegidius
Tschudi, Kupferstich von David Herrliberger, Basel 1734   7.15

Politische Unrast

Im Jahr 1682 hielt ein Gutachten fest, dass in Bern nicht nur Schultheiss und Kleiner Rat, sondern mit ihnen auch der Grosse Rat die höchste Gewalt innehabe, die «durchgehends in allen wohlpolicirten ständen einem souverainen fürsten und obersten landesherrn» zukomme. Dieses herrschaftliche Selbstverständnis setze Joseph Werner in seiner Allegorie der Republik Bern 7.16 im selben Jahr im Rathaus um, wofür zwei der erwähnten Szenen von Mareschet (4.4) weichen mussten. Um eine gewappnete Berna herum gruppieren sich die drei Stände: «Fides» (Glaube) mit dem Laienkelch für die Geistlichkeit, der streitbare Bär als adliges Patriziat, demütig zu Bernas Füssen eine Personifikation des Landes und seiner Bevölkerung, mit Füllhorn und Flussruder. Dankbar hält sie Berna den Freiheitshut hin, den das Schwert schützt.

Ob die Obrigkeiten dem Anspruch auf Gerechtigkeit oder eher dem eigenen Nutzen gehorchten, war nicht zuletzt in den «Ennetbirgischen Vogteien» im heutigen Tessin umstritten, wo sich der Basler Landvogt in Mendrisio, Hieronymus Holzach, 1774 als Richter selbst malte. 7.17 «Rebellische Untertanen» jedenfalls hatten drastische Strafen zu gewärtigen, von Länderorten nicht weniger als von Städten. 1755 erhob sich die Leventina gegen Uri, das ihre alten Rechte und Freiheiten missachtet hatte. Die Urner besetzten das Tal darauf militärisch und liessen in Faido drei Anführer durch das Schwert 7.18 hinrichten. Kniend mussten die Leventiner den Gehorsamseid leisten und der Exekution zuschauen. Ebenfalls ein unbekannter Maler hielt den Harten- und Lindenhandel 7.19 an der Schwyzer Landsgemeinde von 1763 fest. Die zentrale Figur ist Elisabeth von Reding, die ihren Mann verteidigt, den Kommandanten des Schwyzer Regiments in Paris und Anführer der französischen Partei. Die Schwyzer Volksbewegung protestierte gegen die Herrschaft der Geschlechter, welche die Landesämter und die Einkünfte aus den Solddiensten für sich reservierten.

Landvogt Hieronymus Holzach als Richter in Mendrisio TI, 1774   7.17

Hinrichtung nach dem Aufstand in der Leventina TI, Flugblatt 1755   7.18

Der Harten- und Lindenhandel an der Landsgemeinde in Schwyz, Aquarell, 1763   7.19

Allegorie der Republik Bern, Ölgemälde von
Joseph Werner, 1682   7.16

Wider die feudale Ordnung!

Bei den wiederholten, mehrjährigen Bürgerkonflikten in Genf ging es nicht zuletzt um das Werk von Rousseau, des «citoyen de Genève» und Vordenkers der modernen, egalitären Demokratie. In seiner Heimatstadt wurde es öffentlich verbrannt. Ein selbstherrlicher harter Kern von Patriziern schloss die anderen im Grossen Rat vertretenen Familien von der Herrschaft aus, während gleichzeitig Einwohnergruppen mit eingeschränktem Bürgerrecht ihrerseits Aufnahme in den Grossen Rat begehrten. 1794 konnten sie, durch die Französische Revolution angeregt, eine Verfassung erzwingen, die alle Einwohner, sogar die wenigen ländlichen Untertanen, politisch gleichstellte. Die Personifikation, 7.20 die Jean-Pierre Saint-Ours 1794 malte, brachte in der revolutionären Bildersprache die Idee der neuen, einheitlichen «République de Genève» zum Ausdruck. Wolfgang-Adam Töpffers Café du Théâtre 7.21 verspottete 1790 die neue bürgerliche Öffentlichkeit in ihren Klubs und Cafés. Ständische Differenzen spielten in Genf keine Rolle mehr, selbst Frauen beteiligten sich an Debatten und der Meinungsbildung.
Bezeichnenderweise entstand auch das Stäfner Memorial 1794 am Ort der lokalen Lesegesellschaft. Es forderte eine schriftliche Verfassung, die Abschaffung von Feudallasten und die Gleichstellung der Landbewohner mit den Städtern. Die Stäfner beriefen sich einerseits auf alte, kollektive Freiheitsrechte und andererseits in modernem Sinn auf naturgegebene Grundrechte und die bürgerliche Freiheit. Zürich besetzte das Dorf durch Truppen, die auf dem Bild 7.22 nach geleisteten Diensten vom Bürgermeister wieder entlassen werden. Gemässigte Städter wie Johann Heinrich Pestalozzi verhinderten, dass die gefällten Todesurteile vollstreckt wurden.

Personifikation der Republik Genf, Jean-Pierre Saint-Ours, Ölgemälde, 1794   7.20

Café du Théâtre in Genf, Wolfgang-Adam Töpffer,
Aquarell, 1790   7.21

Entlassung der Zürcher Truppen nach der Besetzung des
aufständischen Stäfa ZH, Aquarell, 1795   7.22

Symbole der Revolution
Die «Franzosenzeit»
Der erste Schweizer Staat
Der Zweite Koalitionskrieg
Das kurze Leben der Helvetik
Die Mediation
Das Ende des napoleonischen Systems

8. Die ungeliebte Revolution

Die schweizerische Freiheit, die im Europa der Aufklärer zu einem Mythos geworden war, blieb im alteuropäischen Sinn Freiheit für eine unterschiedlich eng definierte, aber beschränkte Gruppe von Privilegierten. Freiheit dank Geblüt, meinten die Berner Patrizier; Freiheit dank Wohlstand, sagten die Zürcher Kaufherren; Freiheit dank kaiserlichen Briefen, fanden die Innerschweizer; und für die Aufklärer war es Freiheit dank Bildung, die zu Tugend führte. An eine Freiheit von Natur aus, die alle gleich geschaffen hatte, dachte kaum jemand, und ebenso wenige an gleiche Rechte für alle. Denn wie die Freiheiten wurden Rechte als kollektive Errungenschaften angesehen. Sie waren Vorrechte gegenüber anderen, die weniger Rechte besassen. Deshalb stritten die verschieden begründeten Rechte und ihre Träger in der vormodernen Gesellschaft unvermeidlich miteinander, wenn sie nicht von einem mächtigen, absoluten König unter ein gleichmacherisches Gesetz gezwungen wurden. Ihn gab es nicht in der Eidgenossenschaft, und deshalb war dort die ständische Privilegiengesellschaft im 18. Jahrhundert besonders krisenanfällig. Gründliche Reformen hätten aber zu viele Besitzstände gefährdet, und es fehlten auch die gesamteidgenössischen Verfahren für verbindliche politische Entscheidungen. Überwunden werden konnte das schweizerische Ancien Régime nur durch den rücksichtslosen und eigennützigen Eingriff von aussen.

Im Januar 1798 fand die letzte Tagsatzung statt, in Aarau, und zum ersten Mal seit der Reformation beschworen die Gesandten wieder die alten Bünde. Es war auch das letzte Mal. Unter doppeltem Druck von innen und von aussen zerbrach die Eidgenossenschaft schnell. Frankreich suchte die Kontrolle über die Alpenpässe zu den italienischen Schwesterrepubliken, und Napoleon brauchte für sein ägyptisches Abenteuer die sagenumwobenen Staatsschätze der Stadtorte. Er konnte aber auch auf die zahlreichen Anhänger der revolutionären Ideale zählen, namentlich in der Waadt. Benachteiligte Untertanen waren nicht nur die meisten Bauern, sondern auch Adlige wie der Freimaurer Frédéric-César de La Harpe, der als Erzieher der Zarenenkel in St. Petersburg gewirkt hatte. Wie der Basler Oberzunftmeister Peter Ochs gehörte er zu den «Patrioten»: aufgeklärte Angehörige der städtischen Führungsschichten, häufig aus dem Umfeld der Helvetischen Gesellschaft. In der Tradition der dort diskutierten Reformpläne, aber nun im Auftrag Napoleons, schrieb Ochs Anfang Januar 1798 den ersten Entwurf überhaupt für eine schweizerische Verfassung im modernen Sinn.
Gleichzeitig eskalierten die Spannungen zwischen Bern und den Waadtländern. Sie riefen Frankreich zu Hilfe, das Ende Januar bereitwillig einmarschierte. Bern appellierte an die Eidgenossen, nur Freiburg und Solothurn folgten. Der 5. März 1798 brachte die Kapitulation. In der übrigen Schweiz fiel das Ancien Régime unter Protesten der Untertanen in sich zusammen. Überall entstanden Freistaaten, und die Eidgenossenschaft zählte nicht mehr 13, sondern vorübergehend fast 40 Orte.

Am 12. April 1798 traten in Aarau die frisch gewählten Delegierten von zuerst zehn Kantonen zum ersten gesamtschweizerischen Parlament überhaupt zusammen. In der neu geschaffenen Helvetischen Republik wurde Gewaltenteilung grossgeschrieben und das Parlament mit zwei Kammern eingerichtet. Der Grosse Rat bereitete Gesetze vor, der Senat beschloss sie. Die rein repräsentative Demokratie mit indirekten Wahlen war auch für die Länderorte etwas ganz anderes als die vertraute Demokratie der Landsgemeinde. Dort konnten Männer ihre Amtsträger selbst wählen und ihnen auch Vorgaben machen; aber die führenden Familien kontrollierten dank offenen Wahlen ihre Gefolgschaft. Der helvetische Souverän delegierte hingegen alle politischen Kompetenzen über Wahlmänner den parlamentarischen Repräsentanten und dem von ihnen gewählten Direktorium, einer fünfköpfigen Kollegialbehörde. Als Exekutive setzte es die Beamten bis auf Gemeindeebene von oben ein. Die Kantone waren nur noch Verwaltungseinheiten, die meisten mit neuen Grenzen. Die früheren Untertanen wurden in neuen, eigenen Kantonen zusammengefasst. Bern verlor ausser der Waadt auch seine aargauischen Besitzungen und das Oberland. Erstmals gab es gleichberechtigte Kantone, die nicht deutschsprachig waren; Französisch und Italienisch wurden als Amtssprachen anerkannt.
Alle Schweizer Männer, ausgenommen Geistliche und Juden, waren nun vor dem Gesetz und politisch gleichberechtigt. Wo die Leibeigenschaft noch existierte, wurde sie abgeschafft, ebenso die Folter. Der Staat garantierte das Eigentum, Grund und Boden wurde frei handelbar und privat uneingeschränkt nutzbar. Die Handels- und Gewerbefreiheit ersetzte den bisherigen Zunftzwang. Äusserst umstritten war die Glaubens- und Gewissensfreiheit in einem Verfassungsartikel, der die Kirchen als «Sekten» bezeichnete. Nicht nur die Katholiken befürchteten französische Verhältnisse, nachdem das Vermögen von Klöstern und Stiften zu Nationaleigentum erklärt worden war. Es diente unter anderem dazu, das bisher einzelörtisch geregelte und von Geistlichen geprägte Schulwesen zu einer gesamtschweizerischen Aufgabe des Zentralstaats zu befördern.

Die einheitsstaatliche, rationalistische Verfassung der Helvetik scheiterte letztlich an der Spaltung ihrer Träger, an den föderalistischen Widerständen und an den hohen Kosten für das anspruchsvolle Reformprogramm. Die Steuereinnahmen blieben aus, und das Land machte im Zweiten Koalitionskrieg die völlig ungewohnte Erfahrung, zum Kriegsschauplatz der europäischen Mächte zu werden. Die anhaltende Krise mit schnellen Regierungswechseln, Verschwörungen, Putschen und Bürgerkriegen nahm erst ein Ende, als Napoleon die zentralistische Helvetische Republik durch die föderalistische Mediationsverfassung von 1803 ersetzte. Sie sah nur noch wenige gesamtstaatliche Ämter vor, an ihrer Spitze den jährlich wechselnden «Landammann der Schweiz». Napoleons Verfassung gliederte die Schweizer Territorien so, wie sie im Prinzip bis heute existieren. Sechs neue Kantone wurden vollwertige Mitglieder der Eidgenossenschaft: St. Gallen, Graubünden, Aargau (mit dem bis dahin habsburgischen Fricktal), Thurgau, Tessin und das Waadtland. Hingegen gelangten Neuenburg und das Wallis wie bereits Genf (1798) und das Fürstbistum Basel (ab 1792) unter französische Kontrolle.

Nach dem Zusammenbruch des napoleonischen Imperiums sprach der Wiener Kongress diese Gebiete als Kantone der Schweiz zu, Neuenburg in der eigenwilligen Kombination mit dem preussischen König als Landesfürsten. Das frühere Fürstbistum im Jura fiel hingegen gleichsam zum Trost an Bern. In ihren Bemühungen, die 1798 untergegangene Eidgenossenschaft und vor allem die eigenen Untertanengebiete wiederherzustellen, hatten die Berner und Innerschweizer das Land an den Rand des Bürgerkriegs gebracht. Ihn verhinderten die Grossmächte, die in der Pariser Friedenscharta am 20. November 1815 auch die immerwährende Neutralität zusagten und die Vollständigkeit und Unverletzlichkeit des erweiterten schweizerischen Territoriums garantierten. Die Formulierung war dem Genfer Charles Pictet-de Rochemont zu verdanken, der die Interessen der Schweiz viel geschickter vertrat als die zerstrittenen eidgenössischen Gesandten. Auch die Erweiterung des Genfer Territoriums war sein Verdienst.

Die Schweiz zur Mediationszeit (1803–1813)

Symbole der Revolution

Nach 1789 galten die Sympathien der Patrizier, aber auch der Innerschweizer schon bald den gegenrevolutionären Kräften in Frankreich, erst recht, als die Schweizergarde im Tuileriensturm 1792 massakriert wurde, weil sie Ludwig XVI. gegen die Pariser Bevölkerung schützte. In diesem Geist malte der aus Pommern stammende und in Bern eingebürgerte Balthasar Anton Dunker 1798 Wilhelm Tell, 8.1 der sonnenbestrahlt und mit dem Bundesschwur auf dem Schild den dreiköpfigen Drachen der Revolution besiegt: den Hund mit Jakobinermütze, den Hahn mit Narrenkappe und dahinter einen Esel. Doch die französischen Revolutionäre hatten schon zuvor denselben Tell zu einem ihrer historischen Freiheitshelden gekürt, weil er ein despotisches Regime gestürzt habe. Diese Interpretation steckte hinter dem «Réveil du Suisse», 8.2 dem geweckten Schweizer, den der aus Metz stammende und im Solothurnischen eingebürgerte Laurent Louis Midart im selben Jahr dem helvetischen Direktorium widmete. Die personifizierte Freiheit mit der französischen Trikolore um die Hüften überreicht dem Schweizer den Freiheitshut mit der helvetischen Trikolore. Der einst Tugendhafte, der über seinen eigenen Verdiensten eingeschlafen ist, wird vom Licht der aufgehenden Sonne und dem Ruf des gallischen Hahns geweckt.

Ein weiteres Symbol der neuen Ordnung war der Freiheitsbaum, 8.3 der nach französischem Vorbild bereits 1795 in Stäfa errichtet worden war. Ab 1798 schmückte er jede Schweizer Gemeinde so wie den Münsterplatz zu Basel. Dort brach das Ancien Régime schon im Januar 1798 zusammen. Nicht Untertanen, sondern der Landvogt selbst zündete die Farnsburg an, als er von seinem Verwaltungssitz floh. Dies geschah weniger schmählich, als das anonyme Gemälde 8.4 nahelegt, das Landvogt Hagenbach auf dem Rücken eines Trägers entkommen sieht.

Wilhelm Tell besiegt den Drachen der Revolution, aquarellierte Federzeichnung von Balthasar Anton Dunker, 1798 8.1

Le réveil du Suisse, Radierung von Laurant Louis Midart, 1798 8.2

Der Freiheitsbaum auf dem Basler Münsterplatz, kolorierter Kupferstich von Ludwig Friedrich Kaiser, 1798   8.3

Landvogt Hagenbach flieht im Januar 1798 aus der brennenden Farnsburg BL, kolorierte Zeichnung, 1798   8.4

Die «Franzosenzeit»

Selbst in der Not beharrten viele Herrschaftsträger auf überlebten Prinzipien. Ein Truppenaufgebot musste die 52 Vertreter der Landstädte und der Landschaft 8.5 beschützen, die Ende Januar 1798 eilig in den Berner Grossen Rat aufgenommen wurden, um eine Verfassung auszuarbeiten und den Rückhalt der Regierung in der Bevölkerung zu stärken. Während die neuen Ratsmitglieder links die Freitreppe zur Begrüssung emporsteigen, verlassen rechts bisherige Grossräte unter Protest das Rathaus, in dem sie und ihre Vorfahren den Stadtstaat verwaltet und ihre Privilegien verteidigt hatten. Bern kapitulierte nach französischen Ultimaten und einem kurzen Verteidigungskrieg. Für die Kenner der schweizerischen Militärverfassung war die Niederlage der schlecht gerüsteten Truppen keine Überraschung. Die 1798 gefertigte Karikatur des Landsturms 8.6 spricht für sich. Ein uneinheitlicher und uneiniger Zusammenschluss von kleinen, aber weitgehend autonomen Herrschaftsträgern hatte keine Erfolgsaussichten gegen die straff organisierten und gut ausgebildeten stehenden Heere der Nachbarländer.

Mit Verbitterung hielt Balthasar Dunker die Folgen der französischen Besatzung 8.7 fest. Der erste Wagen führt die Zürcher Staatskasse nach Frankreich; im zweiten folgt Getreide, daneben das Vieh, und selbst die Trommel als Symbol der Berner Souveränität wird davongetragen. Der Zürcher David Hess, ebenfalls ein Gegner der Revolution, trug mit seiner «Einquartierung auf dem Lande» 8.8 (1801) rückblickend zum schwarzen Bild der «Franzosenzeit» bei, das die Schweiz jahrzehntelang prägen sollte.

Vertreter der Landschaft werden in den Berner Grossen Rat aufgenommen, Radierung von Balthasar Anton Dunker, Januar 1798   8.5

Einquartierung französischer Truppen auf dem Land, aquarellierte Radierung von David Hess, 1801   8.8

Die Franzosen plündern die Schweiz, Radierung nach Balthasar
Anton Dunker, 1798   8.7

Karikatur des eidgenössischen Landsturms, Zeichnung, 1798   8.6

Der erste Schweizer Staat

Die negative Beurteilung der Franzosen verstellte lange den Blick auf erst später selbstverständliche Errungenschaften der «einen und unteilbaren Helvetischen Republik». So gab es erstmals eine schweizerische Hauptstadt und eine Landesfahne, nach dem französischen Muster als Trikolore 8.9 in Grün-Rot-Gelb entworfen. Ein von Trippels Skulptur inspirierter Wilhelm Tell mit Sohn schmückte dieses Nidwaldner Exemplar und ebenso die helvetischen Siegel und Druckschriften. Die Staatspost und der Schweizer Franken 8.10 wurden eingeführt, konnten sich aber nicht durchsetzen, unter anderem weil es an Edelmetall mangelte.

Die Helvetische Versammlung in Aarau 8.11 war das erste schweizerische Parlament. Der Druck zeigt die konstituierende Versammlung vom 12. April 1798, mit den Senatoren links und den Grossräten rechts. Das Alterspräsidium lag beim Bürger Johann Jakob Bodmer – nicht dem Aufklärer, sondern einem der Stäfner Anführer. Er war 1795 zu lebenslänglicher Haft verurteilt worden und eröffnete kurz nach seiner Rehabilitation die Versammlung. Damit wurden öffentliche Debatten auf nationaler Ebene institutionalisiert und zugleich dank der vorübergehenden Pressefreiheit im ganzen Land verbreitet. Das Bild der Eröffnungssitzung stammt aus einer zeitgenössischen Zeitschrift, dem «Véritable messager boiteux de Vevey». Der «hinkende Bote» war schon 1707 als volkstümlicher Kalender gegründet worden und erscheint bis heute, im Unterschied zu den über 100 kurzlebigen Zeitungen, die nach der Revolution schlagartig gegründet wurden. Dazu kamen über 1000 Flugblätter wie das abgebildete von 1798. 8.12 Es führt vor Augen, wie in einer Westschweizer Kleinstadt der neue Patriotismus auch mündlich verkündet wird, mit Gesang, Musik und Schautafeln, sodass Analphabeten folgen können.

Helvetische Trikolore, Nidwaldner Exemplar, 1798/99   8.9

Eine 16-Franken-Münze der Helvetischen Republik, 1800   8.10

Die erste Sitzung der Helvetischen Nationalversammlung am 12. April 1798 in Aarau, Messager boiteux   8.11

Ein Bänkelsänger stellt die neue Deutung der Geschichte vor,
Radierung, 1798 8.12

Der Zweite Koalitionskrieg

Keine Propaganda konnte die Innerschweizer von der durch ihre Geistlichen bestärkten Überzeugung abbringen, dass sie ihren Glauben in einem gerechten Krieg gegen «blutdürstige fränkische Gessler», «neufränkische Heiden» und «ketzerische Zürcher» verteidigen mussten. Im September 1798 unterlagen 1600 Nidwaldner Aufständische 10 000 Franzosen. 400 Männer, Frauen und Kinder kamen während der «Schreckenstage» ums Leben. Der Künstler Martin Obersteg, der Mutter und Schwester verlor, zeichnete 1803 die Religion als Skelett: 8.13 Mehr hatten die Revolutionsideale Freiheit, Gleichheit und Menschenrechte von ihr nicht übrig gelassen.

Im Zweiten Koalitionskrieg war dann vor allem die östliche Schweiz ein Hauptkriegsschauplatz. Österreicher und Franzosen stiessen 1799 in den beiden Schlachten von Zürich aufeinander. Die Franzosen drängten auch die russischen Truppen von General Suworow ab, der sich quer durch die Alpen ins Rheintal durchschlug. Auch die Zürcher bekamen erstmals Russen zu Gesicht, die Salomon Landolt 1801 als fremdländische Gestalten zeichnete: Ein Uralkosak 8.14 zu Pferd grüsst seinen Offizier im Fenster, während weitere Uniformierte und ein schwarzer Sklave dem schönen Geschlecht nachstellen.

Der Bodensee erlebte sogar den Einsatz einer österreichischen Armada, 8.15 die schweizerische Städte beschoss und einige Boote und Geschütze erbeutete. Man erkennt im Uferbogen die zum Teil befestigten Orte von Altenrhein Staad über Rorschach bis Romanshorn.

Die im österreichischen Heer heimgekehrten Emigranten versuchten die alten Verhältnisse wiederherzustellen, was unter den 1798 befreiten Untertanen jedoch wenig Anklang fand. Das erfuhr auch der St. Galler Fürstabt, dessen kurze Heimkehr (1799) Frank Columban Elsers Aquarell 8.16 festhielt. Das Heilige Römische Reich, das für die Eidgenossenschaft lange und für den Fürstabt bis zuletzt den Rahmen legitimer Herrschaft gebildet hatte, löste sich unter Napoleons Druck in zwei Schritten 1803 und 1806 auf. Die 100 säkularisierten Schweizer Klöster von Einsiedeln über Engelberg bis St. Urban wurden ebenso in die Kantone integriert wie St. Gallen.

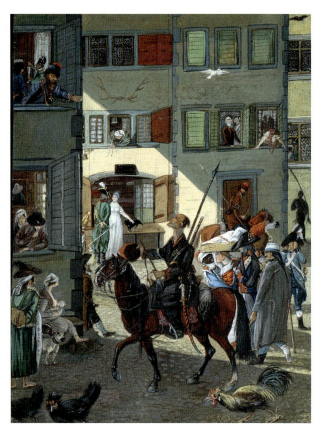

Ein russischer Kosak in Zürich, Gouache von Salomon Landolt, 1801   8.14

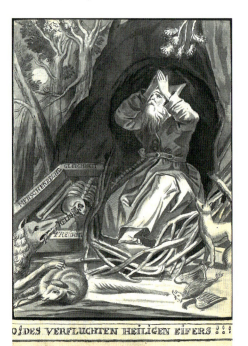

Die Religion als Skelett, kolorierte Zeichnung von Martin Obersteg, 1803   8.13

Österreichische Kriegsschiffe auf dem Bodensee,
kolorierte Zeichnung, 1799   8.15

Der St. Galler Fürstabt Pankraz Vorster kehrt zurück,
Aquarell von Frank Columban Elser, 1799   8.16

Das kurze Leben der Helvetik

Der europäische Krieg spiegelte sich im Bürgerkrieg. Selbst die Tessiner Bauern, die der Helvetik ihre Befreiung von der jahrhundertelangen Gemeinen Herrschaft verdankten, klagten bald über Steuern, Requisitionen, Zwangsrekrutierungen und den Unglauben der neuen Herrscher. Gegenrevolutionäre brachten im April 1799 in Lugano die unter dem Freiheitshut versammelten Patrioten 8.17 um.
Auch in Bern konnten die Verlierer von 1798 schon bald darauf zählen, dass viele dem friedlichen Ancien Régime nachtrauerten. Auf der anonymen Zeichnung von 1802 8.18 unterwirft der Berner Bär mit der alten, geflammten Militärfahne einen anderen, in die helvetischen Farben eingewickelten Bären, den ein Teufel und ein verschlagener Fuchs begleiten.
Die Helvetik brachte erstmals in der Schweiz weltanschauliche «Parteien» hervor. Die Revolutionsanhänger spalteten sich bald in gemässigte «Republikaner» und radikaldemokratische «Patrioten». Beiden stand die wachsende Gruppe der «Föderalisten» gegenüber, die den «unschweizerischen» Einheitsstaat aufheben wollten. Entsprechend kurzlebig waren die Regierungen, die nach – bis 1803 – insgesamt vier Putschen aufeinander folgten. Auf der Karikatur «Heute mir, morgen dir» von 1802 8.19 freut sich zuerst ein föderalistischer Patrizier über den Staatsstreich von 1801, dann der helvetische «Unitarier» über den Gegenputsch von 1802. Das dritte Medaillon kündigt schon an, dass Napoleon der lachende Dritte sein wird. Als die Helvetische Republik 1803 zu Grabe getragen wird, bedauerte dies das anonyme Flugblatt nicht. 8.20 Es erklärte in seiner «Anrede an den frommen Leser»: «Die Träger sind Kuhmäuler und Jacobsbrüder, das ist vermehldotschet Französische Jakobiner.»

Der Berner Bär unterwirft seinen helvetischen Kontrahenten, aquarellierte Zeichnung, 1802   8.18

Die Helvetische Republik wird zu Grabe getragen, aquarellierte Zeichnung, 1803   8.20

Massaker an den Luganeser Patrioten, 1799, kolorierte
Federzeichnung von Rocco Torricelli, 1800   8.17

Heute mir, morgen dir, Karikatur über die Staatsstreiche
der Helvetik, 1802   8.19

Die Mediation

Der eigentliche Totengräber der Helvetik war Napoleon. Auf der Karikatur von David Hess (1802) 8.21 hält er die politische Schaukel im Gleichgewicht, um sich das Wallis zu sichern. Aber eigentlich neigte er den Föderalisten zu, die hier als altmodische Perückenträger gezeichnet sind. Als Napoleon 1802 die französischen Truppen vorübergehend abzog, brachen die Regierung der Patrioten und die Republik selbst zusammen. Dem folgenden Bürgerkrieg bereitete der Erste Konsul ein Ende, als er die Föderalisten und Unitarier in Paris anhörte und dann eine neue Verfassung diktierte: die Mediationsakte, deren Übergabe im Februar 1803 der «Messager boiteux» sich ausmalte. 8.22 Vermittler war Napoleon insofern, als er den Einheitsstaat aufhob, aber den früheren Untertanen weiterhin bürgerliche Freiheiten und Rechtsgleichheit garantierte. Zugleich sicherte er sich die Alpenübergänge und den Zugriff auf Schweizer Soldaten. 9000 Mann zogen 1812 mit der «Grande Armée» gegen Russland, nur 700 kehrten zurück.

Die Zuhausegebliebenen erlebten dagegen die Mediationszeit als friedliches Jahrzehnt mit einem wirtschaftlichen Aufschwung dank der Kontinentalsperre und mit aufwendigen öffentlichen Projekten wie der Linthkorrektur. Die Kantone führten ein einigermassen demokratisches Eigenleben, das Emanuel Jenner 1808 parodierte. 8.23 Der schwarzgekleidete patrizische Kandidat betreibt Wahlwerbung auf dem Lande, indem er die wahlberechtigte Landbevölkerung ins Wirtshaus einlädt. Die alten Berner Eliten fanden in ihre Stellungen zurück, sicherten diese aber zunehmend mit modernen Mitteln – vor allem im Oberland, das sie erst 1803 zurückerlangt hatten. Um die alte und neue Gemeinschaft zu inszenieren, veranstalteten sie 1805 und 1808 erstmals das Unspunnenfest. 8.24 Elisabeth Louise Vigée-Lebrun porträtierte sich im Vordergrund des Ölgemäldes beim Skizzieren und präsentierte die Wettkämpfe des «Hirtenvolks»: Alphornblasen, Schwingen, Steinstossen und Schiessen.

Napoleon hält die politische Schaukel im Gleichgewicht, Karikatur von David Hess, 1802   8.21

Übergabe der Mediationsakte in Paris an die helvetischen Gesandten, Messager boiteux, 1803   8.22

Wahlwerbung auf dem Land, Aquarell von Emanuel Jenner, 1808   8.23

Das Unspunnenfest 1808, Ölgemälde von Elisabeth Vigée-Lebrun, 1808   8.24

Das Ende des napoleonischen Systems

Nicht nur David Hess wusste, dass die kleine Schweiz ihren grossen Protector 8.25 brauchte, als 1813 dem napoleonischen System von Osten her finstere Wolken dräuten. Napoleon spielt auf der Karikatur erpresserisch mit der Möglichkeit, den österreichischen Adler auf den Schweizer loszulassen, der sich in unbequemer Lage, am Rande des Wasserfalls, hinter der Mediationsakte versteckt. Neue Handlungsspielräume ergaben sich erst Ende 1813, als die Alliierten über die Basler Rheinbrücke 8.26 zogen, was Heinrich Heitz mit einem Kalenderholzschnitt überlieferte.

Im Zusammenbruch des napoleonischen Systems wollten Bern, die Innerschweizer Kantone, Solothurn und Freiburg sowie Graubünden die Alte Eidgenossenschaft mit ihrer Rechtsungleichheit wiederherstellen. Ein Bürgerkrieg drohte, denn die früheren Untertanen wollten ihre frisch gewonnene Freiheit verteidigen. Die Wallfahrt auf die Tagsatzung nach Zürich 8.27 gibt den Eindruck der Berner wieder, dass Zürich ihren Bären an der Kette führe, die Affen aus dem Aargau und Lausanne ihre Fahnen aufrichteten und ein Kosake dem Wappentier drohe. Tatsächlich schützte Zar Alexander I. als Zögling des Aufklärers La Harpe dessen waadtländische Heimat. Die übrigen Alliierten wünschten sich ebenfalls eine gestärkte Schweiz als Bastion gegen neue französische Abenteuer und setzten deshalb mit einer Interventionsdrohung durch, dass die von Napoleon geschaffenen Kantone fortbestanden.

Die Aufnahme der drei neuen Kantone Wallis, Neuenburg und namentlich der calvinistischen Hochburg Genf stiess in der Innerschweiz auf Ablehnung. Das isolierte Genf am Ende des Sees erhielt erst durch die Wiener Verhandlungen eine schmale Landbrücke zum Waadtland. So zeichnete Jean Du Bois die Freiburger und Solothurner Milizen auf dem Seeweg nach Cologny, 8.28 nachdem Genf im Sommer 1814 um ihre Entsendung gebeten hatte.

Die Solothurner und Freiburger Truppen auf dem Weg nach Cologny, kolorierte Zeichnung von Jean Du Bois, 1814   8.28

Die Wallfahrt auf die Tagsatzung nach Zürich, Karikatur, wahrscheinlich von David Hess, 1815   8.27

Napoleon als grosser Protector der Schweiz,
Aquarell von David Hess, 1813   8.25

Die Alliierten überqueren die Basler Rheinbrücke,
Holzschnitt von Heinrich Heitz, 1813   8.26

Der Bundesvertrag
Vereine als Träger des Nationalgedankens
Hungersnot und Mechanisierung
Liberale Forderungen nach Reformen
Kantone spalten sich
«Jakobiner» kontra «Ultramontane»
Konfessionelle Aufladung
Der Sonderbundskrieg
Die Bundesverfassung

9. Vom Staatenbund zum Bundesstaat

Der Bundesvertrag von 1815 war ein völkerrechtlicher Zusammenschluss souveräner Kleinstaaten ohne gemeinsames Exekutivorgan oder zentrale Institution, wenn man von der erneuerten Tagsatzung absieht. Die Garantie individueller Freiheitsrechte und der Rechtsgleichheit wurde den Kantonen überlassen: Sie waren souverän, nicht das Schweizer Volk. Gewährleistet wurde dagegen der Fortbestand der in der Revolutionszeit gefährdeten Klöster (§ 12). Folgenreich war auch der sechste Paragraf: «Es sollen unter den einzelnen Cantonen keine dem allgemeinen Bund oder den Rechten anderer Cantone nachtheilige Verbindungen geschlossen werden.» Eine Revisionsklausel fehlte. In den 13 alten Kantonen wurden die früheren Verfassungen vollständig oder weitgehend wieder eingerichtet: die Vorherrschaft der Patrizier oder der Zunftspitzen in den souveränen Kleinen Räten der Stadtkantone, die starke Stellung des Landrats innerhalb der Landsgemeindekantone, die Benachteiligung von früheren Untertanengebieten und Hintersassen. Es war insofern kein Zufall, dass ein Eidgenosse dieser europäischen Epoche den Namen und ein antiaufklärerisches Programm gab: Der Berner Carl Ludwig von Haller, ein Enkel des Aufklärers Albrecht von Haller, veröffentlichte zwischen 1816 und 1834 seine «Restauration der Staatswissenschaft».

Auch wenn die Restauration in das internationale System des österreichischen Fürsten Metternich eingebettet war, blieben Freiräume für die liberale Bewegung. Die jungen Kantone von 1798/1803 kannten keine Nostalgie nach dem Ancien Régime, und der Bundesvertrag ermöglichte nationale Projekte, zum Beispiel die Konkordate oder das Armeewesen mit seiner überkantonalen Kaderausbildung. An der Grenze zwischen Zivilgesellschaft und Militär entstanden kantonsübergreifende Vereine: 1824 der Schweizerische Schützenverein, 1832 der Eidgenössische Turnverein und 1842 der Eidgenössische Sängerverein. Das Bürgertum pflegte das Vereinswesen nicht nur als Form unmittelbarer Geselligkeit von Gleichberechtigten. Es suchte über den lokalen Rahmen hinaus den Austausch mit Gleichgesinnten im ganzen Land. Erst recht galt das für die mobile Gruppe der Studenten, die in Verbindungen Gemeinsamkeiten entwickelten.
Trotz Vorläufern etwa im Tessin wurde auch der liberale Umbruch von 1830 durch das Ausland ermöglicht. Im Gefolge der französischen Julirevolution entstanden Volksbewegungen, die den Wandel gewaltlos erzwangen. Zehn Kantone verabschiedeten 1831 neue Verfassungen, zumeist in Volksabstimmungen. Liberale Forderungen wurden umgesetzt: Volkssouveränität mit direkten Wahlen in Form einer repräsentativen Demokratie, Gewaltenteilung, Öffentlichkeit der Ratsversammlungen, Rechtsgleichheit und individuelle Freiheitsrechte.
Allerdings scheiterte 1831/1833 der Versuch, diese Prinzipien durch eine Revision des Bundesvertrags auch auf gesamtschweizerischer Ebene umzusetzen. Den radikalen Liberalen ging die geplante nationale Staatsgewalt nicht weit genug, den Föderalisten zu weit, und die Konservativen verwarfen den Entwurf ohnehin.
Die Kantonsspaltungen in Basel und Schwyz verschärften die Spannungen. Zunehmend wichtig wurde das Bildungswesen und generell das Verhältnis von Staat und Kirche, seitdem die Liberalen 1834 versucht hatten, mit den «Badener Artikeln» den Einfluss der Kurie zu beschränken. Ihr Kampf gegen «Aberglaube» und kirchliche Autoritäten weckte auch bei Reformierten Widerstände, vor allem in der zumeist tiefgläubigen Landbevölkerung. Diese erreichte um 1840, dass in Zürich und Luzern liberale Regierungen gestürzt wurden.
Die Aargauer Regierung befürchtete nach Unruhen im katholischen Freiamt ähnliches. Ihr Beschluss vom Januar 1841, die Klöster als Herde des Widerstands aufzulösen, verstiess gegen Paragraf 12 des Bundesvertrags und hob die kantonalen Konflikte auf die Ebene der Tagsatzung. Dass diese nicht entschieden gegen den Aargauer Rechtsbruch vorging, empörte die konservativen Orte. An deren Spitze stand jetzt Luzern, das den Jesuitenorden zurückberief und ihm das höhere Schulwesen im Kanton überantwortete. Das war sein gutes Recht, wirkte aber polarisierend. Die konfessionelle Überlagerung des im Kern politischen Kampfes zwischen Liberalen und Konservativen führte dazu, dass die protestantischen Konservativen als Machtfaktor ausfielen. Für Jesuiten und «Römlinge» antreten mochten sie ebenso wenig wie für die fortschrittsgläubigen «Materialisten» des Freisinns. Das bezeichnete weniger die eher elitären, gemässigten Liberalen in der Tradition eines Benjamin Constant. Vielmehr waren damit die Radikalen gemeint, die im Sinne Rousseaus auf der uneingeschränkten politischen Gleichheit bestanden: allgemeines Männerwahlrecht ohne Zensus, Volkswahl der Exekutive und der Gerichte, direktdemokratische Formen der Mitbestimmung. Dazu kam ein Antiklerikalismus, der mit radikalen Freischarenzügen erfolglos den Sturz der konservativen Regierung Luzerns betrieb. Luzern tat sich dagegen Ende 1845 in einer «Schutzvereinigung» mit den anderen katholisch-konservativen Kantonen zusammen. Für ihre Gegner war dies ein «Sonderbund», der gegen Paragraf 6 des Bundesvertrags verstiess.

Der Kampf gegen die Jesuiten und den Sonderbund einte die Liberalen und Radikalen auch im Ziel, den Bundesvertrag von 1815 durch eine neue Verfassung zu ersetzen. Der Sieg im Sonderbundskrieg über die Konservativen schuf 1847 hierfür die Voraussetzungen. In der Volksabstimmung sprachen sich 15 ½ Kantone für die Bundesverfassung aus, in Luzern und Freiburg allerdings nur dank Verfahrenstricks der nun herrschenden liberalen Minderheit. Doch die ausländischen Mächte, die sich darüber ereiferten, waren 1848 selbst durch revolutionäre Bewegungen gebunden.

Am 12. September 1848 erklärte die Tagsatzung die Bundesverfassung für angenommen. Die Schweizer Bürger wählten nach dem Mehrheitswahlrecht Vertreter für die beiden Kammern, die nach amerikanischem Modell geschaffen wurden: Nationalrat und Ständerat. Als Vereinigte Bundesversammlung kamen (und kommen) die beiden Gremien für die wichtigsten Amtsgeschäfte zusammen. Sie wählen die Bundesräte, im Kriegsfall den General sowie die Richter des Bundesgerichts. Die wichtigsten Kompetenzen des Bundes lagen darin, «die Interessen der Eidgenossenschaft nach Aussen» zu wahren, «für die äussere Sicherheit, für die Behauptung der Unabhängigkeit und Neutralität» einzustehen und «die innere Sicherheit» sowie «Ruhe und Ordnung» zu gewährleisten. Den Kantonen blieben der grösste Teil der Rechtsprechung und des Steuerrechts, das Polizeiwesen, der Verkehr und die Schul- und Kirchenhoheit – also diejenigen Bereiche, zu deren Verteidigung die Sonderbündler eben noch angetreten waren.

Der Bundesvertrag

Auch wenn die Kantone 1815 ihre Souveränität im Inneren zurückerlangten, unterschied sich der Bundesvertrag vom Bündnisgeflecht des Ancien Régimes dadurch, dass ein einziges Abkommen alle Glieder umfasste. Auf der Lithografie von Friedrich Schönfeld 9.1 symbolisieren Winkelried, eine Helvetia mit Rutenbündel und Wilhelm Tell die Einheit der 22 Kantone. Innerhalb dieser Einheit konkurrierten aber gegensätzliche Deutungen der jüngsten Vergangenheit. Luzern schuf nach Berthel Thorvaldsens Entwürfen 1821 ein Denkmal, das einen sterbenden Löwen 9.2 darstellt. Gewidmet war er «Helvetiorum fidei ac virtuti», der Treue und Tapferkeit der Schweizer, und konkret der Treue der im Tuileriensturm gefallenen Schweizergardisten zu Ludwig XVI. und zum Ancien Régime. Wenn solche Erinnerungen die Restauration bestimmten, dann lag es auch daran, dass die Obrigkeiten die Erinnerungsdebatten kontrollierten. So setzte die Heilige Allianz 1823 über die Tagsatzung ein «Press- und Fremdenkonklusum» in der Schweiz durch. Es verallgemeinerte einerseits die Zensur und verbot einige Zeitungen, andererseits verweigerte es Flüchtlingen das Asyl, wenn sie weiterhin politisch aktiv blieben. Der Erlass wirkte sich letztlich eher kontraproduktiv aus, da sich überkantonaler, nationaler Protest gegen die Bevormundung richtete – so auf der anonymen Karikatur gegen das Luzerner Pressegesetz 9.3 von 1829. Das Beispiel des «Schweizer-Boten» von 1825 9.4 zeigt, wie der Redaktor Heinrich Zschokke, ein eingebürgerter Magdeburger Publizist, die Zensurmassnahmen entlarvend inszenierte. Dank der kantonalen Souveränität entstanden Freiräume für weitere liberale Blätter wie die an sich seit 1780 bestehende, 1821 aber umgetaufte «Neue Zürcher Zeitung» oder die 1828 gegründete «Appenzeller Zeitung».

Karikatur gegen das Luzerner Pressegesetz, 1829 9.3

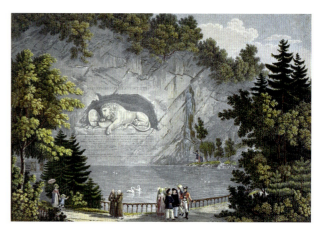

Löwendenkmal in Luzern, Aquatinta von Johann Rudolf Dickenmann, 1821 9.2

Zensurlücke im Schweizer-Boten, November 1825 9.4

Der Bundesvertrag vom August 1815, Lithografie von
Friedrich Schönfeld   9.1

Vereine als Träger des Nationalgedankens

Die napoleonischen Kriege hatten demonstriert, welche Kräfte patriotische Begeisterung auslösen konnte. Sie hatten auch Hunderttausende von Soldaten und ihre Offiziere in Verbänden zusammengebracht, die keinen regionalen Charakter mehr hatten. So wurden die Armeen in ganz Europa Träger des nationalen Gedankens. An einer besseren Landesverteidigung als 1798 oder 1813 war auch der Tagsatzung gelegen. Sie gründete 1819 die Militärschule von Thun, die höheren Offizieren vor allem der Spezialtruppen eine einheitliche Ausbildung anbot. Johann Baptist Isenring erfasste 1824 das dritte der regelmässig veranstalteten gemeinsamen Übungslager. 9.5 In Schwarzenbach erhielten auch Frauen den nationalen Zusammenhalt vorgeführt. Symbolisiert wurde er durch die Armbinde mit dem Schweizerkreuz oder durch die 1840 für die Truppen eingeführte Schweizerfahne.

Übungslager eidgenössischer Truppen in Schwarzenbach SG, Lithografie von Johann Baptist Isenring, 1824   9.5

Gleichsam eine Vorbereitung auf den Militärdienst als «Schule der Nation» war die Kadettenausbildung für Knaben von 10 bis 15 Jahren. Kaspar Belliger hielt 1836 ihre Schiessübungen am Jugendfest in Aarau 9.6 fest. Scharf geschossen wurde dagegen in den Schützengesellschaften, die sich seit dem ersten eidgenössischen Verbandsfest in Aarau (1824) in überkantonalen Wettbewerben massen. Am Eidgenössischen Schützenfest von 1834 9.7 in Zürich verbindet sich auf Jakob Sperlis Aquatinta die allgegenwärtige Fahne der Schweiz mit einer Fahnenburg (in der Mitte) der anwesenden Schützenvereine. Ähnlich sieht 1832 die Szenerie beim Fest des Sängervereins in Stäfa 9.8 aus. An weinreichen Gelagen erklangen patriotische Lieder wie der 1841 komponierte «Schweizerpsalm», die künftige Nationalhymne. Reden und Gesänge beschworen die gemeinsame Vergangenheit und eine glorreiche Zukunft in einem national geeinten Vaterland, das dann tatsächlich eine Blütezeit des Vereinswesens mit sich bringen sollte.

Kadettenübung am Jugendfest in Aarau AG 1836, Lithografie von Kaspar Belliger   9.6

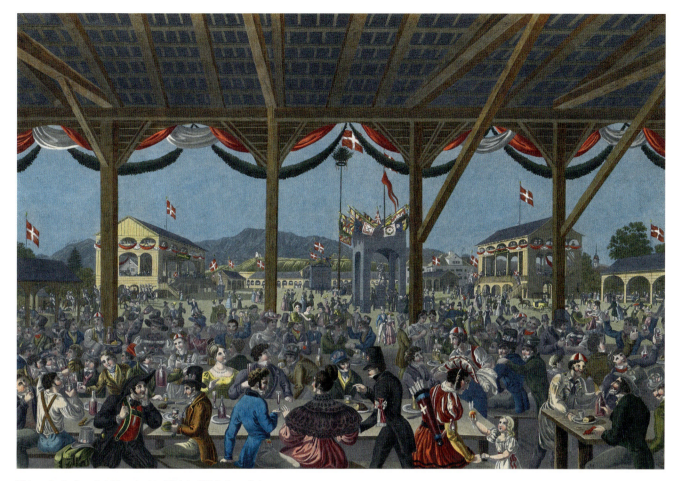
Eidgenössisches Schützenfest in Zürich 1834, Aquatinta
von Jakob Sperli   9.7

Fest des Sängervereins Stäfa ZH 1832, Lithografie
von G. Werner   9.8

Hungersnot und Mechanisierung

Die napoleonische Kontinentalsperre liess die billige englische Konkurrenz der Textilindustrie wegfallen. Dadurch lohnten sich die Investitionen, die für die Mechanisierung der Textilindustrie in der Baumwollspinnerei nötig waren. Als die englischen Produkte nach 1815 den Kontinent wieder erreichten, brach die Kriegskonjunktur zusammen. Die hohe Arbeitslosigkeit führte zusammen mit Missernten und einer Preisexplosion 1816/17 zur letzten grossen Hungersnot 9.9 in der Schweiz. Verdorbene Nahrung und eine Typhus-Epidemie forderten weitere Opfer. Danach erhöhten sich die Erträge wegen der individuellen Bodennutzung mit verbesserten Methoden stark. Um 1850 konnte das Land die um 40 Prozent auf 2,4 Millionen Einwohner gewachsene Bevölkerung zu einem grossen Teil ernähren. Trotzdem blieb die Emigration nach Übersee noch lange ein Ventil. Das Votivbild von 1819 9.10 stammt von Freiburgern, die nach Brasilien auswanderten und dort die Stadt Nova Friburgo gründeten.

Für viele andere Schweizer blieb die Heimarbeit eine unverzichtbare Einkommensquelle. Johannes Schiess erfasste auf seinem Aquarell um 1830 ein Appenzeller Paar, 9.11 das zwei Webstühle im Keller eingerichtet hatte. Solche Heimarbeiter gerieten immer wieder von neuem unter Druck, auch wenn ihre absolute Zahl im ganzen 19. Jahrhundert recht stabil war. Die Mule-Spinnmaschine bedeutete für Zehntausende von Handspinnerinnen den Verlust der Erwerbsmöglichkeit, es folgten die Mechanisierung der Seidenspinnerei und ab 1826 der Weberei. Ländliche Heimarbeiter und Zwischenhändler engagierten sich 1830 auch deshalb politisch, um ihre wirtschaftliche Existenz zu sichern. Einer der liberalen Volkstage von 1830 fand in Uster statt. Bezeichnenderweise am Tag der Gedenkfeier zerstörten dort Maschinenstürmer 1832 9.12 eine mechanisierte Weberei. Das Ustermer Memorial von 1830 hatte das Verbot von Webmaschinen verlangt, doch die neue liberale Regierung war diesem strukturkonservativen Begehren nicht gefolgt.

Votivbild von Auswanderern nach Brasilien, 1819   9.10

Appenzeller Paar im Webkeller, Aquarell von Johannes Schiess, um 1830   9.11

Der Maschinensturm von Uster ZH 1832, Lithografie von G. Werner   9.12

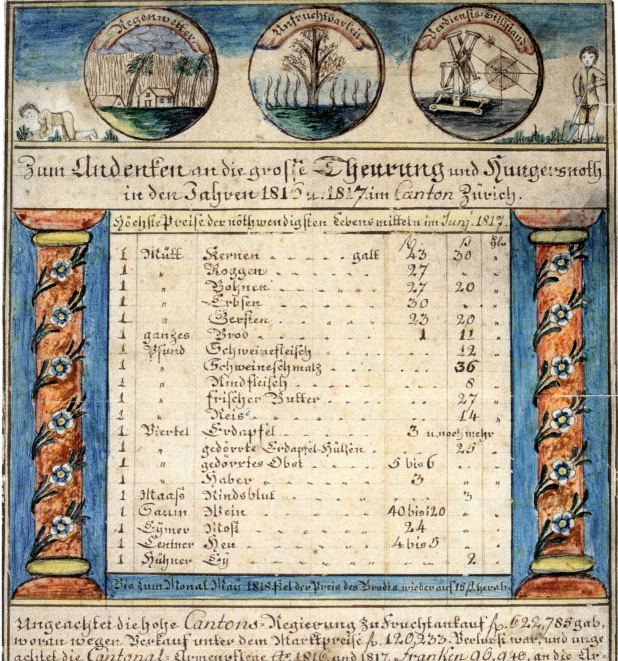

Gedenkblatt von Johann Hürlimann an die Teuerung und Hungersnot 1816/17   9.9

Liberale Forderungen nach Reformen

Die Volkstage von 1830 fanden ausschliesslich in Kleinstädten der Landschaft statt, die in den hauptstädtischen Parlamenten nicht angemessen repräsentiert waren: von Weinfelden über Uster bis Münsingen – und auf Joachim Senns Lithografie in Balsthal. 9.13 Dass dieser Volkstag das solothurnische Patrizierregime stürzte, war kein Zufall. Die Industrialisierung, hier durch Von Roll, hatte auch in katholischen oder gewerbefernen Gegenden ein liberales Unternehmertum geschaffen. Es wünschte ein parlamentarisch-repräsentatives System und verfocht die Eigentumsrechte, denen der neue Mittelstand seinen Aufstieg verdankte.

Weiter reichten die Forderungen nach direkter Demokratie. Es war kein Zufall, wenn sie in den neuen Kantonen von 1803 erklangen, wo es kaum alte Eliten gab, die dem Ancien Régime nachtrauerten. So führte St. Gallen das «Veto» ein, eine Frühform des Referendums. Ebenfalls neuartig war die Öffentlichkeit von Ratssitzungen: Auf 400 Stehplätzen konnte «das Volk» von St. Gallen verfolgen, wie seine Vertreter politisierten. 9.14

Damit dieses Volk politisch mündig werde, stand das Bildungswesen weit oben auf der liberalen Reformliste. Die ganzjährige Volksschule wurde auf- und ausgebaut, Lehrerseminare und «Kantonsschulen» wurden eingerichtet, die nicht mehr von der Kirche getragen wurden. Zürich und Bern gründeten 1833/34 Universitäten. Konservative wie David Hess verspotteten die Entmachtung der Pfarrer durch besserwisserische weltliche Lehrer 9.15 mit dem Bibelzitat, dass man anstelle der Wahrheit «sich nach eigenen Wünschen immer neue Lehrer» suche. Noch drastischer geisselte der Reformierte Hess auf einer Radierung von 1831 den «Geist unserer Zeit»: 9.16 Der Teufel kaschiert die «Publikation alles Unraths» als «PressFreyheit» oder «die Tyrannei einiger weniger Demagogen» als «Souveränität des Volkes» und tritt gleichzeitig die Symbole der reformierten wie der katholischen Kirche mit Hufen.

Der Geist unserer Zeit, Karikatur von David Hess, 1831   9.16

Die neuen Zustände in der Schule, Karikatur von David Hess, um 1835   9.15

Volkstag in Balsthal SO 1830, Lithografie von Joachim Senn 9.13

Öffentliche Ratssitzung in St. Gallen 1831, Lithografie von
Sebastian und Joachim Heim 9.14

Kantone spalten sich

Die reformierten Konservativen unterlagen nicht überall. In Neuenburg schlugen die Truppen, die dem preussischen Landesherren treu waren, Ende 1831 einen republikanischen Aufstand nieder. Die anonyme monarchistische Lithografie 9.17 verspottet die Aufständischen als Worthelden, die ihre Schweizer Fahne nach den ersten Schüssen im Stich lassen. Mehr Opfer forderten die Trennungswirren in Basel, wo die Landgemeinden nach längerem Ringen um politische Gleichberechtigung den eigenen Halbkanton ausriefen. Zwei kläglich gescheiterte Expeditionen der Stadt konnten daran nichts mehr ändern. Angeregt durch eine Karikatur von James Gilray, der die Teilung der Welt zwischen Napoleon und Pitt dem Jüngeren gezeichnet hatte, illustrierte vermutlich Ludwig Adam Kelterborn den Schnitt durch den Basler Laib. 9.18

Der Schnitt durch den Basler Laib, Karikatur wahrscheinlich von Ludwig Adam Kelterborn, um 1833   9.18

Zu einer weiteren Kantonsteilung kam es 1831/1833 zwischen dem konservativen Innerschwyz und dem liberalen «Schwyz äusseres Land» in den Zürichseegemeinden, die vor 1798 Untertanen und nun Bürger zweiter Klasse waren. Zwar beendete eine militärische Intervention die Eigenstaatlichkeit mit eigenem Siegel, 9.19 doch die Ausserschwyzer erhielten die Rechtsgleichheit für Personen und Orte zugestanden. Diese kantonalen Entwicklungen

Siegel von Ausserschwyz, 1832   9.19

führten dazu, dass das liberale «Siebnerkonkordat» dem «Sarner Bund» gegenüberstand, der die Konservativen konfessionsübergreifend einte: die Waldstätte, Basel und Neuenburg. In dieser Konfliktlage entstand die wohl von Hieronymus Hess stammende, anspielungsreiche Radierung «Die Nottaufe». 9.20 Helvetia leidet im Hintergrund an den Wehen, liberale Politiker füllen den Raum. Der liberale Vorkämpfer Heinrich Zschokke hält als Taufpatin das missratene, dem Tod geweihte Kind, je nach moderner Interpretation der gescheiterte Entwurf für eine nationale Verfassung oder, wahrscheinlicher, der neue Kanton Baselland.

Die republikanischen Aufständischen fliehen vor den preussischen
Truppen in Neuenburg, Lithografie, 1831   9.17

Die Nottaufe, Karikatur, wahrscheinlich von
Hieronymus Hess, 1833   9.20

«Jakobiner» kontra «Ultramontane»

Die elitären, bürgerlichen Liberalen gerieten zunehmend unter Druck von zwei Bewegungen, die das Volk zum selbständigen politischen Akteur machten. Die Radikalen beriefen sich dabei auf Rousseaus Vorstellungen von direkt ausgeübter Volkssouveränität, die Konservativen auf die Anhänglichkeit vor allem der frommen Landbewohner an Religion und Kirche. In Zürich provozierte die Berufung eines liberalen Theologen an die junge Universität im September 1839 den «Züriputsch». Auf ihn geht das Wort «Putsch» auch in anderen Sprachen zurück. Die liberale Regierung trieb einen Protestzug von Landbewohnern auf dem Münsterhof zwar militärisch auseinander, wie Martin Distelis Zeichnung 9.21 zeigt. Erschrocken über die 15 Todesopfer dankte sie jedoch zugunsten der Konservativen ab. Während in Luzern der Sturz der liberalen Regierung gewaltlos erfolgte, erlangten die Radikalen im Tessin 1839 die Macht in einem bewaffneten Aufstand und verteidigten sie zwei Jahre später ebenfalls mit Waffengewalt gegen einen konservativen Gegenputsch. Der Angriff der Regierungstruppen bei Locarno 9.22 erschien im Auftrag von Kaufleuten aus Mendriso als Lithografie in Paris – die politischen Kämpfe in Schweizer Bergtälern berührten europäische Empfindlichkeiten. Als «Ultramontane», Hörige des ausländischen Papstes, bezeichneten Liberale die Freunde des Jesuitenordens. Dieser führt auf der Karikatur 9.23 den korrupten Luzerner Patrizier an der Nase herum. Im staatenbündischen Gefüge von 1815 gefangen, ist der Bär als Repräsentant der Volkssouveränität dem Spott tatenlos ausgeliefert.
Johann Jacob Ulrich illustrierte dagegen das Dilemma der konservativen Reformierten, 9.24 die mit dem Engel weinten, weil sie im innerschweizerischen Konflikt beide Parteien verabscheuten. Der eine Schachspieler ist der verschlagene Jesuit mit teuflischer Katze. Ihm gegenüber sitzt der radikale Katholik Augustin Keller, der durch die Freiheitsmütze des Hundes als Jakobiner gebrandmarkt wird und als Aargauer Regierungsrat die Aufhebung der Klöster veranlasst hat.

Der Züriputsch 1839, Zeichnung von Martin Disteli   9.21

Tessiner Putschversuch bei Ponte Brolla TI, Lithografie aus Paris, um 1842   9.22

Augustin Keller spielt Schach mit einem Jesuiten,
Karikatur von Johann Jacob Ulrich, 1846   9.24

Der Jesuit führt den Luzerner Patrizier an der Nase herum,
Karikatur im Guckkasten, 1844   9.23

Konfessionelle Aufladung

1844 und 1845 schlug Luzern zwei bewaffnete Freischarenzüge militärisch nieder – Umsturzversuche von Luzerner Radikalen und Geistesverwandten aus anderen Kantonen, die 120 Tote forderten. Obwohl die Freischärler gegen eine demokratisch legitimierte Regierung gezogen waren, wurden sie durch Behörden der radikalen Nachbarkantone Aargau und Bern gestützt. Das verbitterte viele Zeitgenossen ebenso wie die Bildpropaganda. Joachim Senns «Commando des Pfarrers von Neuenkirch» 9.25 suchte das militärische Versagen der Verlierer dadurch wettzumachen, dass sie als Opfer eines klerikalen Erschiessungskommandos erscheinen. In dieser aufgeheizten Atmosphäre ermordete ein ehemaliger Freischärler den Anführer der Katholisch-Konservativen in Luzern, den Grossbauern Joseph Leu von Ebersol. Während ihn seine Anhänger auf einem Gedenkblatt 9.26 zum Märtyrer verklärten, unterstellten ihm seine radikalen Feinde, der fromme Jesuitenanhänger habe nach dem Sieg über die Freischaren aus schlechtem Gewissen Selbstmord 9.27 begangen.

Joseph Leu hatte mit dem Luzerner Schultheiss Konstantin Siegwart-Müller zusammen die Berufung der Jesuiten durchgesetzt, die sie als Bastion gegen eine kirchen- und religionsfeindliche Moderne ansahen. Siegwart-Müller plante sogar massive territoriale Änderungen in der Schweiz, um die Stellung des scheinbar bedrohten Katholizismus dauerhaft zu sichern. Eine solche konservative Revolution lag den Innerschweizer Föderalisten fern, sie sahen die Jesuitenberufung als politisch unklug an. Ihr Ziel war nicht konfessionspolitischer Natur. Sie wollten die Eigenstaatlichkeit der Innerschweizer Kantone bewahren, die sie durch einen liberalen Zentralstaat gefährdet sahen. Sie fügten sich jedoch in die Abwehrfront des Sonderbunds, der aus Luzern, Uri, Schwyz, Unterwalden, Zug, Freiburg und Wallis bestand. Auf dem Flugblatt präsentierte sich der Sonderbund unter dem Dach der Kirche als Wahrer des Bundesvertrags von 1815. 9.28

Commando des Pfarrers von Neuenkirch LU, Zeichnung von Joachim Senn, 1845   9.25

Angeblicher Selbstmord Josef Leus von Ebersol, anonyme Karikatur, 1845   9.27

Gedenkblatt zur Ermordung von Joseph Leu von Ebersol, 1845   9.26

Das Schutzbündnis für Gott und Vaterland, konservatives Flugblatt, 1847

Der Sonderbundskrieg

In der Sonderbundskrise erhielten kantonale Wahlen unmittelbar nationale Bedeutung, weil die Kantonsregierungen je nach Ausrichtung ihren Tagsatzungsgesandten unterschiedliche Instruktionen in den wichtigen Streitfragen mitgaben. Im Gefolge der Jesuitenberufung wechselten so die grossen reformierten Kantone Zürich, Bern und Waadt in das radikal-liberale Lager. Als die konservative Genfer Regierung nicht mitmachte, stürzten die Radikalen sie 1846 gewaltsam 9.29 und beriefen sich dabei auf das «Volksrecht auf Revolution». Nachdem die Liberalen im «Schicksalskanton» St. Gallen als Sieger aus den Grossratswahlen von 1847 hervorgegangen waren, hatten die Liberalen und Radikalen mit zwölf Stimmen die Tagsatzungsmehrheit erreicht. Sie erklärte den Sonderbund für aufgelöst und leitete eine Verfassungsrevision in die Wege. Das war insofern ein revolutionärer Akt, als für die Revision eines völkerrechtlichen Vertrags das Einverständnis aller Partner nötig gewesen wäre. Die Wahl von Guillaume-Henri Dufour 9.30 zum Oberbefehlshaber der Tagsatzungstruppen war hingegen ein Signal der Mässigung. Dem liberal-konservativen Genfer lag an einem schnellen Sieg mit wenigen Verlusten und einer baldigen Versöhnung der Eidgenossen. Jules Héberts Lithografie ist eine von vielen Darstellungen dieser Jahre, die den Genfer ehrten. In nur einem grösseren Gefecht, bei Gisikon 9.31 und Meierskappel, besiegte er den Sonderbund, 93 Soldaten fielen. Die «Zürcher Freitagszeitung» erinnerte ein halbes Jahr später mit diesem Holzschnitt an den Durchbruch der Zürcher Truppen bei der Reussbrücke von Gisikon. Der «Letzte Augenblick Siegwarts auf schweizerischem Boden» 9.32 zeigt die Flucht der Sonderbund-Anführer, die nach der Niederlage nach Österreich entkamen. Auf dem Esel ist ihr Anführer Siegwart-Müller zu erkennen.

General Henri Dufour, Lithografie von Jules Hébert, 1847   9.30

Siegwarts letzter Augenblick auf Schweizer Boden, Karikatur, möglicherweise von Jakob Ziegler, 1847   9.32

Die Genfer Regierungstruppen fliehen bei der Place Bel-Air, Lithografie, möglicherweise von Jean Chomel, 1846   9.29

Das Gefecht bei Gisikon LU, November 1847, Holzschnitt aus der Zürcher Freitagszeitung, April 1848   9.31

Die Bundesverfassung

Der Sonderbundskrieg war auch eine Auseinandersetzung um das eidgenössische Erbe, das beide Seiten für sich beanspruchten. Die Konservativen sahen mit Joseph Anton Koch 9.33 1847 die einstige Demut zerstört durch den materiellen Wohlstand der Industriegesellschaft, den jakobinischen Zentralismus und den Kult der modernen, individuellen Freiheit. Die Liberalen deuteten auf Jakob Zieglers Holzschnitt im «Illustrierten Schweizer Kalender» 9.34 von 1850 ihren Sieg als Fortsetzung der eidgenössischen Kämpfe gegen fremde Adelsheere: Die Mächte der Reaktion, an der Spitze der Papst, entfliehen aus dem Schweizerland.
Auf einem Gedenkblatt zum 12. September 1848 9.35 überreicht Helvetia die Bundesverfassung den Männern, die das Schweizervolk repräsentieren: links Zivilisten, rechts Soldaten. Ein altertümlicher, gerüsteter Eidgenosse mit Schweizerkreuz und Fahne hält den Lorbeerkranz über ihr siegreiches Haupt. Helvetia, aus drucktechnischen Gründen seitenverkehrt, ist dieselbe Figur, mit der Jean-Michel Moreau 1780 Beat Fidel Anton von Zurlaubens «Tableaux de la Suisse» geschmückt hatte. Die revolutionäre Gründung des Bundesstaates erschien so als nahtlose Fortsetzung der Alten Eidgenossenschaft.
Nicht nur ikonografisch kombinierte die Bundesverfassung alte Motive mit neuen Realitäten. Sie hielt etwa fest, die Kantone seien «souverän, soweit ihre Souveränität nicht durch die Bundesverfassung beschränkt ist». Da eine bedingte Souveränität keine ist und bei Kompetenzstreitigkeiten der Bund über die Zuständigkeiten entschied, war indessen der Bund souverän. Zugleich war er veränderbar, weil die Verfassung selbst das Verfahren für ihre Revision klärte. Somit war nicht nur eine neue politische Ordnung festgeschrieben, sondern ihre stetige friedliche Anpassung an veränderte Umstände ermöglicht. Deshalb brachte die Schweiz im Revolutionsjahr 1848 eine Verfassung hervor, die im Kern bis heute dieselbe geblieben ist und nur zweimal als Ganzes revidiert werden sollte, 1874 und 1999.

Alte und neue Schweiz, Lithografie von Joseph Anton Koch, 1847   9.33

Alt und Jung, Holzschnitt von Jakob Ziegler, Illustrierter
Schweizer Kalender, 1850   9.34

Kopf des Gedenkblatts zur Inkraftsetzung der Bundesverfassung
am 12. September 1848, Lithografie von C. Studer   9.35

Bern wird Bundesstadt
Neutralität und Kriegslust
Ein Binnenmarkt entsteht
Der Eisenbahnbau
Fabriken und neue Branchen
Ein- und Auswanderung
Demokraten gegen das freisinnige Machtmonopol
Der Kulturkampf
Geschichtsbild überbrückt Sonderbundsfronten
Das Bildgedächtnis der Nation
Bürgerliche Rollenbilder
Späte Sozialgesetzgebung
Die Politisierung der Arbeiterschaft
Die Belle Epoque

10. Der Staat des Freisinns

Die Bevölkerungszahl der Schweiz wuchs von 2,4 Millionen zur Jahrhundertmitte auf 3,9 Millionen im Jahr 1914. Um 1850 waren noch 57 Prozent der Schweizer im Agrarsektor beschäftigt, erst 1888 war er mit 37 Prozent weniger wichtig als der industriell-gewerbliche Bereich, der seit 1850 von 33 Prozent auf 46 Prozent im Jahr 1910 anwuchs. Zu diesem Zeitpunkt hatte auch der Dienstleistungssektor mit 28 Prozent Beschäftigten die Landwirtschaft knapp überholt. Sie veränderte sich enorm: Die Getreidepreise gingen drastisch zurück, seitdem Bahnbau und Freihandel günstige Importe aus Osteuropa und Übersee ermöglichten. Die Landwirtschaft verlagerte sich auch im Mittelland immer mehr auf Viehhaltung, die wenig Arbeitskräfte benötigte; allmählich kam der Einsatz von Maschinen hinzu. Ländliche Unterschichten zogen deshalb in die nahe gelegenen Städte, wo die Industrialisierung Arbeitsplätze schuf. Zürich wuchs von 17 000 Einwohnern im Jahr 1850 auf 190 000 vor dem Ersten Weltkrieg.

Der enorme strukturelle Wandel gelang dank einer kleinen, offenen Volkswirtschaft, die durch gute Verkehrsverbindungen weltweit vernetzt war. Bis 1847 waren im Kleinstaatenbündnis erst die wenigen Kilometer Schienenweg der Spanisch-Brötli-Bahn zwischen Zürich und Baden gelegt worden, weit weniger als im Durchschnitt in vergleichbar industrialisierten Staaten. Sollte das nationale Schienennetz, das dank dem neuen Bundesstaat entstehen konnte, nun von der öffentlichen Hand oder von der Privatwirtschaft verwirklicht werden? Viele Radikale um den Berner Bundesrat Jakob Stämpfli waren für die erste, eher zentralistische Lösung. Sie unterlagen aber dem föderalistischen Privatbahn-Lager um den Zürcher Nationalrat und Unternehmer Alfred Escher. Er warnte vor Bürokratie und steuerlichen Belastungen einer «sozialistischen» Staatsbahn.

Der Eisenbahnbau hatte auch eine erhebliche internationale und militärische Bedeutung, was bei der Alpenquerung und beim Wettstreit zwischen verschiedenen Routen und den davon profitierenden ausländischen Regionen deutlich wurde: Splügen, Lukmanier, Simplon – oder Gotthard. Die Kosten für den Gotthardtunnel von insgesamt 230 Millionen Franken wurden zur Hälfte durch Aktien und Obligationen aufgebracht. Den Rest übernahmen in einem Staatsvertrag Deutschland (30 Millionen), Italien (55 Millionen) und die Schweiz (28 Millionen). Das Ausland war deshalb so wichtig, weil der noch unterentwickelte Schweizer Finanzplatz das Kapital für die hohen Investitionen noch nicht im Inland aufbringen konnte. Erst mit dem Eisenbahnbau entstanden die grossen Handels- und Geschäftsbanken als Aktiengesellschaften: Eschers 1856 gegründete Schweizerische Kreditanstalt (SKA), die Bank in Winterthur (1862) als Kern der 1912 gegründeten Schweizerischen Bankgesellschaft (SBG) und 1872 der Basler Bankverein, der im Schweizerischen Bankverein (SBV) aufging. Damit war der Übergang von der ersten Phase der Industrialisierung mit dem kontinuierlichen Ausbau der Textilproduktion zur zweiten Phase möglich, der kapitalintensiven Metall- und Maschinenindustrie. Am Pro-Kopf-Volumen gemessen, wurde die Schweiz zur führenden Exportnation überhaupt. Gegen die Interessen von Landwirtschaft und Gewerbe wurde deshalb selbst in Krisenzeiten am Prinzip des Freihandels festgehalten.

Die elitären manchesterliberalen «Bundesbarone» um Escher bildeten ein dichtes Netzwerk zur effizienten Industrialisierung des Landes, aber auch eine Vetternwirtschaft, die den Nationalrat beherrschte. Opposition erwuchs ihnen in den 1860er-Jahren durch die «demokratische Bewegung» in den Kantonen, welche den schnellen wirtschaftlichen Wandel direktdemokratischer Kontrolle unterwerfen wollte. Gefordert wurden die Verfassungs- und die Gesetzesinitiative, die Möglichkeit zum Referendum, Geschworenengerichte sowie die Volkswahl und die mögliche Abberufung von Exekutive, Richtern, Lehrern und Verwaltungsspitzen. Auch die Forderung nach kostenlosem Schulbesuch, Taggeldern für Grossräte, günstigen Krediten durch neue Kantonalbanken für Selbständige und unentgeltlicher Ausrüstung der Soldaten zielten darauf ab, breiteren und weniger begüterten Schichten die aktive Teilnahme im Staat zu ermöglichen. Die direkte Demokratie kombinierte von Anfang an eine staatsgläubige Erwartungshaltung mit oft antimoderner Besitzstandwahrung.

Das zeigte sich bei der Judenemanzipation. Die Verfassung von 1848 garantierte Pressefreiheit, das Vereins- und Petitionsrecht sowie die Handels- und Gewerbefreiheit. Die Niederlassungsfreiheit galt aber nur für Staatsbürger christlicher Konfession, also nicht für Juden; ebenso eingeschränkt war die Kultusfreiheit. Die liberale Regierung des Aargaus, wo es herkömmlich die beiden einzigen Schweizer Gemeinden – Lengnau und Endingen im Surbtal – mit jüdischen Bürgern gab, wollte 1862 die vollständige Gleichberechtigung durchsetzen. Darauf erzwang die demokratische Bewegung die Abberufung des Grossen Rats – ein einmaliger Vorgang in der schweizerischen Verfassungsgeschichte. Die Emanzipation der Juden erfolgte im internationalen Vergleich erst spät und nur unter ausländischem Druck. Nur knapp gestanden Volk und Stände den Juden 1866 Rechtsgleichheit und Niederlassungsfreiheit zu. Durch Immigration stieg ihre Zahl auf 18 500 im Jahr 1910 an, ein halbes Prozent der Gesamtbevölkerung.

Diese erste Volksabstimmung über eine Teilrevision brachte einen Prozess in Gang, der in zwei Etappen zu einer neuen Bundesverfassung führte. Grösste Baustelle war die Militärorganisation, nachdem der Aktivdienst während des Deutsch-Französischen Kriegs schwere Mängel offenbart hatte. Sehr umstritten waren die nationale Rechtsvereinheitlichung und der Schulartikel, der die Kantone zum obligatorischen und unentgeltlichen Unterricht verpflichten sollte. Am föderalistischen Widerstand der welschen Freisinnigen scheiterte denn auch 1872 die vorgeschlagene Totalrevision. Beim zweiten Anlauf bedienten sich die Revisionsanhänger erfolgreich des gleichzeitig polarisierenden Kulturkampfs, um die Allianz der sprachlichen Minderheiten mit den Katholisch-Konservativen zu sprengen. Die neue Verfassung von 1874 erweiterte die Bundeskompetenzen, zum Beispiel im Militär- und Rechtswesen, führte aber zugleich das fakultative Referendum ein. So konnten Volk und Stände die Dynamik von Parlament und Bundesrat bremsen. Diese Dynamik zeigte sich darin, dass die Bundesausgaben 1848 mit 3 Millionen Franken noch deutlich unter denen allein des Kantons Bern gelegen hatten; im letzten Friedensjahr 1913 lagen sie hingegen bei 110 Millionen Franken. Gut zur Hälfte gingen sie an die Armee, als wichtigste Empfänger folgten die Eisenbahnen, die Kantone (Entschädigungen und Subventionen) und die Verbände. Letztere waren der Schweizerische Handels- und Industrieverein oder «Vorort» (seit 1870, heute Economiesuisse), der Schweizerische Gewerbeverband (1879), der Schweizerische Gewerkschaftsbund (1880) und der Schweizerische Bauernverband (1897). Entschädigt wurden sie für Dienstleistungen, die sie dank ihrem Fachwissen für das Milizsystem erbrachten. Sie formulierten aber auch die Wirtschaftsinteressen auf Bundesebene und koordinierten ihre Anliegen im «organisierten Kapitalismus». Für die Geld- und Währungspolitik konnten sie dabei auf die 1905 gegründete Schweizerische Nationalbank (SNB) zählen. Zwei Jahre später verabschiedete das Parlament einstimmig das Zivilgesetzbuch, das die kantonalen Privatrechte zugunsten eines gesamtschweizerischen Rechtsraums ablöste. Dank dem Einbezug der Verbände bei der vorangehenden Vernehmlassung erwuchs der Vorlage keine Opposition.

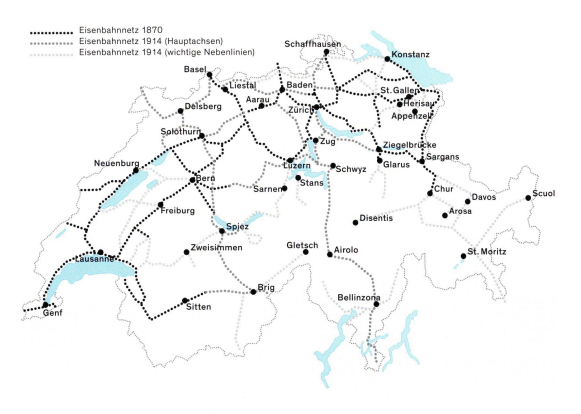

Die Entwicklung des Eisenbahnnetzes bis 1914

Bern wird Bundesstadt

Eine Lithografie von 1848 10.1 zeigt den ersten Bundesrat: in der Mitte der Zürcher Bundespräsident Jonas Furrer, ebenso ein Jurist wie rechts neben ihm der Waadtländer Henry Druey und links der Berner Ulrich Ochsenbein, der St. Galler Wilhelm Näff (rechts unten) und der Aargauer Friedrich Frey-Hérosé (ganz unten). Dazu kamen zwei liberale Katholiken, der Solothurner Kaufmann Josef Munzinger (oben) und der Tessiner Lehrer Stefano Franscini (links unten). Sie alle hatten sich in der Sonderbundskrise und zumeist schon in ihren Kantonsregierungen sowie in der Verfassungskommission hervorgetan. Bis auf die Radikalen Druey und Ochsenbein, einem Teilnehmer der Freischarenzüge, waren sie gemässigte Freisinnige. Wie sehr sich die Schweiz seit 1798 verändert hatte, zeigte sich darin, dass alle aus Kleinstädten oder Dörfern stammten: Ihre Väter waren noch als Untertanen zur Welt gekommen. Eine der ersten und heftig umkämpften Parlamentsentscheidungen sprach den Titel der Bundesstadt Bern zu und nicht dem enttäuschten früheren Vorort Zürich. Die Farblithografie von 1858 10.2 präsentierte das seit 1852 errichtete Bundesratshaus, rechts vorgelagert neben dem alten Bernerhof hinter dem Baum. Auf der um 1900 entstandenen Fotografie 10.3 war das Bundesratshaus ganz links zum Westflügel des Bundeshauses geworden. Mit dem spiegelbildlich errichteten Bundeshaus Ost wurde er durch das neue Parlamentsgebäude verbunden, dessen Kuppel 1902 den Bau abschloss. Auf der südlichen Seite der Aare, von wo die Aufnahme entstand, erhob sich seit 1895 das Historische Museum, 10.4 das als Landesmuseum geplant war. Nach erneut heftigem Wahlkampf wurde diese Institution 1891 aber nach Zürich vergeben. Die Berner Sammlungen blieben jedoch an der Aare. In das abgebildete Historische Museum gelangten auch die Tafeln von Mareschet (oben, 4.4) und Werner (oben, 7.16), als um 1940 das städtische Rathaus umgebaut wurde.

Die sieben ersten Bundesräte der Schweiz, Lithografie, 1848   10.1

Das Bundeshaus kurz vor Vollendung der Kuppel, Fotografie um 1900   10.3

Bundesratshaus in Bern, Farblithografie, 1858   10.2

Historisches Museum Bern, Fotografie, 1895   10.4

Neutralität und Kriegslust

Trotz klaren Sympathien für die liberalen Revolutionäre hielt der Bundesrat in den europäischen Krisenjahren 1848 bis 1850 an der Neutralität fest. Das empörte vor allem die Tessiner, welche die Lombarden vergeblich gegen Österreich unterstützten. Grosszügig war hingegen die Flüchtlingspolitik, als die Revolutionen scheiterten. Liberale und Republikaner wie Richard Wagner, Giuseppe Garibaldi und Giuseppe Mazzini fanden Unterschlupf. Carl Spahns «Grosser Flüchtlings-Saal» im Kornhaus in Bern 10.5 (1850) ist diesen «Brüdern» unter ihren Fahnen gewidmet. Die liberale Asylpolitik führte immer wieder zu Spannungen mit Nachbarn, so 1888 im Wohlgemuth-Handel mit Bismarcks Deutschland.

Die Neuenburger hatten sich bereits 1848 vom König von Preussen losgesagt und die Republik ausgerufen. Nach einem gescheiterten monarchistischen Gegenputsch mobilisierte dieser 1856 seine Truppen. Französische Vermittlung verhinderte den Krieg, den viele Schweizer in einer Aufwallung von Patriotismus gewünscht hatten. In diesem Geist zeichnete Albert Landerer die Lithografie «Rufst du, mein Vaterland», 10.6 während Jean-Léonard Lugardon auf «Schweizer zum Kampfe!» 10.7 Helvetia der freiheitsliebenden Marianne von Delacroix (1830) nachempfand. Bundesrat Stämpfli führte die Kriegspartei im Neuenburgerhandel und erneut 1860, als Piemont-Sardinien den Franzosen für ihre Hilfe gegen Österreich Hochsavoyen abtrat, das der Wiener Kongress in die Schweizer Neutralität eingeschlossen hatte. Im Savoyerhandel war das aber für die Grossmächte keine relevante Rechtsbasis, und die Savoyarden stimmten dem Anschluss an Frankreich in einem Plebiszit zu.

Henry Dunants 10.8 Idee für das Rote Kreuz ging ebenfalls auf den italienischen Einigungskrieg zurück. Sein humanitäres Wirken auf dem Schlachtfeld von Solferino (1859) führte vier Jahre später in Genf zur Gründung der Institution, die seit 1876 den Namen «Internationales Komitee vom Roten Kreuz» (IKRK) trägt. Der nach einem Konkurs verarmte Dunant erhielt 1901 den ersten Friedensnobelpreis.

Henry Dunant, der Gründer des Internationalen Roten Kreuzes, Fotografie, um 1864 10.8

Rufst du, mein Vaterland, Lithografie zum Neuenburger Handel von Albert Landerer, 1856 10.6

Der grosse Flüchtlingssaal im Kornhaus Bern, kolorierter Holzschnitt von Carl Spahn, 1850 10.5

Schweizer zum Kampfe!, Lithografie zum Neuenburger Handel
von Jean-Léonard Lugardon, 1856 10.7

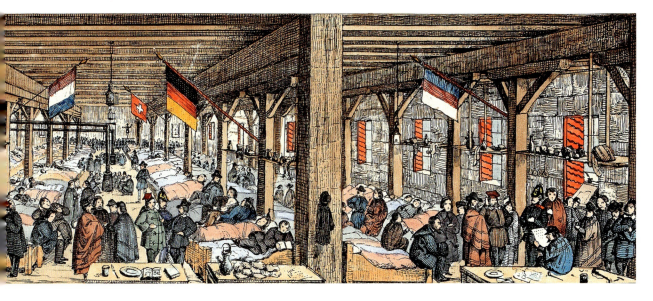

Ein Binnenmarkt entsteht

Hauptgeschäft des Bundes war im 19. Jahrhundert der Aufbau eines Binnenmarktes in einem Land, das im Jahr 1848 17 verschiedene Postverwaltungen und 31 Brieftarife kannte. Die Verfassung erteilte die Kompetenz, Masse und Gewichte zu vereinheitlichen und das Postwesen zu übernehmen. Rudolf Kollers Ölgemälde der Gotthardpost von 1873, 10.9 ein Geschenk der Nordostbahn für ihren Direktor Alfred Escher, wurde zum Symbol für den kraftvollen Aufbruch der Nation, der die trägen Kühe aufschreckt. Eine Einheitswährung einführen konnte der Nationalrat erst nach einer dreitägigen «Münzschlacht» 10.10 zwischen Anhängern von Franken 10.11 und solchen von Gulden. Die Niederlage des Gulden stellte das «Schweizerische Charivari» als nationale, republikanische Revolution dar, die den Verlierer zur Ausreise in das höfische Deutschland zwingt.

Der Bund hob die Binnenzölle gegen eine Entschädigung auf und vereinheitlichte die Aussenzölle. Sie wurden seine wichtigste Einnahmequelle, da sie dank dem wirtschaftlichen Aufschwung stark anstiegen. Folgenreich waren auch die in der Verfassung erwähnte «Beförderung gemeinsamer Wohlfahrt» und die allgemeine Kompetenz des Bundes, «öffentliche Werke» zu errichten. Auf dieser Grundlage zog der Nationalstaat allmählich die vielen komplizierten und teuren Aufgaben an sich, welche die wirtschaftliche und gesellschaftliche Modernisierung mit sich brachte, die aber die einzelnen Kantone überforderten: Gewässerkorrekturen, der Bau von Brücken und Strassen und auch die Einrichtung einer nationalen Bildungsstätte, um das dafür notwendige Fachwissen zu vermitteln. Ein 1848er-Revolutionär, der deutsche Flüchtling Gottfried Semper, baute 1861–1864 das Polytechnikum, 10.12 seit 1911 Eidgenössische Technische Hochschule. Heinrich Zollinger stellte den Bau um 1880 in das Zentrum seines Zürcher Panoramas.

Ein Fünf-Franken-Stück von 1851 mit der sitzenden Helvetia   10.11

Die Münzschlacht von 1848, Karikatur, Schweizerisches Charivari, 1851   10.10

Die Eidgenössische Technische Hochschule in Zürich,
Aquatinta von Heinrich Zollinger, um 1880   10.12

Die Gotthardpost, Ölgemälde von Rudolf Koller, 1873   10.9

Der Eisenbahnbau

Die Kompetenz zur Konzessionserteilung für den Eisenbahnbau lag bei den Kantonen, die unkoordiniert und eifersüchtig ihre eigenen Ziele verfolgten. Die von Basler Kapital getragene Schweizerische Centralbahn stiess mit dem Hauensteintunnel, 10.13 der 1858 eingeweiht wurde, durch den Jura nach Olten und von dort aus nach Luzern und zu den Zentren des Mittellands vor. In der Westschweiz etablierte sich die Jura-Simplon-Bahn, in der Ostschweiz waren es die Vereinigten Schweizerbahnen. Alfred Eschers Schweizerische Nordostbahn erschloss die Region Zürich und den Raum hin zum Bodensee. Die schnelle Expansion machte schon 1867 den Neubau des 20 Jahre zuvor errichteten Zürcher Bahnhofs 10.14 nötig.

Obwohl fast alle Bahnen unter chronischer Finanzknappheit litten und einige bankrottgingen, führte bereits 1860 eine durchgehende Verbindung von Genf durch das Mittelland an den Bodensee. 1870 waren die übrigen Hauptstrecken erstellt. 1861 umfasste das Bahnnetz 1051 Kilometer, 1880 2575 Kilometer, und 1910 war es mit 4716 Kilometern auf dem Stand von heute. Die Alpentransite erforderten Pionierleistungen beim Bau von Brücken und Tunnels. Italienische Fremdarbeiter übernahmen einen grossen Teil der gefährlichen Arbeiten. Allein der Gotthardtunnel forderte 900 Schwerverletzte und 300 Tote, darunter auch die vier Arbeiter, die bei einer Demonstration für höhere Löhne und bessere Arbeitsbedingungen von einer Urner Bürgerwehr erschossen wurden. Die Verzögerungen und Kostenüberschreitungen beim Bau des Gotthardtunnels waren selbst für die treibende Kraft Alfred Escher zu viel. Nach seinem Konkurs wurde er 1882 nicht einmal zur Einweihung des 15 km langen Tunnels eingeladen. Das Foto zeigt den Eröffnungszug beim Halt am provisorischen Bahnhof Göschenen 10.15 vor der ersten Durchfahrt. 1913 eröffnete die Bern-Lötschberg-Simplon-Bahn eine zweite Verbindung durch die Alpen. Auf dem Bild posieren Mineure vor dem Südportal des Lötschbergtunnels 10.16 im Wallis und drücken so den Stolz auf solche Pionierleistungen aus.

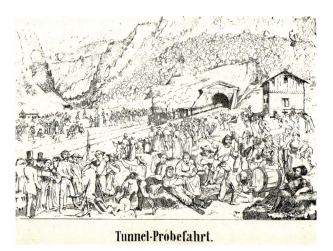

Die Eröffnung des oberen Hauensteintunnels, Holzstich, 1858   10.13

Der Eröffnungszug zur Einweihung des Gotthardtunnels im Bahnhof Göschenen UR, Fotografie, 1882   10.15

Der Neubau des Zürcher Hauptbahnhofs, Fotografie, 1867   10.14

Mineure nach dem Durchstich am Lötschberg-Südportal, Fotografie, 1913   10.16

Fabriken und neue Branchen

Für die Textilindustrie war Wasser in verschiedener Hinsicht wichtig, nicht zuletzt für den Antrieb von Maschinen. Da die Kraftübertragung aufwendig war, vereinten die Unternehmer ihre Maschinen unter einem Dach. So trat die Fabrik neben die Heimarbeit. Dank billigen, aber solid ausgebildeten Arbeitskräften konnten eher periphere, wasserreiche Alpentäler frühe Zentren der Industrie werden. Dazu gehörte insbesondere das Glarnerland, obwohl ein verheerender Stadtbrand 1861 Glarus verwüstete und die Stadt im Schachbrettmuster wieder aufgebaut werden musste. Hinter der Schäferszene 10.17 zieht sich eine Fabriklandschaft der Linth entlang. Ursprüngliche Textilunternehmungen wie Escher, Wyss & Cie. begannen nach englischen Modellen selbst Maschinen für die Tuchproduktion, bald auch Wasserturbinen und ab den 1830er-Jahren Dampfmaschinen herzustellen. Die Metallindustrie folgte, so etwa die Eisenwerke Von Roll in Balsthal. Ab 1850 setzten sich die mechanischen Webstühle durch, und das dafür erworbene Wissen schlug sich auch anderswo nieder: in der Konstruktion von Eisenbahnwagen, Motoren und von Generatoren für die Energiegewinnung. Die Maschinenhalle an der Landesausstellung von 1896 10.18 führte deutlich vor Augen, dass die Maschinenindustrie ihren Schwerpunkt im Kanton Zürich hatte. In Basel entwickelte sich gleichzeitig die chemische Industrie, die zuerst Verarbeitungsmittel und Farben für die Textilindustrie herstellte. Arzneimittel, etwa Hustensirup, traten erst um 1900 hinzu. Im Unterschied zum Fabrikgelände von J. R. Geigy 10.19 errichteten Ciba, Roche und Sandoz ihre Werke am Rhein, der Wasser lieferte, Abfälle entsorgte und als Transportweg diente.

Den Bedürfnissen einer Massengesellschaft entsprachen die Nahrungsmittelindustrie mit Unternehmen wie Nestlé oder Maggi sowie die Bekleidungsindustrie, hier die Schuhfabrik Bally in Schönenwerd. 10.20 Dank solchen Neuerungen mussten Frauen für die Hausarbeit weniger Zeit aufwenden und trugen stattdessen vermehrt durch Fabrikarbeit zum Familieneinkommen bei.

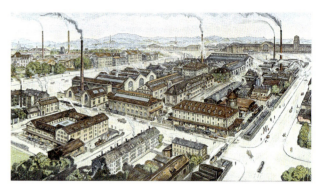

Fabrikgelände der Chemiefirma Geigy in Basel, Farblithografie, um 1910   10.19

Maschinenhalle an der Landesausstellung in Genf, Fotografie, 1896   10.18

Das nach dem Brand wieder aufgebaute Glarus, Lithografie von
H. Steiner, nach 1861   10.17

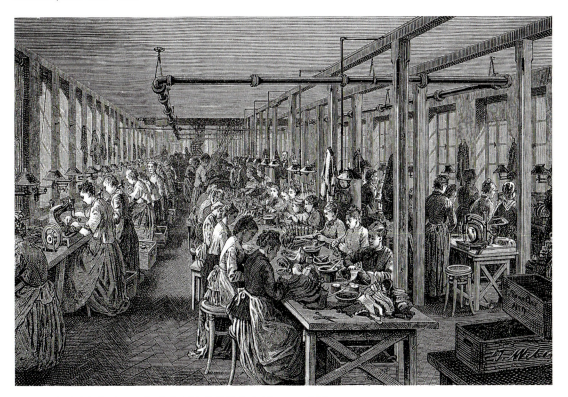

Fabriksaal mit Arbeiterinnen der Schuhfabrik Bally in Schönenwerd SO,
Holzschnitt, um 1900   10.20

Ein- und Auswanderung

Der Bamberger Walter Boveri kam als Volontär zur Maschinenfabrik Oerlikon, wo er den Briten Charles Brown kennenlernte. Gemeinsam gründeten sie 1891 in Baden die BBC, ein Weltunternehmen der Elektroindustrie. 10.21 Weitere prominente Firmengründer wie Henri Nestlé, Carl Franz Bally oder Franz Saurer zählten zu der schnell wachsenden Zahl von ausländischen Immigranten. Der Ausländeranteil lag 1910 bei 14,7 Prozent, was europaweit eine Spitzenstellung bedeutete. Sorgen wegen «Überfremdung» wurden laut, und in den 1890er-Jahren kam es in Bern und Zürich zu Ausschreitungen gegen italienische Fremdarbeiter, die für den Bau des Gotthardtunnels und durch den Tunnel hindurch ins Land kamen.

Dabei hatten 1888 erstmals weniger Einheimische die Schweiz verlassen, als dass Ausländer in das neue Hochlohnland einwanderten. Während des ganzen Jahrhunderts emigrierten viele Schweizer, weitaus die meisten nach Nordamerika, aber viele auch in die Nachbarländer und nach Osteuropa.

Die Käserfamilie auf dem Foto 10.22 fand in Russland eine neue Heimat. Pro Jahrzehnt waren es etwa 50 000 Emigranten, doch während der «Gründerkrise» konnten es von 1881 bis 1890 über 90 000 Menschen sein, vor allem ehemalige Bauern. Auf Hans Bachmanns Genrebild von 1911 10.23 entführt das moderne Transportmittel den Sohn, der auf dem Boden der Väter kein Auskommen mehr findet. Andere mussten als Fahrende oder Heimatlose durch die Lande ziehen. Soziale Fürsorge, aber auch das schweizerische Bürgerrecht waren an das Gemeindebürgerrecht gebunden, und dieses setzte Sesshaftigkeit voraus. Heimatlose fielen damit durch alle Netze. Der «Schweizerische Nationalkalender» von 1894 zeigte, wie die Polizei eine heimatlose Familie vertreibt, 10.24 die im Stall im Hintergrund genächtigt hat. Der Kessel auf dem Rücken des Vaters ist nicht nur eine der wenigen Habseligkeiten, sondern vielleicht auch ein Indiz für den gelegentlichen Verdienst als Kesselflicker.

Auswanderung nach fernen Landen, Gemälde von Hans Bachmann, 1911   10.23

Die Polizei vertreibt eine heimatlose Familie, Zeichnung von Karl Jauslin im Schweizerischen Nationalkalender, 1894   10.24

Eric, Charles und Sidney Brown, Walter Boveri, Konstrukteur Albert Aichele,
Finanzchef Fritz Funk sowie drei Monteure (v.l.n.r.) bei der Prüfung der ersten
Dampfturbine, Baden, Fotografie, 1901   10.21

Schweizer Käserfamilie in Russland, Fotografie, um 1900   10.22

Demokraten gegen das freisinnige Machtmonopol

Die demokratische Bewegung kämpfte mit Volksversammlungen und Petitionen gegen die freisinnigen Machtstrukturen. «Der Baselbieter» stellte 1865 den erfolgreichen Kampf der dortigen «Revi-Bewegung» 10.25 für eine neue Kantonalverfassung als Sieg der (direkten) Demokratie über die Bürokratie dar. In Zürich erreichten die Demokraten, dass das «System Escher» 1867/68 zusammenbrach. Schwieriger war die Formulierung einer neuen Verfassung, wie das Satireblatt «Sylvester» 10.26 zum Jahreswechsel 1868/69 festhielt. Die Diskussionen im Verfassungsrat kamen im Schneckentempo voran, was auch am «Tannenbaum» der demokratischen Forderungen lag. Diese waren oft in sich widersprüchlich, weshalb von «physischen Täuschungen im Gebiete der höheren Magie» die Rede ist. Alfred Escher kam nach seinem politischen und wirtschaftlichen Absturz postum zu neuem Ansehen. Richard Kisslings Denkmal 10.27 ehrt seit 1889 den Eisenbahnpionier vor dem Haupteingang des Zürcher Bahnhofs, und seither tragen Holzschnitte und andere Reproduktionen dieses Bild in die ganze Schweiz hinaus.

Das Gedenkblatt zur Annahme der Verfassung von 1874 10.28 wies das Stimmverhalten aus: Im Kulturkampf sprachen sich anders als 1872 nur noch die Sonderbundskantone sowie Appenzell Innerrhoden und Tessin gegen die Vorlage aus. Als Errungenschaften werden aufgezählt: Stärkung der Wehrkraft, kostenloser obligatorischer Primarschulunterricht, einheitliches Verkehrsrecht, Fabrikgesetzgebung (besonders für Kinder), Zivilehe, freie Niederlassung und die «unbedingte Glaubens- und Gewissensfreiheit». Diese galt nun zwar auch für Juden, doch zugleich wurden die Katholiken diskriminiert. Die konfessionellen «Ausnahmeartikel» untersagten bis 1973 beziehungsweise 2001 die Gründung neuer Klöster und die Errichtung neuer Bistümer ohne staatliche Genehmigung; das Jesuitenverbot von 1848 wurde verschärft.

Die Baselbieter Demokratiebewegung, Der Baselbieter, 21. August 1865   10.25

Physische Täuschungen im Gebiete der höheren Magie, Sylvester-Unterhaltungsblatt, 1868/69   10.26

Das Escher-Denkmal von Richard Kissling in Zürich, Holzschnitt von Hermann Fischer, 1889   10.27

Gedenkblatt zur Annahme der neuen Verfassung am 19. April 1874,
Lithografie von E. Conrad   10.28

Der Kulturkampf

Der Kulturkampf um die Kontrolle des Schulwesens und die Autonomie der römischen Kirche war deshalb so heftig, weil vormals reformierte Stände starke katholische Minderheiten erhalten hatten: Bern und Genf durch den Wiener Kongress, die Industriezentren durch die Zuwanderung. In der Zwinglistadt konnte Franz Hegis Kupferstich mit dem Titel «Die neue katholische Kirche in Zürich» 10.29 (1843) durchaus als Provokation wirken: Die Augustinerkirche wurde in einem Klosterbau eingerichtet, der in der Reformation säkularisiert worden war. Solche Realitäten änderten zusehends das Profil der Katholisch-Konservativen. Die Anliegen katholischer Fabrikarbeiter in der Diaspora öffneten ihre Partei für soziale Fragen.

Im Kulturkampf unterstützten freisinnige Kantonsregierungen liberale Katholiken bei der Gründung einer eigenen, Christkatholischen Kirche, die sich dem päpstlichen Unfehlbarkeitsdogma entzog. In seinem ersten Erscheinungsjahr verspottete der «Nebelspalter» 1875 die Auftritte der Schweizer Bischöfe als Aufklärungskomödie. 10.30 Links verlässt der apostolische Vikar von Genf, Gaspare Mermillod, die Bühne. Er wurde von der Landesregierung ausgewiesen, während Eugène Lachat, rechts neben ihm, als Bischof von Basel abgesetzt wurde.

Die durch den Kulturkampf geeinten Katholisch-Konservativen erkämpften über ihr Vereinswesen, die eigene Presse und die direkte Demokratie zusehends Positionen im Bundesstaat. Auf ihre Anregung hin wurde 1891 die Volksinitiative eingeführt, doch viel wichtiger war das durch die 1874er-Verfassung ermöglichte Referendum. Dank dem Ständemehr liess sich die gesetzgeberische Dynamik der Freisinnigen hemmen, obwohl diese das Parlament dominierten und stets alle sieben Bundesräte stellten. So scheiterte 1882 das in der neuen Verfassung vorgesehene Bildungssekretariat an der föderalistischen Polemik gegen den «Schulvogt». 10.31 Der «Nebelspalter» kritisierte 1891 den Dorfpfarrer 10.32 als diejenige Instanz, welche die Stimmzettel ausfüllte und das Volk entmündigte. Angesichts solcher Blockademöglichkeiten und einer erstarkenden Sozialdemokratie akzeptierte der Freisinn im selben Jahr erstmals die Wahl eines Katholisch-Konservativen, des Luzerners Josef Zemp, in den Bundesrat.

Die neue katholische Kirche in Zürich, Kupferstich von Franz Hegi, 1843   10.29

Die Aufklärungskomödie der Schweizer Bischöfe, Karikatur im Nebelspalter, 1875   10.30

Der Dorfpfarrer füllt die Stimmzettel aus, Karikatur im Nebelspalter, 1891 10.32

Flugblatt gegen den «Schulvogt», 1882 10.31

Geschichtsbild überbrückt Sonderbundsfronten

Der bürgerliche Schulterschluss von 1891 wurde dadurch symbolisch überhöht, dass am 1. August in Schwyz erstmals der «Gründungstag der Eidgenossenschaft» gefeiert wurde. Er liege 600 Jahre zurück, erklärten die Schwyzer unter Berufung auf das Landfriedensbündnis von 1291, das erst 1758 wieder aufgetaucht war. Allerdings hielt das «Urner Wochenblatt» 10.33 noch 1907 daran fest, dass der Bund 1307 auf dem Rütli, also auf Urner Boden, geschlossen worden sei. Zu den Feiern von 1907 begrüssten die Urner den Bundespräsidenten und seinen Stellvertreter, beides Freisinnige. Der «vaterländische Gruss und biedere Handschlag» hatte die Fronten des Sonderbunds überwunden, und allmählich verschmolz die Bundesfeier mit den schon älteren Rütlifeiern. Auch die führenden Vertreter der aufblühenden nationalen Geschichtsschreibung, zumeist reformierte Liberale aus der östlichen Schweiz, liessen die Schweiz im antihabsburgischen Abwehrbündnis der alpinen Hirten beginnen und stilisierten so die Zentren des Widerstands gegen staatliche Modernisierung zum Stammland moderner Freiheit.

Der katholische Künstler Richard Kissling lebte in Zürich, als er das Gipsmodell von Wilhelm Tell 10.34 fertigstellte, dessen Bronzeguss 1895 in Altdorf aufgestellt wurde. Modell des Freiheitshelden ist, links mit der Armbrust, Kisslings Diener Albert. In diesen Jahren entstand auch das Bildgedächtnis der Nation, etwa Albert Ankers Pfahlbauer, seine Reine Berthe und die Kappeler Milchsuppe 10.35 (1869): die Versöhnung von reformierten und katholischen Eidgenossen im Jahr 1529 (vgl. oben S. 14). Das Wirken des Zürcher Protestanten Heinrich Pestalozzi für die katholischen Waisen der Stanser Schreckenstage verewigte nicht nur Anker, sondern mit noch mehr Erfolg Konrad Grob 10.36 (1879).

Pestalozzi in Stans, Ölgemälde von Konrad Grob, 1879   10.36

Urner Wochenblatt vom 12. Oktober 1907   10.33

Die Kappeler Milchsuppe, Ölgemälde von Albert Anker, 1869   10.35

Richard Kissling am Gipsmodell für das Tell-Denkmal in Altdorf UR, Fotografie vermutlich von Hermann Nabholz, 1893   10.34

Das Bildgedächtnis der Nation

Auch ausländische Schöpfungen gingen in den schweizerischen Bilderkanon ein. Der polnische Patriot January Suchodolski malte zwar keine Eidgenossen beim Rückzug der Grande Armée über die Beresina 10.37 im Jahr 1812, der auch vielen Polen in Napoleons Heer das Leben kostete. Aber sein Gemälde ergänzte das populäre Beresinalied als Hymne an Mut und Zuversicht. Edouard Castres schuf 1881 mit dem 112 Meter langen Bourbaki-Panorama 10.38 in Luzern nicht nur ein Medienereignis, sondern auch eine Hymne auf die humanitäre Mission der Schweiz: Unter Weissem Kreuz und Rotem Kreuz fanden die besiegten französischen Soldaten im Krieg von 1870/71 gegen Deutschland Unterschlupf, nachdem sie im Jura die Grenze überschritten hatten. Ebenfalls raumfüllend wirkte Ferdinand Hodlers Fresko «Rückzug von Marignano» 10.39 im Zürcher Landesmuseum. Es entstand um 1900, als Charles Giron den Berner Nationalratssaal mit seinem monumentalen Ölgemälde «Die Wiege der Eidgenossenschaft» 10.40 schmückte. Stiche und später Fotografien trugen diese volkstümlichen Bilder in die (Schul-)Stuben und einten das seit 1847 gespaltene Land in der patriotischen Erinnerung. Entsprechend selbstbewusst erfolgte der Auftritt im Ausland, etwa bei Weltausstellungen, wo die Schweiz ihre modernen Industrieprodukte in Zusammenhang mit alteidgenössischer Solidarität und Freiheitsliebe anpries. Tells Armbrust bürgte für die Qualität Schweizer Waren, und auch Johanna Spyris Heidi vermittelte weltweit eine ursprüngliche, heile Welt, die nicht als Gegensatz zur Moderne in ihrer schweizerischen Spielart angesehen wurde. In einer monarchischen Staatenwelt prägte das Bürgertum eine liberal-republikanische Grundhaltung. Diese war für Aufsteiger offen und wirkte damit weit über die eigene soziale Schicht hinaus anziehend: auf konservative Patrizier und Bauern, auf Angestellte und im 20. Jahrhundert selbst auf die Arbeiterschaft.

Die Wiege der Eidgenossenschaft, Nationalratssaal, Bern, Ölgemälde von Charles Giron, 1901   10.40

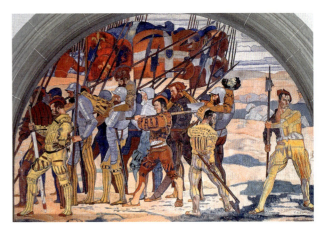

Der Rückzug von Marignano, Fresko von Ferdinand Hodler im Zürcher Landesmuseum, 1900   10.39

Bourbaki-Panorama von Eduard Castres, Ausschnitt, 1881   10.38

Rückzug der Grande Armée über die Beresina 1812,
Ölgemälde von January Suchodolski, 1866   10.37

Bürgerliche Rollenbilder

Das bürgerliche Selbstbild war so männlich wie Ferdinand Hodlers Modernes Grütli 10.41 vor der Kulisse des Eidgenössischen Schützenfests in Genf 1887. Das souveräne Volk bestand aus selbständigen Haushaltsvorständen und wehrhaften Bürgern. Eine klare Rollenverteilung zwischen dem Ehemann, der die Familie in der Öffentlichkeit vertrat, und der Gattin, die sich um den häuslichen Alltag kümmerte, war selbstverständlich. Das Privatrecht unterstellte die Ehefrau der Vormundschaft des Gatten.

Dagegen wurden zunehmend Proteste vernehmbar, ebenso wie die Forderung, dass die Frauen das kantonale Wahlrecht erhalten oder zumindest in Schulkommissionen oder Kirchgemeinden wählbar sein sollten. Berufs- und Wirtschaftsverbände, konfessionelle, kulturelle und staatsbürgerliche Vereine von Frauen fanden sich ab 1900 in der Dachorganisation «Bund Schweizerischer Frauenvereine» zusammen. Der Umzug des Arbeiterinnenvereins auf der Zürcher Bahnhofstrasse 10.42 demonstrierte 1911 Frauenanliegen in der Öffentlichkeit, so den Wöchnerinnenschutz und Sozialversicherungen. Das stiess nicht nur im Bürgertum, sondern auch bei Sozialdemokraten auf heftige Widerstände, weil sie in den Frauen Lohndrückerinnen und Konkurrentinnen um Arbeitsplätze sahen. Die Karikatur des «Nebelspalters» 10.43 bezog sich auf die Ablehnung des Frauenstimmrechts am Parteitag der Sozialdemokratischen Partei von 1912.

Das bürgerliche Selbstbild war auch implizit christlich. Die erste Volksinitiative überhaupt war gleichzeitig eine der wenigen, die je angenommen wurden. Sie verbot 1893 das Schächten von Tieren. Der moderne Tierschutzgedanke verband sich mit dem ebenfalls modernen Antisemitismus, der auf der Karikatur des «Nebelspalters» 10.44 den jüdischen Hofmetzger zum blutsaugenden Kapitalisten stempelte. Auch Liberale waren dafür empfänglich: Juden galten ihnen einerseits als unzuverlässige Glieder der Schweizer Nation, andererseits sahen sie hinter den religiösen jüdischen Bräuchen Aberglauben und die irrationale Macht von Geistlichen, hier also der Rabbiner. Vor allem in katholischen Kreisen kam noch der hergebrachte religiöse Antijudaismus gegen die «perfiden Christusmörder» hinzu.

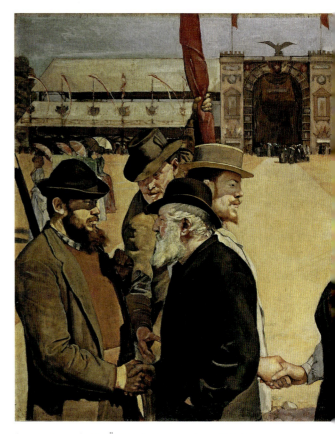

Das moderne Grütli, Ölgemälde von Ferdinand Hodler, 1887/88   10.41

Umzug des Arbeiterinnenvereins auf der Zürcher Bahnhofstrasse, Fotografie, 1911   10.42

Ablehnung des Frauenstimmrechts am SP-Parteitag 1912, Karikatur im Nebelspalter   10.43

Der Hofmetzger an der Arbeit, Karikatur im Nebelspalter zur Abstimmung über das Schächtverbot, 1893   10.44

Späte Sozialgesetzgebung

Die Zahl der Fabrikarbeiter wuchs von 42 000 im Jahr 1850 auf 150 000 oder elf Prozent der Erwerbstätigen im Jahr 1880 und verdoppelte sich anschliessend bis 1911. Selbst dann arbeitete nur ein Fünftel der Erwerbstätigen in Fabriken von zumeist überschaubarer Grösse (unter 500 Beschäftigte). Das lag unter anderem an den Energiequellen Wasser und ab 1900 Elektrizität, die im Unterschied zur Kohle keine Konzentration der Produktion erforderten, um effizient zu sein. Die Arbeitsbedingungen waren oft sehr hart, ebenso die proletarischen Wohnverhältnisse 10.45 wie hier entlang der Birsig in Basel, bevor der Flusslauf 1895 durch die heutige Falknerstrasse überdeckt wurde und den Unrat der angebauten Aborte nicht mehr aufnahm. Wie die wissenschaftlich gestützte Hygienebewegung reagierten auch einige paternalistische Unternehmer auf solche Missstände. Ein Beispiel für eine moderne Arbeitersiedlung war das Quartier du Progrès in der Uhrenmetropole Le Locle. 10.46

Die revidierte Bundesverfassung ermöglichte das von den Demokraten geforderte, bahnbrechende Eidgenössische Fabrikgesetz von 1877. Es legte die maximale tägliche Arbeitszeit auf 11, die wöchentliche auf 65 Stunden fest. Arbeit von Kindern unter 14 Jahren war ebenso verboten wie Nacht- und Sonntagsarbeit von Frauen und Jugendlichen. Der Knabe am Spinnrad 10.47 verweist aber auf eine Realität, die gerade in der Not nicht dem Buchstaben des Gesetzes gehorchte.

Die weltweite «Gründerkrise» der 1870er-Jahre provozierte eine im internationalen Vergleich späte, aber hohe Streikwelle: Von 1880 bis 1914 zählte man 2416 Streiks. Der Aufmarsch von 12 000 Eisenbahnern 10.48 in Aarau formulierte Forderungen, die 1897 den ersten grossen Streik in ihrer Branche trugen. Im politischen Prozess dauerten Reformen oft lange: Eine obligatorische Sozialversicherung entstand nach Referendumsniederlagen erst 1914 (Krankenversicherung) und 1918 (Unfallversicherung, SUVA).

Das Quartier du Progrès in Le Locle NE, Radierung von A. Graf, um 1865   10.46

Kinderarbeit in einer Weberwerkstatt, Fotografie, um 1900   10.47

Arbeiterwohnungen an der Birsig in Basel, Fotografie,
vor 1895   10.45

Eisenbahnerversammlung in Aarau, Fotografie von C. Hirsbrunner,
16. Februar 1896   10.48

Die Politisierung der Arbeiterschaft

Föderalistisch und branchenabhängig entstand seit der Gründung des Grütlivereins 1838 eine wachsende Zahl von Arbeitervereinen und Gewerkschaften, die mit Gleichgesinnten vor allem in Deutschland Beziehungen knüpften. Am Vierten Internationalen Arbeiterkongress 10.49 nahmen 1869 in Basel neben Karl Bürkli und Herman Greulich ausländische Prominente wie Wilhelm Liebknecht und Michael Bakunin teil, die alle auf dem Erinnerungsbild identifiziert werden können. Die 1888 gegründete Sozialdemokratische Partei (SP) war die erste gesamtschweizerische Partei überhaupt. Sie bekannte sich 1904 erstmals zum Klassenkampf und zum Gemeinbesitz an Produktionsmitteln. Die bürgerlichen Gegner warfen der SP vor, mit ihrer internationalen Vernetzung die nationale Einheit zu zerstören. Die Sozialisten sahen sich selbst dagegen in heimatlichen Gemeinschaftstraditionen: Ihre Wahlkampfpropaganda für die Nationalratswahlen 1899 10.50 folgte Konrad Grobs Bild der Schlacht von Sempach (1878). Der «Neue Postillon» zeigte im selben Jahr die Sozialisten umgeben von ihren Gegenspielern. 10.51 Diese bildeten nun ebenfalls gesamtschweizerische Parteien. Seit 1894 umfasste die Freisinnig-Demokratische Partei (FDP) die Radikalen und die meisten Liberalen. 1905 entstand die Demokratische Partei, die bis in die 1960er-Jahre existierte. Dem «Konservativen» entsprach die Liberale Partei, die bis zur Fusion von 2009 rechts des Freisinns politisierte. Wegen des tiefsitzenden Föderalismus bildeten die «Ultramontanen» erst 1912 eine gesamtschweizerische, katholische «Konservative Volkspartei».
Nationale Parteien waren ein «Kind» der direkten Demokratie mit ihren überkantonalen Unterschriftensammlungen und Kampagnen. Dasselbe galt für die Verbände, die eine nationale Interessenpolitik überhaupt erst ausdenken mussten. Auf der Karikatur des «Nebelspalters» von 1902 10.52 verweigert sich der Gewerbeverein den «alleinseligmachenden» Vertretungsansprüchen des Arbeitgeberbunds, der etwa mit dem Freihandel ganz andere Ziele verfolgte.

Der Vierte Internationale Arbeiterkongress in Basel, Kupferstich, 1869 10.49

Gewerbeverein und Arbeitgeberbund im Widerstreit, Karikatur im Nebelspalter, 1902 10.52

Flugblatt der Sozialdemokraten für die Nationalratswahlen 1899, nach
Konrad Grobs Gemälde der Schlacht von Sempach (1878)   10.50

Politische Wappenkunde der Gegenwart,
Neuer Postillon, 1899   10.51

Die Belle Epoque

Konkurse von Eisenbahngesellschaften, ihre Abhängigkeit von ausländischem Kapital und die wachsenden sozialen Spannungen im Bahnbetrieb führten der Verstaatlichungsidee zunehmend Anhänger zu. Im harten Abstimmungskampf argumentierten beide Seiten 1898 mit antisemitischen Stereotypen. Das hier gezeigte Plakat der Befürworter 10.53 sah das nationale Werk bereits in der Hand von Juden. Die Gegner argumentierten hingegen, der Bund müsse sich bei Juden verschulden, um den Rückkauf zu finanzieren. Das Volk nahm die Vorlage klar an, sodass die fünf grossen Eisenbahngesellschaften in den 1901 geschaffenen Schweizerischen Bundesbahnen (SBB) aufgingen. Unverzichtbar waren die Bahnen, wie die Dampfschiffe, für den entstehenden Tourismus, der in der Belle Epoque einer wohlhabenden adligen und grossbürgerlichen Elite vorbehalten war. Die Rhätische Bahn brachte diese seit 1904 über die Albulastrecke nach St. Moritz, wo schon 1896 ein Tram 10.54 in das urban wirkende Dorf und zu den Hotelpalästen führte. Wie das etwa gleichzeitig verbreitete Werbeplakat für die Jungfrauregion 10.55 versprach, durften die Feriengäste erwarten, dass auch in einer urtümlichen Berglandschaft so für ihr Wohl gesorgt werde, wie sie es in ihrer städtischen Heimat gewohnt waren. Patriotischer Schweizerkult und modernste Technologie – des Eindeckers wie des grafischen Designs – kombinierte auch die Werbekarte für den ersten nationalen Flugtag, 10.56 der 1913 in Lugano stattfand.

Werbeplakat für die Jungfrauregion, Lithografie, um 1895 10.55

Plakat für die Verstaatlichung der Eisenbahnen, 1898 10.53

Tramstrecke in St. Moritz GR, Fotografie, 1896   10.54

Flugtage in Lugano TI, Postkarte, 1913   10.56

Deutschfreundliche Landesführung
Fragile Insel des Friedens
Der Landesstreik
Zwei verfeindete Blöcke
Völkerbund und Wirtschaftskrise
Faschismen
Die Arbeiterschaft wird eingebunden
Die Betonung des Schweizerischen
Die Mobilmachung
Landesverteidigung und Réduit
Einbindung in die deutsche Kriegswirtschaft
Alltag im Ausnahmezustand
Zensur
Die Flüchtlingspolitik

11. Zwischen den Extremen

Beim Ausbruch des Ersten Weltkriegs erklärte der Bundesrat die Neutralität, wie das bereits im 19. Jahrhundert bei Kriegen zwischen Nachbarstaaten üblich gewesen war. Am 1. August 1914 wurde die Armee zur Sicherung der Landesgrenze mobilisiert, etwa 220 000 Mann. Die Kriegsjahre waren geprägt von politischen Spannungen zwischen den Landesteilen und ihren unterschiedlichen Sympathien für die Kriegführenden, dann von sozialen Konflikten, die im Landesstreik explodierten. Gefordert wurden das Frauenstimmrecht, eine allgemeine Arbeitspflicht, die 48-Stunden-Woche, eine Armeereform, eine Alters- sowie Invalidenversicherung, ein staatliches Aussenhandelsmonopol und eine Vermögenssteuer. Der Einsatz der Armee erzwang den Abbruch des Generalstreiks, doch der kurz davor in einer Volksabstimmung angenommene Übergang vom Mehrheits- zum Proporzwahlrecht änderte die Stärkeverhältnisse gleichwohl nachhaltig. 1919 verlor die FDP 40 ihrer 101 Nationalratssitze, SP und Katholisch-Konservative (KK) erlangten je 41, die erstmals angetretene Bauern-, Gewerbe- und Bürgerpartei (BGB) 28 Sitze.

Der Bürgerblock entstand, nachdem 1919 ein zweiter KK-Politiker und 1929 mit Rudolf Minger der erste BGB-Vertreter und auch der erste Bauer in den Bundesrat gewählt worden waren. Dieser Einbezug machte aus dem Bauernstand den grössten Subventionsempfänger: Vor dem Weltkrieg hatte er noch kaum Bundesgelder erhalten, 1935 dann elf Mal mehr als 1920 und fünf Mal mehr als die Arbeitslosenfürsorge. Zwischen Bauern und Arbeiterschaft bestanden von jeher Differenzen, etwa in der Auffassung über die richtige Höhe der Lebensmittelpreise. Seit dem Landesstreik war das Tuch zerschnitten, weil die Truppen für den Ordnungsdienst vor allem in «zuverlässigen» ländlichen Regionen aufgeboten worden waren. Dort kehrte Verbitterung über die «vaterlandslosen» Streikenden ein, als 3000 Soldaten in diesen kalten Novemberwochen der Spanischen Grippe zum Opfer fielen, die insgesamt rund 25 000 Schweizern das Leben kostete. Umgekehrt lehnte die SP nach Krieg und Landesstreik die Armee ab und befürwortete die Diktatur des Proletariats. Auf der bürgerlichen Seite erfüllte der Kampf gegen «Bolschewismus» und «Weltrevolution» eine ähnliche Funktion wie einst der Kulturkampf: Deutsch- und Welschschweizer Eliten waren wieder vereint und wurden von einer klaren Bevölkerungsmehrheit getragen.

In der Weltwirtschaftskrise wurde diese Basis brüchig, weil der Bundesrat in einem zunehmend protektionistischen internationalen Umfeld an einer harten Währung und in der Konsequenz an einer Deflationspolitik festhielt. Unter dem stabilen hohen Franken litten die exportorientierten Branchen und der Tourismus, während er den Konsumenten ebenso zugutekam wie dem Finanzplatz. Er hatte seit dem Ersten Weltkrieg internationale Bedeutung erlangt, war von den (deutschen) Zahlungsausfällen in der Krise stark betroffen und wurde im Bankengesetz von 1934 auch durch das Bankgeheimnis geschützt. Der Bundesrat wertete den Franken erst am 26. September 1936 ab, nachdem sich die Krise im internationalen Vergleich bereits sehr lange hingezogen hatte.

Das stärkte die politischen Extreme, auch wenn ihr Zulauf in der Krise von Kapitalismus und Parlamentarismus bescheidener blieb als in den meisten europäischen Ländern. Die 1921 gegründete Kommunistische Partei gelangte trotz einigen städtischen Bastionen national nie über zwei Prozent und drei Nationalratssitze hinaus. Auch die rechtsextremen Fronten konnten sich nicht etablieren, obwohl Konservative und Freisinnige, etwa mit der Zürcher Listenverbindung von 1933, anfangs mit ihnen kokettierten. Im Nationalrat brachten es die Fronten während bloss einer Legislaturperiode (1935–1939) auf gerade ein Mandat. Die ganze rechtsextreme Szene blieb ein Feld eitler Ideologen, die ähnliche Feindbilder hatten, aber keinen Führer, den sie als Abhilfe gegen das «korrupte» parlamentarische Parteiensystem eigentlich forderten. Soweit sie Ziele positiv formulierten, kämpften die Fronten für eine korporative Wirtschaftsordnung jenseits von Kapitalismus und Klassenkampf, die eine erneuerte, nationale Volksgemeinschaft ohne «Vaterlandslose» ermöglichen sollte. Solche ständestaatlichen Vorstellungen fanden vor allem unter Katholisch-Konservativen und Bauernvertretern Anklang und selbst unter Liberalen, die des Parteiengezänks in der Krise überdrüssig waren. Führerprinzip und Blut-und-Boden-Politik widersprachen allerdings dem föderalistisch geprägten Herrschaftsanspruch des Schweizer Bürgertums. Zudem bedrohten völkische Vorstellungen ebenso wie der faschistische Anspruch auf die italienischsprachigen Südtäler die territoriale Integrität des Landes. Die Totalrevision der Bundesverfassung nach ständestaatlichen Prinzipien, wie sie die Fronten anregten, scheiterte 1935 in einer Volksabstimmung klar mit bloss 28 Prozent Ja-Stimmen, aber doch drei befürwortenden Standesstimmen in katholisch-konservativen Stammlanden.

Das Selbstverständnis eines historischen Sonderfalls diente zunehmend dazu, das Land aus der wachsenden Zahl von äusseren Spannungsfeldern herauszuhalten. Dadurch ging der Bundesrat zu den parlamentarischen Regierungen im Westen auf eine ähnliche Distanz wie zu den totalitären Nachbarn. Zwar war die Stossrichtung eindeutig, als Bundesrat Obrecht nach der Annexion von Böhmen und Mähren im Frühjahr 1939 erklärte, dass einem Angreifer der Krieg warte. Doch die italienische Eroberung Äthiopiens wurde ebenso eilig anerkannt wie Francos Regierung nach dem Spanischen Bürgerkrieg und der Anschluss Österreichs. Die Rückkehr zur integralen Neutralität im Mai 1938 war eine Absage an den Völkerbund und dessen Boykottpolitik, der sich die Schweiz schon im Abessinienkrieg aus Rücksicht auf Italien verschlossen hatte. Der Zweite Weltkrieg brachte mit der französischen Niederlage im Juni 1940 die Schweiz in die ungewohnte und unbequeme Position, dass sie von nur einer Kriegspartei umgeben war. Selbst die kleine Lücke bei Genf wurde im November 1942 durch die deutsche Besetzung von Vichy-Frankreich vollends geschlossen. Die vor allem an modernen Waffen, so Panzern und Flugzeugen, drastisch unterlegene und moralisch erschütterte Schweiz wäre im Frühsommer 1940 einem Angriff der Wehrmacht von Westen her bald erlegen, zumal die Verteidigungslinie am Rhein errichtet worden war.

Weshalb hat der unberechenbare Hitler, auf den es letztlich alleine ankam, im Juni 1940 die Schweiz nicht erobert? Eine eindeutige Antwort lässt sich nicht geben. Hitler hatte je nach Laune für die Schweiz wie für alle anderen Staaten ebenso verächtliche Bemerkungen wie wohlfeile Garantieerklärungen übrig. Die Erwartung, dass sich dieser «missratene Zweig unseres Volkes» (Hitler) dem triumphierenden Dritten Reich früher oder später freiwillig ergeben werde, drückte das missionarische Selbstbewusstsein der Nazis wohl am ehesten aus. Bis dahin reichte die enge wirtschaftliche Zusammenarbeit mit einem abwehrbereiten, aber ansonsten zahmen Kleinstaat. Es lässt sich kaum einschätzen, ob überhaupt und inwiefern Hitler vom widersprüchlichen Verhalten und von den Motiven der schweizerischen Akteure beeinflusst war. Deren individuelle Wahl zwischen «Anpassung und Widerstand» und die kollektive Entscheidung für «wirtschaftliche Integration ohne politische Partizipation» im neuen Europa – um Formulierungen der späteren Geschichtsschreibung zu zitieren – waren innenpolitisch gleichwohl wichtig und folgenreich, da sie eine insgesamt bemerkenswerte Solidarität über die Grenzen der Kulturen, Klassen und Konfessionen nährten. Allerdings blieb den Schweizern die Nagelprobe des Kriegs erspart, was sie später oft als eigene Leistung ausgeben sollten.

Deutschfreundliche Landesführung

Der Erste Weltkrieg war für die Schweiz eine böse Überraschung. Das Land war international ausserordentlich stark vernetzt, was für eine Exportwirtschaft mit kleinem Binnenmarkt unumgänglich war. Eben noch, 1909, war das Denkmal des Weltpostvereins in Bern 11.1 eingeweiht worden, auf dem Allegorien der Kontinente einen friedlichen Reigen um den Globus tanzten und selbst Motiv vieler Postkarten wurden. Auch die internationalen Unionen für Telegraphie, Eisenbahn und geistiges Eigentum hatten ihren Sitz in Bern, und in Genf fanden sich neben dem IKRK weitere humanitäre und christliche Organisationen.

In der Landesregierung und in der Armee führten 1914 aber nicht die Vermittler, sondern die Freunde von Deutschland und Österreich-Ungarn das Wort: an der Spitze die deutschstämmigen Arthur Hoffmann als Bundespräsident und General Ulrich Wille. Als Hauptvertreter der «Neuen Richtung» hatte Wille die Milizarmee nach preussischem Vorbild zu bedingungsloser Pflichterfüllung drillen lassen. 1912 empfing er 11.2 mit dem ebenso deutschfreundlichen Generalstabschef Theophil Sprecher von Bernegg (links) Kaiser Wilhelm II. (rechts) als Gast bei Manövern in der Ostschweiz.

Wille schlug 1915 vor, dass die Schweiz an deutscher Seite in den Krieg eintreten solle. Davon erfuhr die Presse ebenso wie Anfang 1916 von der Affäre um zwei Generalstabsoberste, die den Mittelmächten Geheimdienstmaterial weitergeleitet hatten. Die Zeitschrift «L'Arbalète» karikierte darauf den Waadtländer Vorsitzenden des Militärdepartements, Camille Decoppet (links), als servilen Diener, 11.3 der zu Wille und Sprecher sagt: «Sie haben mich angeschwindelt, doch das Volk weiss, dass dies Ihre Aufrichtigkeit in keiner Weise in Frage stellt.»
Die Jasskarte im «Nebelspalter» 11.4 illustrierte 1915 den tiefen Graben zwischen der Deutsch- und der Westschweiz. 1917 musste Bundesrat Hoffmann gar zurücktreten, weil er neutralitätswidrig Geheimvermittlungen für einen deutsch-russischen Separatfrieden unterstützt hatte.

Ulrich Wille (Mitte) mit Generalstabschef Theophil Sprecher (links) beim Besuch Willhelms II., Fotografie, 1912   11.2

Die Schweiz, Nebelspalter, 1915   11.4

Denkmal des Weltpostvereins in Bern, 1909 eingeweiht,
Postkarte   11.1

Bundesrat Decoppet (links) mit Wille und Sprecher von Bernegg,
Karikatur im Arbalète, 1916   11.3

Fragile Insel des Friedens

Die Schweizer Truppen wurden vor allem im Jura aufgestellt, nach dem Kriegseintritt Italiens im Frühjahr 1915 auch an der Südgrenze. Da die Fronten im Grabenkrieg erstarrten, richtete sich die Armee in festen Stellungen ein, was das Foto aus dem solothurnischen Dottenberg 11.5 festhielt. In Chiasso bannte ein Armeefotograf eine Infanterietruppe 11.6 ins Bild, die an ihrem berittenen Offizier vorbeimarschiert. Im Manöver 11.7 übten die Soldaten den modernen Krieg im Schützengraben.

Mit geringem Sold leisteten sie durchschnittlich 500 Tage Militärdienst. Die Offiziere, die sich sozial und in ihrem Verhalten stark abhoben, drillten und massregelten ihre Untergebenen. Die Ausrüstung war mangelhaft. Uniformen trafen spät ein: Erst Ende 1916 waren die Soldaten eingekleidet; die erste, noch ungenügende Gasmaske erhielten sie 1917 und den Stahlhelm im letzten Kriegsjahr. Im Aktivdienst starben 4200 Soldaten durch Unfälle und Krankheiten. Die Spanische Grippe forderte bei Kriegsende weitere 3000 Todesopfer.

Aussenhandel und Landesversorgung litten unter den Blockaden und Kontrollen der Kriegführenden. Die Ausfuhren lagen gleichwohl meist deutlich über dem Vorkriegsstand, sodass es in der Industrie und auch im Bauernstand erhebliche Kriegsgewinne gab. Der Bund bewältigte die Verfünffachung seiner Ausgaben durch Steuern, Anleihen und Geldschöpfung, was eine Inflationsrate von bis zu 25 Prozent provozierte. Die Dimensionen der Kriegskosten und die Art der Bezahlung waren durchaus mit jenen der Kriegführenden vergleichbar. Insofern stimmte das Bild der Schweizer Friedensinsel im tosenden Weltenmeer 11.8 nur bedingt, das als Vorlage für eine populäre Postkarte diente.

Infanterietruppe in Chiasso TI, Fotografie von Armeefotograf Buchter, 1915   11.6

Übung im Schützengraben, Jeuss FR, Fotografie von Armeefotograf Buchter, um 1914   11.7

Die Schweiz als Friedensinsel im tosenden Weltenmeer, Postkarte von R. Weiss, 1914   11.8

Soldaten beim Bau eines Schützengrabens, Dottenberg SO,
Fotografie, um 1914   11.5

Der Landesstreik

Unter den Versorgungsengpässen und der Inflation litt vor allem die Arbeiterschaft: Ein Erwerbsersatz für die dienstleistenden Soldaten fehlte; der Sold war gering; die Ersparnisse schmolzen dahin; in nicht kriegswichtigen Betrieben erlitten die Arbeiter massive Lohnkürzungen. Da nicht mehr viel gebaut wurde, stiegen die Mietpreise an, und Wohnungsnot machte sich breit. Bei Kriegsende bezog ein Sechstel der Bevölkerung Notstandsunterstützung, in den grossen Städten war es etwa ein Viertel, das wie hier in Zürich beispielsweise verbilligte Kartoffeln 11.9 erhielt.
Trotz Vollmachten reagierte der Bundesrat erst im Herbst 1917 mit der Rationierung von Grundnahrungsmitteln. Gleichzeitig begannen erste Protestaktionen von notleidenden Arbeitern, und die SP ging auf Distanz zur militärischen Landesverteidigung. Zum Jahrestag der russischen Revolution, am 7. November 1918, befürchtete Wille eine Eskalation der sozialistischen Feiern. Präventiv und demonstrativ liess er Truppen strategisch wichtige Orte besetzen, so die Zugänge zum Zürcher Paradeplatz. 11.10 Am 9. November begann ebenfalls in Zürich ein Proteststreik, den das «Oltner Aktionskomitee» drei Tage später zu einem unbefristeten, landesweiten Generalstreik ausweitete.
Etwa 250 000 Arbeitnehmer folgten dem Aufruf. Der Ausstand verlief insgesamt ruhig. Dennoch wurden bei Zusammenstössen ein Soldat und drei Streikende erschossen, Letztere in Grenchen, wo die abgebildeten Streikposten 11.11 die Geleise im Bahnhof blockieren. Nach einem Ultimatum des Bundesrats wurde der Landesstreik am 14. November abgebrochen. Die Militärjustiz verurteilte 1919 einige Mitglieder des Oltner Aktionskomitees 11.12 zu mehrmonatiger Haft, darunter den späteren Bundesrat Ernst Nobs und den Nationalrat Robert Grimm, mit Mitangeklagten und Anwälten.

Streikposten in Grenchen SO auf Bahngeleise, Fotografie, 1918   11.11

Verteilung von Kartoffeln als Notstandsunterstützung in Zürich, Fotografie, 1917   11.9

Präventiver Truppenaufmarsch in Zürich, Fotografie von Adolf Moser, November 1918   11.10

Die Mitglieder des Oltner Aktionskomitees und ihre Anwälte vor dem Militärgericht (vordere Reihe, 3.v.l: Ernst Nobs; zweitoberste Reihe, Mitte: Robert Grimm, mit Pfeife in der Linken), Fotografie, 1919   11.12

Zwei verfeindete Blöcke

Trotz dem bedingungslosen Streikabbruch war die Linke mit einigen Hauptanliegen schon bald erfolgreich. Das revidierte Fabrikgesetz brachte 1919 die 48-Stunden-Woche. Zwar scheiterten kantonale Vorstösse für das Frauenstimmrecht, 11.13 so 1920 in Zürich. Doch die Proporzwahlen waren nach einer Volksabstimmung kurz vor dem Landesstreik bereits beschlossene Sache. Das bisherige Mehrheitswahlrecht, der Majorz, bevorteilte den Freisinn auch dank der Wahlkreisgeometrie als relativ grösste und breit vertretene Partei, was ein Abstimmungsplakat 11.14 illustrierte. Dagegen kämpften alle anderen Parteien vereint an. Nach den ersten Proporzwahlen hielt der Bürgerblock jedoch die SP vom Bundesrat fern, obwohl sie zeitweise die stärkste Partei war und in städtischen und kantonalen Regierungen mitwirkte.

Der antisozialistische Konsens zeigte sich auch darin, dass die diplomatischen Beziehungen zur Sowjetunion im Gefolge des Landesstreiks wegen der Tätigkeit «bolschewistischer Agenten» abgebrochen wurden. Nicht nur das Abstimmungsplakat des Basler Bürgerblocks 11.15 von 1919 brachte Landesstreik, Revolution und osteuropäische Immigranten als klassenkämpferischen, internationalistischen «Judeo-Bolschewismus» zusammen. Der Ausländeranteil lag nach der Rückwanderungswelle von 1914 nur noch bei zehn Prozent und sank weiter. Gleichwohl stiegen die Angst vor «Überfremdung» und der Druck auf die Einwanderer zur Assimilation an die «schweizerischen Verhältnisse und Anschauungen». Selbst im Kampf gegen die Revolution hielt es aber die Mehrheit nicht für nötig, den Staatsschutz strafrechtlich zu verschärfen: An der Urne scheiterte 1922 und 1934 zweimal eine entsprechende «Lex Häberlin». Wie ihre Befürworter benutzte auch die über die SP hinausreichende Gegnerschaft Tell als Symbol individueller Freiheit 11.16 gegen polizeistaatliche Kontrolle.

Plakat gegen die Lex Häberlin, Carl Scherer, 1934   11.16

Plakat für das Frauenstimmrecht, Dora Hauth-Trachsler, 1920   11.13

Plakat für das Proporzwahlrecht, Melchior Annen, 1918   11.14

Plakat des Basler Bürgerblocks, 1919   11.15

Völkerbund und Wirtschaftskrise

Nach dem Rücktritt des kompromittierten Deutschlandfreunds Hoffmann war der Genfer Liberale Gustave Ador, der Präsident des IKRK, in den Bundesrat eingetreten. Er war ein Anhänger der demokratischen Westmächte und teilte die Ideale des amerikanischen Präsidenten Woodrow Wilson für ein friedliches Nachkriegseuropa. Das Plakat 11.17 präsentierte sie beide als Befürworter des Völkerbunds, der auch dank Ador seinen Sitz in Genf erhielt. Opposition erwuchs vor allem in der Deutschschweiz, wo der Völkerbund als «Werkzeug der Siegermächte» abgetan wurde. Die Idee einer «differenziellen Neutralität» erlaubte der Schweiz, zwischen militärischen und wirtschaftlichen Sanktionen des Völkerbunds zu unterscheiden und nur an Letzteren mitzuwirken. Mit einem knappen Ständemehr wurde der Beitritt zum Völkerbund angenommen, wogegen der Versuch Vorarlbergs, vom notleidenden Österreich zur Eidgenossenschaft überzutreten, an föderalistischen Hindernissen scheiterte.

Die Nachkriegsordnung des Völkerbunds zerbrach daran, dass extremistische Regierungen mit Aufrüstung und aussenpolitischen Aggressionen auf die Weltwirtschaftskrise von 1929 reagierten. Die Krise erreichte die Schweiz erst mit einer gewissen Verspätung, hielt aber umso länger an: 1931/32 brachen die Ausfuhren um zwei Drittel ein. Die einzige Genfer Grossbank wurde liquidiert, und die Schweizerische Volksbank konnte nur mit Hilfe des Bundes gerettet werden. Hans Staub dokumentierte 1933 die besorgten Sparer, 11.18 die ihre Guthaben bei der Hauptfiliale in Zürich abheben wollen. Ebenfalls Staub fotografierte 1931 arbeitslose Uhrmacher, 11.19 die in La Chaux-de-Fonds Kartoffeln empfangen. Sein Kollege Paul Senn lichtete einen Demonstrationszug 11.20 ab, mit dem Arbeitslose in Bern auf ihre Not hinweisen. Ihre Zahl stieg schweizweit von gut 8000 (0,4 Prozent) im Jahr 1929 auf 93 000 (4,8 Prozent) auf dem Höhepunkt der Krise im Jahr 1936.

Kunden vor der Volksbank in Zürich, Fotografie von Hans Staub, 1933   11.18

Arbeitslosenzug in Bern, Fotografie von Paul Senn, Anfang der 1930er-Jahre   11.20

Bundespräsident Gustave Ador und der amerikanische Präsident Woodrow
Wilson als Befürworter des Völkerbunds, 1920   11.17

Arbeitslose Uhrmacher in La Chaux-de-Fonds NE erhalten
Kartoffeln, Fotografie von Hans Staub, 1931   11.19

Faschismen

Obwohl die politischen und gesellschaftlichen Konflikte den demokratischen und parlamentarischen Grundkonsens letztlich nicht sprengten, erlebte auch die Schweiz Momente der Gewalt. Im November 1932 schossen unerfahrene Soldaten in Genf auf einen antifaschistischen Demonstrationszug und töteten 13 Personen. Saalschlachten zwischen den verfeindeten Lagern gab es wiederholt, was sich auch aus den kampffreudigen faschistischen Ideologien ergab. Die Westschweizer Rechtsextremen orientierten sich an der antisemitischen «Action française» und am italienischen Faschismus. Ihre Bewunderung für Mussolini wurde von vielen Bürgerlichen geteilt: 1937 verlieh die Universität Lausanne ihrem einstigen Studenten die Ehrendoktorwürde, was der «Nebelspalter» als Kniefall 11.21 karikierte.

Die Deutschschweizer Fronten imitierten dagegen die Nationalsozialisten, nicht nur in der Ideologie, sondern auch mit rabaukenhaften Auftritten und Umzügen mit Fahnen. 11.22 Gefährlicher als die lauten, aber zersplitterten Fronten waren die Auslandorganisationen der NSDAP, welche die in der Schweiz wohnhaften Deutschen mehr oder weniger freiwillig einbanden. Bis in die Kriegsjahre hinein eroberten ihre Symbole bei Erntedankfeiern, Sportfesten 11.23 und anderen Anlässen öffentliche Räume. Als ein jüdischer Student 1936 in Davos Wilhelm Gustloff erschoss, den Führer der Landesgruppe Schweiz der NSDAP, klagten deutsche Medien über die «Mitschuld der Schweizer Hetzpresse». Die antisemitische Karikatur des SS-Blattes «Schwarzes Korps» 11.24 geisselte das Verbot, das der Bundesrat gegen NS-Landes- und Kreisleitungen aussprach, nachdem die Affäre Gustloff deren subversive Tätigkeit an den Tag gebracht hatte. Dauerhaft unterbinden liess sich diese allerdings nicht. Fortan operierten sie von der deutschen Botschaft in Bern aus.

Verleihung der Ehrendoktorwürde der Universität Lausanne an Benito Mussolini, Karikatur im Nebelspalter, 1937   11.21

Bundesrätliches Verbot von NS-Organisationen, Karikatur im SS-Blatt «Das Schwarze Korps»   11.24

Aufmarsch der Fronten im Grauholz bei Bern,
Fotografie, 1937   11.22

Sportfest der Auslandorganisation der NSDAP, Förrlibuck-Anlage
in Zürich, Fotografie, 1941   11.23

Die Arbeiterschaft wird eingebunden

Das Wirken Mussolinis, Hitlers und Stalins und ihrer Schweizer Schüler förderte ein Umdenken in den politischen Lagern. Die Sozialdemokraten, deren ausländische Genossen in Gefängnissen schmorten, befürworteten wieder die bewaffnete Landesverteidigung. Die Bürgerlichen begriffen, dass das faschistische Führerprinzip nicht nur dem Bolschewismus den Garaus machen würde, sondern auch einer demokratischen, föderalistischen, mehrsprachigen und kapitalistischen Schweiz. Wie sich die Fronten eine neue Ordnung vorstellten, zeigten die Initiativen für eine Totalrevision der Bundesverfassung (1935) und für ein Freimaurerverbot (1937). Das Plakat der Befürworter 11.25 griff eine angeblich reiche Geheimmacht an, die seit dem 18. Jahrhundert Verschwörungstheoretiker beschäftigte – nicht zuletzt in der römischen Kirche, weswegen Freiburg als einziger Stand die Initiative annahm. Die Gegner deuteten auf einem konzeptionell ähnlichen Plakat 11.26 die Initiative als Angriff auf die liberalen Freiheitsrechte. Beide Lager beanspruchten Tell und die nationale Tradition ebenso für sich wie 1935 die bürgerlichen Gegner der «staatssozialistischen» Kriseninitiative. 11.27 Obwohl die Vorlage scheiterte, vereinte ihre Trägerschaft bisher verfeindete Gruppen: die Gewerkschaften, die Angestelltenverbände und die Bauernheimatbewegung. Sie begründeten die «Richtlinienbewegung», der sich die Demokratische Partei und die SP anschlossen. Diese Allianz für eine keynesianische Interventionspolitik konnte sich zwar politisch nicht durchsetzen. Aber sie signalisierte, dass die Sozialdemokratie auf den Klassenkampf verzichtet hatte. Sie wurde zusehends politisch eingebunden: im Bundesparlament vor allem über Absprachen bei Finanzbeschlüssen, die Gewerkschaften durch das «Friedensabkommen» mit den Unternehmern in der Metall- und Uhrenindustrie (1937). Sozialpartnerschaft ohne staatliche Beteiligung überwand die Klassengegensätze so, dass die Verbände die Wirtschaft gemeinsam regulierten, im kommenden Krieg ebenso wie in den Jahrzehnten danach. Der «Nebelspalter» illustrierte diesen korporativen Kapitalismus 1938 als neubelebte Kappeler Milchsuppe 11.28 in Analogie zur Besinnung auf überkonfessionelle Gemeinsamkeiten von 1529.

Plakat der Fronten für ein Freimaurerverbot, Noël Fontanet, 1937   11.25

Plakat gegen die Fronteninitiative für ein Freimaurerverbot, rätoromanische Version, Hugo Laubi, 1937   11.26

Plakat gegen die Kriseninitiative,
Charles L'Eplattenier, 1935   11.27

Die wiederbelebte Kappeler Milchsuppe,
Karikatur im Nebelspalter, 1938   11.28

Die Betonung des Schweizerischen

In der Bedrohung schlossen sich Parteien und Bevölkerung in der Abwehr dessen zusammen, was als «unschweizerisch» und als Gefahr für die Unabhängigkeit und Neutralität des Landes galt. Da die positive Definition des Schweizerischen schwieriger war, wurde die «Geistige Landesverteidigung» so vielfältig wie ihre Träger. Koordinator war der Vorsteher des Departementes des Innern, der Zuger Katholisch-Konservative Philipp Etter, selbst ein Anhänger einer «autoritären Demokratie». Er appellierte ebenso an die «bündische Gemeinschaft» und die geistige – statt «rassische» – Einheit über drei Kulturräume hinweg wie an die «Ehrfurcht vor der Würde und Freiheit des Menschen». Auch wenn das Bemühen um eine Volksgemeinschaft zeitgemäss war, so überliess der Bundesstaat ihre Gestaltung bezeichnenderweise zivilen Trägern. In einem föderalistischen Land ohne gemeinsame Kulturpolitik war 1939 die Gründung der vom Bund finanzierten, aber selbständigen Stiftung «Pro Helvetia» ebenso ein Signal wie 1938 die Anerkennung des Rätoromanischen als vierte Landessprache. Einen Höhepunkt des Gemeinschaftsgefühls und einen enormen Publikumserfolg bildete die Landesausstellung («Landi») von 1939 in Zürich. Sie führte nationale Vielfalt vor, etwa mit dem Höhenweg unter den Gemeindefahnen 11.29 und mit nachgebauten Bauernhäusern. Diese illustrierten die verbreitete Devise «Schweizerart ist Bauernart» ebenso wie der Trachtenhof. 11.30
Auch das neue Medium Film verbreitete etwa mit «Füsilier Wipf» (1939), «Landammann Stauffacher» (1941) oder «Gilberte de Courgenay» (1941) 11.31 das Ideal einer gefährdeten, aber intakten Welt, die sich opferbereit auswärtigen Bedrohungen stellt. Das Theater und vor allem die Kleinkunst erlebten gleichzeitig eine Blüte. Auf dem Foto von 1938 sind die Mitglieder des Zürcher Cabarets Cornichon zu sehen. 11.32 Das in Mundart gesprochene und zweideutige Wort musste weniger Rücksichten auf die bedrohlichen Nachbarn nehmen als die Presse und die Politiker.

Das Zürcher Cabaret Cornichon mit dem Programm «Langi Leitig», v.l.n.r. Ludwig Donath, Zarli Carigiet, Alfred Rasser und Karl Meier, Fotografie, 1938   11.32

Der Trachtenhof an der Landesausstellung, Fotografie von Jean Gabarell, 1939   11.30

Szene aus dem Film «Gilberte de Courgenay»
von Franz Schnyder, 1941   11.31

Der Höhenweg mit den Gemeindefahnen an der Landesausstellung
in Zürich, Fotografie von Robert Spreng, 1939   11.29

Die Mobilmachung

Am 1. September 1939 erging die Generalmobilmachung an 430 000 Mann der Kampftruppen und 200 000 Hilfsdienstpflichtige. Paul Senn erfasste den Moment des Abschieds 11.33 am Tag danach auf dem Berner Viktoriaplatz. Auf der anderen Seite der Kornhausbrücke hatte die vereinigte Bundesversammlung am 31. August den General gewählt. Die Aufnahme zeigt Henri Guisan 11.34 gleich nach der Vereidigung, umgeben von Bundespräsident Philipp Etter (links), den Bundesräten Marcel Pilet-Golaz, Rudolf Minger (hinter dem salutierenden Arm), Giuseppe Motta und Johannes Baumann. Der Waadtländer Guisan bewunderte zwar Mussolini, bürgte aber für den militärischen Widerstand gegen das Dritte Reich. Da die Gefahr bestand, dass die Wehrmacht die französischen Linien südlich, durch die Schweiz, umgehen würde, nahm Guisan 1939 geheime Kontakte mit dem französischen Generalstab auf. Er konnte eine gegen ihn opponierende Gruppe deutschfreundlicher Offiziere in mehreren Schritten ausschalten. Der umgängliche General fand den Kontakt zur Arbeiterschaft und als Landwirt zu den Bauern. Weit über den Krieg hinaus verkörperte er den Geist der «Aktivdienstgeneration». Diese Schicksalsgemeinschaft, wie sie sich im Rückblick definierte, umfasste auch die Frauen, die «ihren Mann standen» – nicht nur im mehrmonatigen militärischen «Frauenhilfsdienst», den jährlich rund 20 000 Schweizerinnen leisteten. Wenn Guisan im Rückblick den «Widerstand» verkörpern sollte, der Bundesrat und namentlich Aussenminister Pilet-Golaz hingegen die «Anpassung», so lag das neben einer geschickten Selbstinszenierung vor allem am Rütli-Rapport. Die Schweizer wurden durch die französische Niederlage 1940 überrumpelt. Aufnahmen von Zivilisten, die aus Grenzregionen in das Landesinnere flohen, 11.35 unterstanden der Zensur, um den Wehrgeist nicht zu schwächen. Pilet-Golaz forderte in einer umstrittenen Rede «Anpassung an die neuen Verhältnisse [...] ausserhalb veralteter Formen». Als Signal zur Eigenständigkeit erschien dagegen die Ankündigung des Réduits, die Guisan einen Monat danach seinen hohen Offizieren auf der symbolträchtigen Rütli-Wiese 11.36 machte.

Zivilisten fliehen von Basel ins Landesinnere, Fotografie, Mai 1940   11.35

Henri Guisan nach der Vereidigung als General, Fotografie, 31. August 1939   11.34

Abschied beim Einrücken in den Aktivdienst,
Fotografie von Paul Senn, 1939   11.33

Der Rütli-Rapport von General Guisan am 25. Juli 1940,
Fotografie von Theo Frey   11.36

Landesverteidigung und Réduit

Die Grundidee des Réduits bestand darin, dass die Hauptstreitmacht in den Alpenraum zurückgezogen wurde. Damit verlor auch die entblösste Flanke gegen das besetzte Frankreich an Bedeutung. Faktisch gewährleistete die Schweiz dank den SBB einen effizienten Alpentransit zwischen den Achsenmächten; bei einem Angriff hätte das Réduit die Verbindungen dauerhaft unterbrochen. Dank den geringeren Truppenbeständen im Réduit konnten viele Soldaten entlassen werden und zur Arbeit zurückkehren. Trotz deutschen Protesten liess die Schweiz aber ihre Truppen mobilisiert und hielt die militärische Grenzwache aufrecht, auf Hans Staubs Bild von 1940 11.37 an der Bahnlinie Porrentruy–Delle–Belfort. Dank einem Ablösungsdienst standen ab Sommer 1941 jeweils etwa 70 000 Soldaten gleichzeitig unter Waffen. Im Durchschnitt leisteten die Soldaten bis 1945 600 Tage Aktivdienst, viele um die 1000. Insofern traf Fritz Läuffers Bild «Tausend Tage Aktivdienst» 11.38 vom Juni 1942 nicht nur auf das Land zu, sondern auch auf viele persönliche Biografien.

Kriegseinsätze hatten vor allem die Fliegertruppen. Während des Westfeldzugs verteidigten sie den Schweizer Luftraum mit etlichen Opfern auf beiden Seiten gegen deutsche Verletzungen der Neutralität. Um keinen Krieg zu provozieren, verbot Guisan solche Einsätze. Nach deutschen Pressionen wurden nachts auch keine Radiosendungen ausgestrahlt und die Verdunkelung angeordnet, damit sich die alliierten Bomber nicht am Schweizer Territorium orientieren konnten. Gegen Kriegsende wurden hingegen im Namen der Neutralität einige alliierte Maschinen abgeschossen, und Dutzende gingen auf Schweizer Boden nieder, wie der abgebildete B-17-Bomber 11.39 nach einer Notlandung in Utzensdorf. Ein versehentliches amerikanisches Bombardement des rechtsrheinischen Schaffhausen 11.40 kostete am 1. April 1944 vierzig Menschen das Leben.

Grenzwache an der Bahnlinie Porrentruy–Delle–Belfort, Fotografie von Hans Staub, 1940   11.37

1000 Tage Aktivdienst, Fotografie von Fritz Läuffer, Juni 1942   11.38

Notlandung eines amerikanischen B-17-Bombers
bei Utzensdorf BE, Fotografie, 1945   11.39

Amerikanische Bombardierung von Schaffhausen,
Fotografie, April 1944   11.40

Einbindung in die deutsche Kriegswirtschaft

Die vom späteren Bundesrat Friedrich Traugott Wahlen organisierte «Anbauschlacht» sollte als Erinnerung gerade bei Städtern lange nachwirken: So wurde der Parc de la Grange mitten in Genf umgepflügt. 11.41 Die Anbaufläche für Getreide wurde im Krieg beinahe verdoppelt, die Selbstversorgung von 52 auf 59 Prozent erhöht. Damit blieben aber Einfuhren unabdingbar. Um Deutschland als Lieferanten der benötigten Rohstoffe (Kohle, Eisen, Brennstoffe, Saatgut) bei Laune zu halten und die Beschäftigungslage in der Exportindustrie zu sichern, sagte der Bund in Wirtschaftsabkommen 1940/41 dem Dritten Reich Kredite zu, die sich bei Kriegsende auf über 1,1 Milliarden Franken summiert hatten. Sie stellten im engen Spielraum zwischen alliierter Blockade und deutscher Gegenblockade eine aussenpolitisch wohl alternativlose Einbindung in die deutsche Kriegswirtschaft dar. Diese «Clearing-Milliarde» verstiess aber gegen das Neutralitätsrecht, denn der Bund finanzierte damit private Lieferungen von Kriegsmaterial an die Achsenmächte. Dasselbe galt für diejenigen Lieferungen von Rüstungsgütern, die aus bundeseigenen Produktionsstätten stammten. Georges Tièche fotografierte Frauen bei der Arbeit in einer staatlichen Munitionsfabrik. 11.42 Private Waffenlieferungen an die Achsenmächte, die in den betroffenen Industrien etwa die halbe Produktion ausmachten, waren hingegen neutralitätsrechtlich zulässig. Das Foto von 1941 11.43 zeigt eine deutsche Kommission, die bei Oerlikon-Bührle 20-mm-Fliegerabwehrgeschütze abnimmt. Dank den Lieferungen von Waffen, Munition, Werkzeugmaschinen, Elektromotoren und Präzisionsinstrumenten sowie dem Verrechnungsverkehr hatte die Schweiz eine positive Handelsbilanz mit Deutschland. Zusammen mit Italien erwarb Deutschland zehnmal mehr kriegsrelevantes Material als die Alliierten. Schweizer Firmen unterhielten auch Tochtergesellschaften in Deutschland, so Georg Fischer und Maggi 11.44 im grenznahen Singen. Ihre Produktion war nicht nur völlig auf die deutschen Kriegsbedürfnisse ausgerichtet, sondern beschäftigte auch Zwangsarbeiter aus dem Osten.

Anbauschlacht im Parc de la Grange, Genf, Fotografie von Gilbert Meylan, 1941   11.41

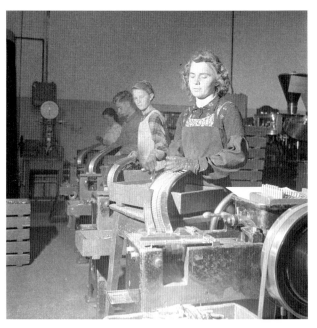

Frauen in einer Munitionsfabrik, Fotografie von Georges Tièche, ca. 1941   11.42

Deutsche Abnahmekommission bei Oerlikon-Bührle,
Fotografie, 1941   11.43

Die Maggi-Fabrik im grenznahen Singen während
der NS-Zeit, Fotografie, um 1943   11.44

Alltag im Ausnahmezustand

Für das Dritte Reich war der Schweizer Finanzplatz wohl wichtiger als die Industrie. Die Nationalbank (SNB) kaufte der Reichsbank Gold im Wert von insgesamt 1,2 Milliarden Franken ab. Deutschland erwarb damit Rohstoffe von nichtkriegführenden Ländern. Das Problem lag nicht beim Verkauf von Franken, der bei einer konvertiblen, also international frei handelbaren Währung geboten war. Doch die Nationalbankdirektoren nahmen wissentlich und bis zum Kriegsende Gold entgegen, das Deutschland der belgischen und der niederländischen Zentralbank gestohlen hatte. Unbekannt blieb dagegen, dass sogar Gold aus Konzentrationslagern in die gelieferten Barren eingeschmolzen worden war. Die Konvertibilität des Frankens als Voraussetzung der Geldwertstabilität und eines möglichst wenig eingeschränkten Aussenhandels zählten zu den Massnahmen, mit denen der Bundesrat die Fehler des Ersten Weltkriegs verhindern wollte. Für die Dienstleistenden wurde Ende 1939 die Lohn- und Verdienstersatzordnung eingeführt. Die «Kriegssteuer», die der Bund seit 1914 fast ununterbrochen als ausserordentliche Steuer erhob, wurde Normalität, erhielt aber erst 1984 den wahren Namen «Direkte Bundessteuer». Die Warenumsatzsteuer (1941) und die Verrechnungssteuer (1943) sollten ebenfalls über den Krieg hinaus Bestand haben. Auch die Versorgung war 1939 besser vorbereitet als 1914: Die Rationierung begann noch vor Kriegsausbruch bei Getreideprodukten, Fetten und Ölen; andere Lebensmittel folgten, so 1942 Fleisch, Brot und Milch. Zum Einkaufen gehörten die Lebensmittelmarken, 11.45 wie die Aufnahme von 1944 zeigt. Hans Staub bannte 1940 ein Auto ins Bild, das wegen der Benzinrationierung nur noch mit einer Pferdestärke 11.46 fuhr.
Wegen des Aktivdiensts sprangen Frauen in vielen Wirtschaftsbetrieben ein, nicht zuletzt in der Landwirtschaft. 11.47 Die Abwesenheit der dienstleistenden Männer und der Reiz des Fremden kamen zusammen, wenn Neuenburgerinnen mit französischen Soldaten flirteten, 11.48 die nach dem Grenzübertritt 1940 interniert wurden.

Transport mit einer Pferdestärke, Fotografie von Hans Staub, 1940   11.46

Frau mit Pfluggespann, Fotografie von Paul Senn, 1939   11.47

Einkauf mit Lebensmittelmarken,
Fotografie, 1944   11.45

Internierte französische Soldaten, Neuenburg,
Fotografie, 1940   11.48

Zensur

Die Zensur verbot die Veröffentlichung der Bilder, die Schweizerinnen zusammen mit internierten ausländischen Soldaten (oben, 11.48) zeigten. Sie sollten die Moral der eigenen Truppen nicht beeinträchtigen, die weniger unbeschwert im Einsatz standen. Über die Veröffentlichungen wachte die militärische «Abteilung Presse und Funkspruch». Sie praktizierte nicht die von Guisan gewünschte Vorzensur, sondern nach bundesrätlichem Willen die weniger aufwendige Nachzensur. Das beliess die Verantwortung für beanstandete Formulierungen den privaten Redaktionen, nicht den staatlichen Organen. Eine Verpflichtung der Presse auf «Gesinnungsneutralität» unterblieb ebenso wie die Ausschaltung der nazifeindlichen bürgerlichen Presse, wie sie die deutsche Botschaft («Aktion Trump») und die deutschfreundliche «Eingabe der Zweihundert» 1940 versuchten.

Da die meisten Journalisten in der aussenpolitischen Kommentierung eine vorsichtige Wortwahl betrieben, waren Zensurmassnahmen wenig einschneidend. Carl Böckli (Bö.), der langjährige Redaktor des Nebelspalters, verriet augenzwinkernd sein Frühturnrezept: 11.49 «Man nimmt einen Stuhl und hockt uf's Mul!» Böckli hatte sich in den 1930er-Jahren nie gescheut, die Nazis und Fröntler spottend blosszustellen. Die Karikatur vom August 1941 traf jedoch den Meineidgenossen Judas Ischariot: 11.50 Der Jude erschien als unzuverlässiger und geldgieriger Pseudoschweizer. Der Kampf gegen das «Unschweizerische» galt nicht nur den Fünften Kolonnen von Berlin, Rom und Moskau.

Ein Jahr später zeichnete Böckli den neuen Schweizergruss 11.51 – kein erhobener Arm wie bei den Nazis, sondern der zur Wegweisung gesenkte. Hintergrund der Karikatur war die Verschärfung der Flüchtlingspolitik zu dem Zeitpunkt, als die systematische Ermordung der Juden einsetzte. Der schweizerische Konsul in Köln schickte dem Geheimdienst im Mai 1942 Fotos wie das abgedruckte 11.52 mit erstickten Juden vor Bahnwaggons. Veröffentlicht oder den Westmächten weitergereicht wurden die als geheim klassifizierten ersten Nachrichten über den Völkermord nicht.

Frühturnrezept für Redaktoren, Karikatur von Carl Böckli, Nebelspalter, 1939   11.49

Judas Ischariot geht um, habt Acht,
nicht als ein Fremder, in der biedern Tracht
des Landes schleicht er um im Düstern,
nach dreißig blanken Silberlingen lüstern,
um 's freche Maul den schlechtverhehlten Spott.
Meineidgenoß Judas Ischariot!

Judas Ischariot, Karikatur von Carl Böckli im
Nebelspalter, August 1941   11.50

Der neue Schweizergruss, Karikatur von Carl Böckli,
Nebelspalter, 1942   11.51

Fotografie von erstickten Juden vor einem Bahnwaggon an der
russischen Front, Zusendung von Konsul Franz-Rudolf von Weiss
an Geheimdienstchef Roger Masson, Mai 1942   11.52

Die Flüchtlingspolitik

Nach dem Anschluss Österreichs wurde im Herbst 1938 auf Anregung von Schweizer Diplomaten der J-Stempel 11.53 in deutschen Pässen eingeführt. Das J ermöglichte, einreisende Juden sofort als solche zu erkennen. Während des Kriegs fanden insgesamt rund 300 000 Flüchtlinge zumeist vorübergehend Aufnahme, darunter gut 100 000 internierte Soldaten, 60 000 nichtjüdische Kinder für dreimonatige Erholungsaufenthalte und rund 66 000 Zivilisten, die vor Kriegshandlungen im nahen Grenzland flohen, wie hier auf den Bildern von St. Margrethen 11.54 und 11.55 im Mai 1945. Eigentliche Zivilflüchtlinge wurden gut 51 000 verzeichnet, davon 21 000 jüdischer Herkunft, zu denen rund 5000 jüdische «Emigranten» aus den Jahren 1933 bis 1939 kamen. Nachweislich wurden über 24 000 jüdische Flüchtlinge an der Grenze wieder abgewiesen, mindestens 10 000 Visumsanträge abgelehnt. Die meisten Abgewiesenen starben in den Konzentrationslagern, zumal wenn die schweizerischen Grenzwachen sie direkt den deutschen Soldaten übergaben, was auch vorkam.

Die eigentliche Grenzschliessung wurde am 13. August 1942 mit der Weisung erlassen: «Flüchtlinge nur aus Rassegründen, zum Beispiel Juden, gelten nicht als politische Flüchtlinge.» Trotz Widerspruch in der einschlägigen Nationalratsdebatte hielt der Bundesrat mit der Parlamentsmehrheit bis Ende 1943 an der strikten Flüchtlingspolitik fest. Erst ab Juli 1944, als die europäische Judenschaft bereits weitgehend vernichtet war, wurden «alle an Leib und Leben gefährdeten Zivilpersonen» aufgenommen. In dieser Zeit entstand das ebenfalls zensierte Bild, das Flüchtlinge aus dem Val d'Ossola 11.56 beim Grenzübertritt zeigt. Die Rettung von Juden war nicht Sache der Nation oder des Staats, sondern privater Hilfswerke oder einzelner Fluchthelfer, die oft illegal handeln mussten. Anders als der Schwede Raoul Wallenberg mussten Paul Grüninger, Carl Lutz oder Louis Haefliger lange auf die Würdigung durch ihre Mitbürger warten, wenn sie nicht gar wegen «Eigenmächtigkeit» die Stelle verloren.

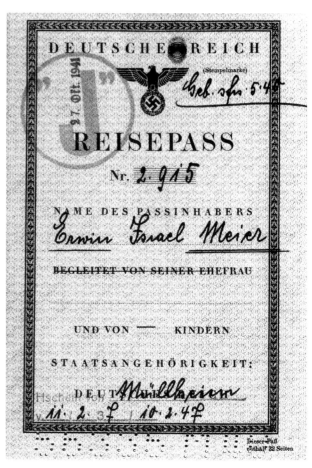

J-Stempel in einem deutschen Pass, nach 1938   11.53

Flüchtlingsunterkunft in St. Margrethen SG, Fotografie von Hans Staub, Mai 1945   11.54

Grenzübertritt von Flüchtlingen aus dem Val d'Ossola,
Fotografie, 1944   11.56

Flüchtlinge vor der Grenzschranke in St. Margrethen SG,
Fotografie von Werner Bischof, Mai 1945   11.55

Unvollständige Rechenschaft
Der Weg zur «Zauberformel»
Armee- und Verteidigungsdebatten
Die Nachkriegswirtschaft
Die Agglomeration entsteht
Die Vergnügungen der Freizeitgesellschaft
Fremdarbeiter für die Schweizer Wirtschaft
Die Jugend fordert Freiräume
Die Einführung des Frauenstimmrechts
Die Wirtschaftskrise und ihre Folgen
Der Kanton Jura
Wachsendes ökologisches Bewusstsein
Die Suche nach Alternativkulturen
Frauenrechte und Gleichstellung
Beharren auf dem Sonderfall

12. Konkordanz im Kalten Krieg

Ende 1943 wählte die vereinigte Bundesversammlung mit dem Zürcher Stadtpräsidenten Ernst Nobs erstmals einen Sozialdemokraten in den Bundesrat. Dass er gewählt wurde, obwohl er 1919 als Mitglied des «Oltener Aktionskomitees» zu vier Wochen Gefängnis verurteilt worden war, machte deutlich, dass die ausländische Bedrohung die Wunden des Landesstreiks hatte vernarben lassen. Nicht minder symbolträchtig war der Rücktritt von Aussenminister Pilet-Golaz Ende 1944. Die Aufnahme diplomatischer Beziehungen zur Sowjetunion war daran gescheitert, dass Stalin ihn als Faschistenfreund ansah. Trotz einigen offenen Rechnungen gerade im bürgerlichen Lager unterblieb ansonsten die von manchen geforderte Säuberungswelle. Gerichtliche Strafen gab es höchstens für eigentliche Landesverräter, derer 13 im Krieg wegen Spionage hingerichtet worden waren; ebenso, wegen unerlaubter fremder Dienste, für die rund 500 überlebenden Freiwilligen der Waffen-SS.

Der Nachfolger von Pilet-Golaz als Aussenminister, der freisinnige Neuenburger Max Petitpierre, band die Schweiz wieder in die Völkerwelt ein: Neutralität sollte durch Solidarität und Universalität ergänzt werden. Konkret bedeutete dies diplomatische «Gute Dienste», etwa im Koreakonflikt, und humanitäres Wirken, gerade in den kriegsversehrten Nachbarstaaten. Der Kalte Krieg ab 1946 hatte für die Schweiz Vorteile. Als respektable kapitalistische Demokratie gewann sie bald wieder Wertschätzung im westlichen Lager, auch wenn der neutrale Staat dessen politischen Organisationen (Nordatlantikpakt NATO, Europäische Wirtschaftsgemeinschaft EWG) nicht angehören wollte. Dagegen beteiligte die Schweiz sich an wirtschaftlichen Organisationen wie der Organisation für Europäische Wirtschaftliche Zusammenarbeit OECD und später dem Allgemeinen Zoll- und Handelsabkommen GATT/WTO, was den innenpolitisch umstrittenen «Osthandel» mit kommunistischen Ländern nicht ausschloss. Die brutale Gleichschaltung der osteuropäischen Staaten einte die Schweizer, die SP mit ihrem Bekenntnis zur sozialen Marktwirtschaft eingeschlossen, gleichzeitig in einem tief sitzenden und nachhaltigen Antikommunismus.

Der Wettbewerbsvorteil der Schweiz nach 1945 lag insgesamt nicht in erheblichen Kriegsgewinnen, die es in der Industrie und in der Landwirtschaft durchaus gab, sondern im unversehrten Produktionsstandort und in stabilen politischen Strukturen im Herzen eines zerstörten und moralisch erschütterten Kontinents. Die Konkordanz wurde ab 1959 durch die Zauberformel in der Landesregierung verstärkt: Die SP als wählerstärkste Partei stellte erstmals zwei Bundesräte, die FDP und die Katholisch-Konservativen ebenso, die BGB einen. Neben den ausgegrenzten maximal fünf kommunistischen Nationalräten war der vom Migros-Chef Gottlieb Duttweiler geschaffene Landesring der Unabhängigen (LdU) die einzige Oppositionsbewegung. 1967 erreichte der LdU, der vor allem für Konsumenteninteressen und gegen Kartelle antrat, sein bestes Resultat mit 9,1 Prozent Wähleranteil, 16 Nationalräten und einem Ständerat.

Von jeher war die äussere Bedrohung der Motor des Staatsausbaus. Die Landesverteidigung beanspruchte bis in die 1960er-Jahre ein Drittel der Bundesausgaben. Zusehends wichtiger wurden nun aber die innere Infrastruktur und Umverteilung, insbesondere der Verkehr und die soziale Wohlfahrt, gefolgt von Landwirtschaft und Bildung. Bei alledem blieb die Steuerbelastung im internationalen Vergleich anhaltend tief, bis die Hochkonjunktur der Nachkriegsjahrzehnte in den 1970er-Jahren mit Inflationsraten von bis zu zehn Prozent endete. Der Zusammenbruch des Dollars und der Übergang zu flexiblen Wechselkursen werteten den Franken 1973 schlagartig auf, was die Exportindustrie ebenso erschütterte wie die Vervierfachung des Ölpreises nach dem Jom-Kippur-Krieg 1973. Das Wachstum blieb danach bis Mitte der 1980er-Jahre bei 0,7 Prozent pro Jahr, fünfmal kleiner als der Schnitt der übrigen westlichen Industrieländer. Sie holten einen Teil des Vorsprungs auf, mit dem die Schweiz dank damals intakten, inzwischen allerdings veralteten Produktionsstrukturen in die Nachkriegsjahre gegangen war.

Die Krisenjahre prägten auch die Bevölkerungsentwicklung. Seit 1937 war die Geburtenrate stark angestiegen, und der Baby-Boom hielt bis Mitte der 1960er-Jahre an. Verstärkt durch die Einwanderung, stieg die Einwohnerzahl entsprechend sprunghaft von 4,3 (1940) auf 6,3 Millionen (1970) an. In den 1970er-Jahren blieb diese Zahl stabil: Der «Pillenknick» schlug durch, und wegen der Krise kehrten viele entlassene Ausländer in ihre Heimat zurück.

Auch in politischer Hinsicht waren die Jahre um 1970 eine Zeit des krisenhaften Umbruchs. Die Zahl der Wahlberechtigten verdoppelte sich, als das Frauenstimmrecht 1971 angenommen wurde. In der Schweiz hielten sich die klaren Rollenverteilungen länger als im übrigen Europa. So galt die Berufstätigkeit idealerweise als dem Mann vorbehalten. Da das Bürger- und Wahlrecht von der Wehrfähigkeit hergeleitet wurden, verzögerten die Weltkriege die Emanzipation der Frauen. Im Unterschied zu anderen Ländern wurde das Idealbild des männerbündischen Militärdiensts nicht durch Niederlagen und Verbrechen erschüttert. Kriegsopfer, deren Aufgaben und Leitungsfunktionen die Frauen hätten übernehmen müssen, gab es keine. Auch die direkte Demokratie war der politischen Gleichberechtigung nicht förderlich, denn die betroffenen Männer mussten einem eigenen relativen Verlust an politischem Einfluss selbst zustimmen. Unruhe in die Konkordanzdemokratie brachten in den späten 1960er-Jahren von rechts die Überfremdungsinitiativen und ihre Trägerin, die Nationale Aktion als erste monothematische Partei. Auf der linken Seite fand die 68er-Bewegung nur zum Teil und vorübergehend eine feste Form als Progressive Organisationen der Schweiz (POCH). Viele Aktivisten schlossen sich der Sozialdemokratie an, langfristig wanderten einige Akteure der Studentenunruhen auch ins liberale Lager. In der SP verursachten die Neomarxisten erhebliche Spannungen mit dem gewerkschaftlichen Flügel, die in den 1980er-Jahren zu Parteiaustritten und Abspaltungen führten. Während die SP sich so von der antikommunistischen, verbürgerlichten Aufsteigerschicht aus der Arbeiterschaft entfremdete, gewann sie vor allem bei den «neuen sozialen Bewegungen»: neben der Frauenbewegung die Betroffenen der Wirtschaftskrise, Jugendliche, Homosexuelle, Ausländer, Ökologie- und Dritte-Welt-Gruppen. In den 1980er-Jahren entstand zudem eine eigenständige Grüne Partei mit sowohl linken Aktivisten der 68er-Bewegung als auch bürgerlichen Wurzeln im Natur- und Heimatschutz.

Ruhiger, aber durchaus folgenreich verlief die Umgestaltung im bürgerlichen Lager. Die BGB fusionierte 1971 mit den Resten der Demokratischen Partei in Glarus und Graubünden, woraus die Schweizerische Volkspartei (SVP) entstand. Ein Jahr zuvor positionierten sich die Katholisch-Konservativen neu als Christlichdemokratische Volkspartei (CVP), die konfessionsübergreifend traditionelle (Familien-)Werte mit einer fortschrittlicheren Sozialpolitik verbinden wollte. Als neue Mittepartei vernachlässigte die CVP zusehends ihren konservativen Flügel, zumal sie nach der Abschaffung der konfessionellen Ausnahmeartikel (1973) die letzten Vorbehalte gegen den liberalen Staat von 1848 ablegte.

Die Schweiz heute

Unvollständige Rechenschaft

Der «Nebelspalter» illustrierte die Situation im Oktober 1945: 12.1 Die Schweiz war wegen ihrer Neutralitätspolitik isoliert, die vor allem die Achse begünstigt hatte; und nun stand dieselbe Neutralität einem Beitritt der Schweiz zur UNO im Weg. Die westlichen Alliierten drängten schon länger darauf, dass die Finanzinstitute ihre problematischen Transaktionen mit dem Dritten Reich offenlegten; das reflektierte im Dezember 1945 erneut der «Nebelspalter». 12.2 Im Mai 1946 musste die Schweiz in das Washingtoner Abkommen einwilligen und den betroffenen Zentralbanken 250 Millionen Franken Entschädigung für das angekaufte Raubgold im Wert von über einer Milliarde Franken bezahlen. Im Unterschied zu den Verhandlungsdelegationen war der schweizerischen Öffentlichkeit nicht bewusst, dass das SNB-Direktorium Hehlerei betrieben hatte.

Werner Bischof fotografierte in Zürich das Plakat für die Gesellschaft Schweiz-Sowjetunion, 12.3 das Hans Erni – ein prominenter Künstler der «Landi» – Ende 1944 gestaltet hatte, um für die Aufnahme von diplomatischen Beziehungen zu werben. Im Februar 1945 verbot der Bundesrat vorübergehend den Aushang des Plakats, weil solche «Propaganda für eine kriegsführende Macht […] aus Gründen der Neutralität unzulässig» sei. Nachlässiger behandelte die Regierung bürgerliche Akteure, die sich für bestmögliche Beziehungen zu Nazideutschland so eingesetzt hatten, wie der Botschafter in Berlin, Hans Frölicher, oder der Divisionär und Nationalrat Eugen Bircher. Die Forderung linker Demonstranten 12.4 verfing nicht, die Armee zu entnazifizieren. Geächtet wurden hingegen die deutschfreundlichen Unterzeichner der «Eingabe der Zweihundert»: Sie hatten 1940 den äusseren Druck für den Versuch benutzt, die bürgerliche Leitmedien unter ihre Kontrolle zu bringen, was sie im eigenen Lager unerträglich machte.

Die isolierte Schweiz, Karikatur im Nebelspalter, Oktober 1945   12.1

Der Goldschrank der Schweiz, Karikatur im Nebelspalter, Dezember 1945   12.2

Plakat von Hans Erni für die Gesellschaft Schweiz-Sowjetunion,
Fotografie von Werner Bischof, 1945   12.3

Demonstration für die Entnazifizierung der Armee,
Fotografie, 1945   12.4

Der Weg zur «Zauberformel»

Die Schweigeminute für die Ungarn 12.5 während des Aufstands im Herbst 1956, hier auf dem Berner Bahnhofplatz, war nur eine der vielen Bekundungen des antikommunistischen Grundkonsenses, die von grosszügiger Flüchtlingshilfe bis zur Verfemung von Angehörigen der Partei der Arbeit (PdA) reichten. So hiess die 1944 gegründete Nachfolgeorganisation der Ende 1940 verbotenen KP. Auf ihrem Höhepunkt erreichte die PdA 1947 im Nationalrat sieben Sitze (5,1 Prozent), doch sank ihr Stimmenanteil so schnell wie das Ansehen der Sowjetunion. Den Lohn für die «nationale» Solidarität im Krieg und danach erfuhr hingegen die SP, als das Volk 1947 ihrer alten Forderung nach einer Alters- und Hinterbliebenenversicherung (AHV) 12.6 klar zustimmte. Die Finanzierung erfolgte über Lohn- beziehungsweise Einkommensprozente und Subventionen aus den Steuern für Genussmittel.
Die Wirtschaftsartikel von 1947 und das Landwirtschaftsgesetz von 1952 12.7 konnten ihrerseits als Anerkennung für die Mehrleistungen der Bauern im Krieg verstanden werden. Die «Erhaltung eines gesunden Bauernstandes», nämlich in familiären Betriebsstrukturen, wurde zur Bundesaufgabe, die durch Preisgarantien und einen «Paritätslohn» eingelöst wurde. Solche Aufgaben koordinierten die Verbände nun mit einem Verfassungsauftrag, was die Schweiz in der Fortsetzung der Krisen- und Kriegspolitik zum höchstkartellierten Land der Welt werden liess. Dank kontinuierlich steigenden Löhnen trugen dies alle Sozialpartner mit, zumal ihre politischen Vertreter ab 1959 dank der «Zauberformel» angemessen in der Landesregierung vertreten waren. Bei der Vereidigung der Bundesräte und des Bundeskanzlers 12.8 zu sehen sind v. l. n. r. Bundespräsident Max Petitpierre (FDP), die Bundesräte Paul Chaudet (FDP), Friedrich Traugott Wahlen (BGB), Jean Bourgknecht (CVP), Willy Spühler (SP), Ludwig von Moos (CVP) und Hans-Peter Tschudi (SP) sowie der freisinnige Bundeskanzler Charles Oser.

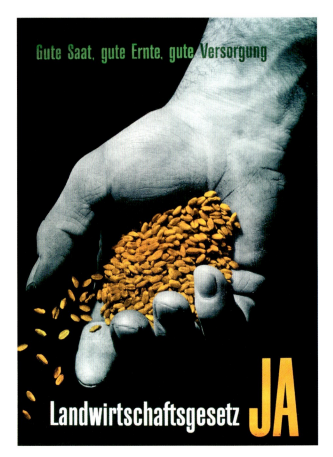

Plakat zur Abstimmung über das Landwirtschaftsgesetz, Willi Günthardt, 1952   12.7

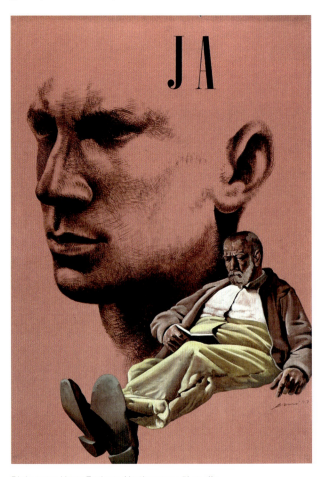

Plakat von Hans Erni zur Abstimmung über die AHV, 1947   12.6

Gedenkdemonstration auf dem Berner Bahnhofplatz nach dem
Ungarnaufstand, Fotografie, November 1956   12.5

Die Zauberformel: Vereidigung des Bundesrats
am 17. Dezember 1959   12.8

Armee- und Verteidigungsdebatten

An der Expo64 in Lausanne führte der Betonigel 12.9 als symbolischer Bunker die «totale Landesverteidigung» vor Augen. Durch den 1959 angenommenen Zivilschutz entstanden in den folgenden Jahrzehnten 270 000 Luftschutzräume, die fast alle Einwohner beherbergen konnten. Machte die bewaffnete Neutralität aber Sinn, wenn sie nicht auf dem neusten Rüstungsstand war und dank (taktischen) Atomwaffen abschreckend wirkte? Für solche sprachen sich die Anhänger einer stark mechanisierten «beweglichen Kampfführung» aus, während die Befürworter der – billigeren – «Raumverteidigung» das Schwergewicht auf die Defensive und die Infanterie legten. Die Opposition gegen die Atombewaffnung, 12.10 scheiterte zwar 1962/63 mit zwei Initiativen. Doch die Schweiz verzichtete gleichwohl auf Nuklearwaffen, da deren Beschaffung auf Kosten der konventionellen Ausrüstung gehen musste. Das lehrte die Mirage-Affäre, 12.11 die 1964 das Land erschütterte und den Rücktritt des Vorstehers des Militärdepartements erzwang, des freisinnigen Waadtländers Paul Chaudet. Die Armeeführung hatte sich, ohne die Landesregierung und das Parlament zu informieren, beim Kauf neuer Flugzeuge für eine teurere Ausstattung entschieden, die den Einsatz der Mirage als Atomwaffenträger zuliess.

Heftige Debatten provozierte auch das an alle Haushalte verteilte «Zivilverteidigungsbuch», das vom Justizdepartement unter Ludwig von Moos 1969 herausgegeben wurde – dem Verleger des Jahres 12.12 auf der «Nebelspalter»-Karikatur. Der im Zivilverteidigungsbuch vertretene simple Antikommunismus der «Geistigen Landesverteidigung» überzeugte nicht mehr alle, auch wenn noch 1977 der Brigadier Jean-Louis Jeanmaire wegen Informationsdiensten für die UdSSR exemplarisch bestraft wurde. Ab 1971 wurden die preussischen Umgangsformen im Militärdienst abgebaut, ein ziviler Ersatzdienst schaffte nach langen Debatten über die Militärdienstverweigerung 1991/92 die Hürde der Volksabstimmung.

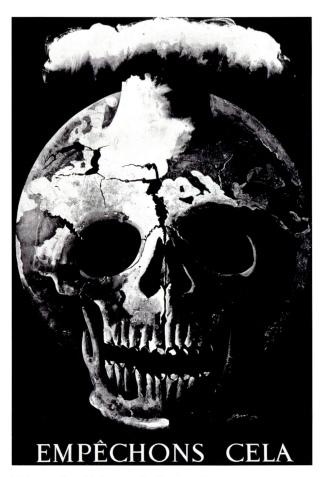

Plakat von Hans Erni gegen die Atombewaffnung der Schweiz, 1954   12.10

Der Verleger des Jahres, Ludwig von Moos, Karikatur im Nebelspalter, 1969   12.12

Der Betonigel der Armee an der Expo64 in Lausanne VD, Fotografie von Jakob Bräm, 1964   12.9

Bundesrat Paul Chaudet (vordere Reihe, dritter von links) vor einer Mirage, Fotografie, April 1964   12.11

Die Nachkriegswirtschaft

Die Landwirtschaft beschäftigte 1910 noch 27 Prozent der Werktätigen, aber nur noch 4,2 Prozent im Jahr 1990. Die Anzahl der Betriebe wurde zwischen 1955 und 1990 auf etwa 100 000 halbiert, die durchschnittlich deutlich grösser wurden. Die Aufnahme eines neu entwickelten Traktors 12.13 mit Schollenzerkleinerer illustriert, dass neben der Düngung die Motorisierung und Mechanisierung die Produktivität der Landwirtschaft massiv erhöhten. In der Industrie arbeiteten im 20. Jahrhundert bis in die 1970er-Jahre kontinuierlich rund 45 Prozent der Werktätigen. Die rückläufige Textilindustrie konnte sich nur dank billigen, ungelernten ausländischen Arbeitskräften und dem unterbewerteten Franken bis in die 1970er-Jahre einigermassen halten, dann wurde die Produktion in billigere Länder verlagert. Hinsichtlich der Beschäftigungszahlen überholte die Maschinenindustrie schon in der Weltwirtschaftskrise die Textilherstellung und blieb ebenfalls bis in die 1970er-Jahre etwa auf demselben Niveau wie das Baugewerbe und der Handel. Sie war die Branche mit dem meisten Personal und beschäftigte mit der Metallindustrie zusammen im Jahr 1970 eine halbe Million Arbeitende. Das Wirtschaftswachstum erhöhte den Strombedarf, der vorerst durch Wasserkraft gedeckt wurde. Die 1964 vollendete, 285 Meter hohe Talsperre des Grande Dixence im Walliser Val d'Heremence wurde die höchste Staumauer Europas und liess auch die alte Mauer von 1929, die auf Philipp Giegels Bild von 1955 12.14 links zu sehen ist, im neuen Reservoir untergehen. Entsprechend voll waren die Auftragshefte für Turbinenrotoren, 12.15 welche die BBC-Fabrikhalle in Baden 1967 füllten. Neue Konsumgewohnheiten erhöhten auch die Nachfrage nach Fertigprodukten, wie sie Nestlé in Vevey mit Nescafé oder Hero in Lenzburg in Konservendosen fertigten. 12.16

Ein neuer Traktortyp mit Pflug und Schollenzerkleinerer, Fotografie von H. Weibel, Neuenburg 1955   12.13

Die Talsperre der Grande Dixence VS im Bau, Fotografie von Philipp Giegel, 1955   12.14

Turbinenrotoren bei der BBC in Baden AG,
Fotografie, 1967   12.15

Konservendosenstrasse bei der Hero in Lenzburg AG,
Fotografie von Hans Baumgartner, 1962   12.16

Die Agglomeration entsteht

Die Reallöhne für Arbeiter verdoppelten sich von 1945 bis 1968 beziehungsweise verdreifachten sich bis 1991. Die Schweiz wurde endgültig zum Hochlohnland. Hatte eine Arbeiterfamilie 1921 noch 61 Prozent ihres Einkommens für Nahrung und Kleidung ausgegeben, so waren es 1983 nur noch 23,5 Prozent. Dagegen stiegen die prozentualen Anteile der Ausgaben für Miete und Gesundheit im 20. Jahrhundert leicht an, diejenigen für Steuern, Bildung, Erholung, Verkehr und Versicherungen erheblich.
Die Grossverteiler Migros und Coop richteten 1948 die ersten Selbstbedienungsläden ein. 1952 eröffnete Gottlieb Duttweiler den ersten Migros-Supermarkt. 12.17 Der spezialisierte Detailhandel war schon durch die seit 1925 eingesetzten Migros-Verkaufswagen in die Defensive geraten. Das «Lädeli-Sterben» im Quartier wurde verstärkt, als in den Agglomerationen Shoppingcenter für den Einkauf per Auto gebaut wurden; so schweizweit erstmals 1970 in der Überbauung von Spreitenbach. 12.18
Die «Agglomeration» selbst entstand, weil die oft engen und schlecht isolierten Stadtwohnungen der Annehmlichkeiten entbehrten, die viele nun im ländlichen Umfeld von Arbeitsplätzen suchten, die sie mit dem Auto und dem öffentlichem Verkehr auch über grössere Distanzen erreichen konnten. Vor den Toren Genfs schuf die neue Satellitenstadt Le Lignon 12.19 mit 2700 Wohnungen Platz für rund 10 000 Menschen.

Die Satellitenstadt Le Lignon bei Genf, Fotografie von Marcel Vogt, 1984   12.19

Gottlieb Duttweiler bei der Eröffnung eines Supermarkts in Zürich,
Fotografie von Sigi Maurer, 1952   12.17

Das Shoppingcenter in Spreitenbach AG, Fotografie, 1970   12.18

Die Vergnügungen der Freizeitgesellschaft

Immer grössere Bedeutung erhielten in der Konsum- und Freizeitgesellschaft die Medien, der Urlaub und der Sport. Mit der Gründung der Rundspruchgesellschaft, später SRG, nahmen die Landessender Beromünster, Sottens und Monte Ceneri 1931 ihre Tätigkeit auf. Gerade in den Krisenjahren sollten sie überparteiliche, nationale Gemeinsamkeiten fördern. Erst 1979, mit dem Piratensender Radio 24, und ab 1983 mit privaten Lokalradios fiel das staatliche Monopol. Die an der Radio- und Fernsehausstellung von 1952 präsentierte Television 12.20 begann im Folgejahr mit dem Versuchsbetrieb von täglich einer Stunde; der reguläre Sendebetrieb auf Deutsch und Französisch setzte 1958 ein.

Die Grundlage für das Skifahren als Massensport wurde zwar schon seit den 1930er-Jahren durch Skilager als Teil des militärischen Vorunterrichts gelegt. Entscheidend war jedoch der Bau von Bergbahnen und Skiliften 12.21 seit den 1950er-Jahren. Ebenfalls zu einem Massenphänomen wurde das Interesse am Spitzensport, der nicht nur als Stifter lokaler und nationaler Identität politische Funktionen erfüllte. Die Fussballweltmeisterschaft fand 1954 in der Schweiz statt und führte die Bundesrepublik Deutschland als Turniersiegerin symbolisch in die Völkergemeinschaft zurück. Anders als im Final, dem «Wunder von Bern», verloren die Deutschen das Vorrundenspiel gegen die hochfavorisierten Ungarn vor 50 000 Zuschauern im Basler St. Jakobstadion 12.22 mit 3:8.

Mit ihrem relativen Wohlstand erlangten Arbeiter und Bauern, etwa durch Bildung und immer weiter ausgreifende Reisen, einen Lebensstandard, der eben noch (klein-)bürgerlich gewesen war, und übernahmen auch ebensolche Werte. Der Preis für den anhaltenden Aufschwung waren Zersiedelung und Überbauungen, welche die ersehnte unverdorbene Lebensqualität immer ferner rückten. Nicht wenige suchten diese – besonders nach der Eröffnung des Gotthardautobahntunnels (1980) – im Süden, fanden sie aber bestenfalls nach Stunden im Stau. 12.23

Deutschland–Ungarn 3:8, Vorrunde der Fussballweltmeisterschaft 1954 in Basel, Fotografie   12.22

Der Fernseher hält Einzug in die gute Stube, Radio- und Fernsehausstellung in Zürich, Fotografie, 1952   12.20

Skilift in Arosa GR, Fotografie, um 1960   12.21

Stau vor dem Gotthardtunnel, Fotografie von
Karl Mathis, 1989   12.23

Fremdarbeiter für die Schweizer Wirtschaft

Italien wurde nicht nur zum touristischen Ziel, sondern mit dem entsprechenden Staatsvertrag von 1948 auch zu einem unerschöpflichen Reservoir an billigen Arbeitskräften für die boomende Schweizer Wirtschaft, vor allem für das Baugewerbe, die Industrie und später auch für das Gastgewerbe. Die Baracken im Brisgi-Quartier in Baden 12.24 illustrieren einen Alltag, der oft halbe Dörfer verpflanzte. Die Zahl der Italiener in der Schweiz versechsfachte sich zwischen 1940 und 1970 auf 584 000 Personen. Insgesamt wanderten während der Hochkonjunktur jährlich rund 35 000 Ausländer ein, sodass es 1970 1,1 Millionen oder 17,2 Prozent der Wohnbevölkerung waren. Ein Rotationssystem und der Saisonnierstatus, der den Aufenthalt auf neun Monate jährlich beschränkte, sollten verhindern, dass die benötigten Arbeitskräfte selbständig wurden, sich dauerhaft niederliessen oder die Familien nachzogen. Jean Mohrs Innenperspektive einer Fremdarbeiterbaracke 12.25 zeigte 1975, wie Pornografie nicht nur allgemein zugänglich und verbreitet wurde, sondern die Fremdarbeiter auch über ein erzwungenes Zölibat trösten half. Zunehmend wurden die Fremdarbeiter verantwortlich gemacht für die unangenehmen Seiten des Wirtschaftswunders, etwa für kulturelle Konflikte, hohe Mieten, Umweltverschmutzung. Die 1961 gegründete Nationale Aktion hatte im redegewandten James Schwarzenbach 1967 einen Kämpfer für die «schweizerische Eigenart» und gegen die «Überfremdung». Die «Schwarzenbach-Initiative» wollte die Ausländerquote auf zehn Prozent beschränken und hätte zur Ausweisung von Hunderttausenden geführt. Während die einen Befürworter der Initiative den Tell mimten, 12.26 warnten andere davor, dass die Südländer die Unversehrtheit von Land und Frauen 12.27 gefährdeten. Die Vorlage wurde 1970 bei einer sehr hohen Stimmbeteiligung von 75 Prozent mit 54 Prozent Nein-Stimmen nur knapp verworfen. An Brisanz verlor das Thema, als in der Wirtschaftskrise der 1970er-Jahre die Zahl der Italiener von 584 000 durch Entlassungen und Rückwanderung auf knapp 420 000 zurückging.

Arbeiterbaracken der BBC in Baden AG, Fotografie 1950er-Jahre 12.24

Befürworter der Schwarzenbach-Initiative, Fotografie, 1970 12.26

Fremdarbeiterbaracke von innen, Fotografie
von Jean Mohr, 1975   12.25

Abstimmungsplakat für die Schwarzenbach-
Initiative, 1970   12.27

Die Jugend fordert Freiräume

Die meistzitierte Parteinahme gegen die Fremdenfeindlichkeit stammte von Max Frisch: «Ein kleines Herrenvolk sieht sich in Gefahr: man hat Arbeitskräfte gerufen, und es kommen Menschen.» Der Wortgebrauch «Herrenvolk» war ein Indiz dafür, wie der demokratische, aber gelegentlich auch nationalistische und selbstzufriedene Konsens der Aktivdienstgeneration zumindest bei Intellektuellen bröckelte. Das Werk von Frisch und Friedrich Dürrenmatt, 12.28 repräsentierte gerade im Ausland eine moralisch unbelastete Tradition deutschsprachiger Literatur, die sich mit dem Verhängnis des Nazismus auf grundsätzliche Weise auseinandergesetzt und dabei auch die Schweiz nicht geschont hatte. Noch grössere Herausforderungen erwuchsen der weiter stark religiös und hierarchisch geprägten Massengesellschaft durch die Jugend- und Studentenbewegung, die um 1968 die ganze westliche Welt erfasste. Sie forderte Freiräume: von Erziehung, Sexualität und Drogen über Gratistram und autonome Jugendzentren bis zur Erlösung der Völker von Kapitalismus und (Neo-)Kolonialismus, insbesondere in Vietnam. Roland Gretlers Aufnahme von der 1.-Mai-Feier 1970 12.29 in Zürich dokumentiert, wie die Demonstranten ihre antikolonialistische Solidarität mit Ho Chi Minh in die althergebrachte Freiheitssymbolik von Tell und der Delacroix'schen Marianne einbetteten.

Der Marxismus, undoktrinär und basisdemokratisch bei den einen, in Kadergruppen verschiedener Richtungen anderswo, erschreckte weite Bevölkerungskreise ebenso wie die Bereitschaft der Jugendlichen zu Gewalt: Beim ersten Schweizer Konzert der Rolling Stones 12.30 im April 1967 zerstörten die Fans das Mobiliar im Zürcher Hallenstadion. Schon damals, vor allem aber Ende Juni 1968 im Globus-Krawall 12.31 ging allerdings auch die Polizei massiv gegen die Protestierenden vor und misshandelte festgenommene Demonstranten.

Max Frisch und Friedrich Dürrenmatt in der Kronenhalle in Zürich, Fotografie von Jack Metzger, 1963   12.28

1.-Mai-Demonstration in Zürich, Fotografie von Roland Gretler, 1970   12.29

Zerstörtes Mobiliar nach dem Konzert der Rolling Stones
in Zürich, Fotografie von Candid Lang, 1967   12.30

Globus-Krawall in Zürich, Fotografie, 29. Juni 1968   12.31

Die Einführung des Frauenstimmrechts

Die sexuelle Revolution durch die Antibabypille und die Kritik der 68er-Bewegung am patriarchalischen Bürgertum prägen auch eine junge Generation von Frauen. Sie fanden neue Protestformen wie den «Frauenmarsch nach Bern» (1969), um für das Frauenstimmrecht zu kämpfen. Das Anliegen selbst war alt. Wie nach dem Ersten, so gab es auch nach dem Zweiten Weltkrieg Bemühungen um dessen Einführung. Das Abstimmungsplakat 12.32 der Basler PdA instrumentalisierte 1946 die Rhetorik der Landesverteidigung für das Frauenstimmrecht. Die Vorlage scheiterte auf kantonaler Ebene ebenso wie 1959 auf Bundesebene, als sich 654 939 Männer (66,9 Prozent) gegen die Vorlage aussprachen. Während die katholischen Stammlande ein massives Nein einlegten, führten die reformierten urbanen Kantone Waadt, Neuenburg, Genf und Basel in den 1960er-Jahren das kantonale Frauenwahlrecht ein. Fernand Perret hielt am 27. September 1960 das historische Ereignis fest, als mit der Sozialdemokratin Raymonde Schweizer in Neuenburg die erste Frau in einem kantonalen Parlament 12.33 vereidigt wurde. Auf nationaler Ebene musste der Anstoss von aussen kommen. Der Bundesrat plante, die Europäische Menschenrechtskonvention nur unter Vorbehalt zu unterzeichnen, weil darin die Diskriminierung wegen des Geschlechts untersagt war. Gegen dieses Vorgehen protestierten die Frauenverbände vehement und erreichten eine neue Vorlage. Am 7. Februar 1971 nahmen die Stimmbürger diese mit 621 109 (65,7 Prozent) Ja- zu 323 882 Nein-Stimmen bei einer Stimmbeteiligung von 57,7 Prozent an. Die Gegenargumente auf dem abgebildeten Abstimmungsplakat 12.34 überzeugten nicht mehr. Das kantonale Stimmrecht in der Westschweiz hatte sich bewährt, in der Hochkonjunktur waren immer mehr Frauen arbeitstätig geworden. Im folgenden Herbst konnten die ersten Frauen in den Nationalrat 12.35 einziehen, stehend von links nach rechts Elisabeth Blunschy (1977 erste Nationalratspräsidentin), Hedi Lang, Hanny Thalmann, Helen Meyer, Lilian Uchtenhagen (1983 erste Bundesratskandidatin), Josi Meier (1992 erste Ständeratspräsidentin) und Hanna Sahlfeld; sitzend Tilo Frey, Gabrielle Nanchen, Liselotte Spreng, Martha Ribi und Nelly Wicky.

Plakat zur Abstimmung über das Frauenstimmrecht in Basel, 1946   12.32

Raymonde Schweizer, die erste Frau in einem Kantonsparlament (Neuenburg), Fotografie von Fernand Perret, 27. September 1960   12.33

Abstimmungsplakat gegen das Frauenstimmrecht,
Fotografie, 1971   12.34

Die ersten Frauen im Nationalrat, Fotografie, 1972   12.35

Die Wirtschaftskrise und ihre Folgen

Im Spätherbst 1973 kontingentierte der Bundesrat vorübergehend die Erdölreserven und verordnete drei autofreie Sonntage, 12.36 die ungewohnte Blicke auf Autostrassen eröffneten. Nachhaltiger wirkte die scharfe Rezession, die 250 000 Arbeitsplätze kostete, besonders in der Exportwirtschaft und im Bauwesen. Dass die Arbeitslosenquote, die seit 1960 0,0 Prozent betragen hatte, nur kurz, 1976, auf 0,7 Prozent anstieg, lag daran, dass die Statistiken den Rückzug von Frauen vom Arbeitsmarkt ebenso wenig wiedergaben wie die Entlassung der Ausländer, die in ihre Heimatländer zurückkehrten. Wie die Textilindustrie drohte nicht nur die Uhrenmarke Unitas aus Tramelan – hier symbolisch während einer Gewerkschaftsdemonstration 1982 in Biel 12.37 – zu Grabe getragen zu werden, sondern die ganze Uhrenproduktion. Nach einem stetigen Anstieg der Beschäftigungszahlen bis um 1970 folgte der Einbruch schlagartig durch die unterschätzte Konkurrenz elektronischer Quarzuhren aus Japan. Die mechanischen Uhren waren nicht mehr konkurrenzfähig, der Weltmarktanteil ging in wenigen Jahren von der Hälfte auf ein Viertel zurück, jeder zweite Arbeitsplatz ging verloren. Nicolas Hayek, ein Unternehmer mit libanesischen Wurzeln, rettete jedoch die Branche durch zwei mit moderner Werbung vermittelte Massnahmen: die Pflege des Luxussegments (Rolex) und die Umstellung auf günstige elektronische Plastikuhren mit wenig Bestandteilen (Swatch), 12.38 von denen Hunderte von Millionen verkauft werden sollten.

Im westeuropäischen Vergleich spät lösten in der Krise die Dienstleistungen die Industrie als Sektor mit den meisten Angestellten ab. Volkswirtschaftlich immer wichtiger wurden die Grossbanken, obwohl die ganze Branche unter dem Reputationsschaden der Kreditanstalt (SKA) litt, die im 1977 aufgedeckten Chiasso-Skandal einen Verlust von 1,4 Milliarden Franken erlitt. «Die Tat» kritisierte die Informationspolitik des abgetakelten 'S KAll Girl, 12.39 das die harten Realitäten zu überschminken sucht.

Nicolas Hayek mit Swatch, Fotografie von Kurt Reichenbach, 1992   12.38

'S KAllgirl, Karikatur in der Tat, Dezember 1977   12.39

Leere Strasse in Zürich an autofreiem Sonntag,
Fotografie, 1973   12.36

Gewerkschaftsdemonstration in Biel BE,
Fotografie, 1982   12.37

247

Der Kanton Jura

Der grösste Teil der Bevölkerung im einstigen Fürstbistum Basel war französischsprachig, der Süden reformiert, der Norden katholisch. Die Autonomiebewegung des Juras begann 1947 mit der Brüskierung des einen Regierungsrats, den die Verfassung des Kantons Bern der frankofonen Minderheit garantierte («Moeckli-Affäre»). Teile der Protestbewegung radikalisierten sich unter Roland Béguelin und bildeten das «Rassemblement jurassien». Dessen Jugendbewegung, die «Béliers» (Widder), focht mit den antiseparatistischen «Sangliers» (Wildschweinen) manchen Strauss aus. 1968 drangen die «Béliers» protestierend in den Nationalratssaal ein. 12.40 Eine Reihe von Volksentscheiden auf der Gemeinde-, Bezirks- und Kantonsebene und zuletzt, am 24. September 1978, auch auf Bundesebene führten zu einer Lösung. Die nördlichen drei Bezirke bildeten einen eigenen, neuen Kanton, die drei südjurassischen Bezirke blieben bei Bern, und das deutschsprachige Laufental im Norden kam 1989/1993 an das benachbarte Baselland. Auch dieser langanhaltende demokratische Prozess provozierte heftige Emotionen, sodass probernische Demonstranten 12.41 nach der eidgenössischen Abstimmung 1993 die Baselbieter Fahne verbrannten. Die Béliers riefen sich auch nach der Kantonsgründung regelmässig durch symbolträchtige Attacken in Erinnerung, so auf den Unspunnen-Stein (1984, 2005), den Berner Gerechtigkeitsbrunnen (1986) und das hier gezeigte Denkmal für die Grenzbesetzung 12.42 im Ersten Weltkrieg – «Le Fritz» – bei Les Rangiers (1984, 1989). Die Separatisten behaupteten die sprachlich-ethnische «Einheit des jurassischen Volkes». Doch die Loyalität der reformierten Südjurassier zu Bern zeigte, dass die Bruchlinie nicht nach «ethnischen» Linien verlief, sondern dort, wo die konfessionelle Differenz zur sprachlichen dazukam. Insofern war es bezeichnend, dass die verfassungsgebende Versammlung 12.43 des entstehenden Kantons 1976 in der Delsberger Kirche Saint-Marcel vereidigt wurde und ein Jahr danach das Grundgesetz ebenfalls in einer Kirche, diesmal in der Stiftskirche Saint-Ursanne, vorgelegt und unterzeichnet wurde.

Die jurassischen Béliers im Nationalratssaal, Fotografie, 1968   12.40

Probernische Demonstration im Laufental, Fotografie von Karl-Heinz Hug, 1993   12.41

Das gestürzte Denkmal für die Grenzbesetzung 1914, Les Rangiers JU, Fotografie von 1984   12.42

Der jurassische Verfassungsrat in der Kirche Saint-Marcel
in Delsberg JU, Fotografie, 1976   12.43

Wachsendes ökologisches Bewusstsein

Im internationalen Vergleich relativ spät begann man in der an Wasserkraft reichen Schweiz mit der zivilen Nutzung der Kernenergie, was auch wegen der Abhängigkeit vom Erdöl geboten schien. In den Jahren 1969 bis 1984 gingen die Werke Beznau I/II, Mühleberg, Gösgen und Leibstadt ans Netz und trugen danach rund 40 Prozent zur schweizerischen Elektrizitätserzeugung bei. Für die Gegner handelte es sich um eine vom Staat hochsubventionierte Risikotechnologie, für deren Folgen keine ausgereiften Lösungen vorlagen. Ein überparteiliches Aktionskomitee aus dem Grossraum Basel besetzte 1975 bei Kaiseraugst drei Monate lang friedlich das Gelände für ein weiteres geplantes AKW. Der Informationspavillon fiel später einem Brandanschlag zum Opfer. 1981 dienten seine Überreste als Tribüne für eine Veranstaltung von Atomkraftgegnern. 12.44 Zwar fanden ihre Volksbegehren, so die Atomschutzinitiative (1979) mit dem Pieter Bruegel nachempfundenen Plakat, 12.45 national keine Mehrheit. Gleichwohl wurde das Projekt Kaiseraugst 1988, zwei Jahre nach dem Reaktorunglück in Tschernobyl, endgültig begraben. Die Investoren erhielten eine Entschädigung des Bundes. Die Nordwestschweizer waren zu diesem Zeitpunkt zusätzlich verunsichert. Nach der Brandkatastrophe 12.46 vom November 1986 in einem Lager der Chemiefirma Sandoz gelangten mit dem Löschwasser Pestizide in den Rhein und vernichteten auf Hunderten von Kilometern die Fischpopulation. Der Ruf nach einer ökologischen Umkehr wurde lauter. Dazu trugen auch die Diskussionen um das Waldsterben seit Beginn der 1980er-Jahre bei, wogegen 1983 die Umweltschutzorganisation «Groupe sapin» 12.47 in Genf demonstrierte. Allmählich verfestigten sich die verschiedenen Basisgruppen zu einer Grünen Partei. Daniel Brélaz, der künftige Syndic von Lausanne, war 1979 mit 29 Jahren der weltweit erste Grüne, der in ein nationales Parlament gewählt wurde.

Plakat für die Atomschutzinitiative, Pierre Brauchli, 1979   12.45

Der zerstörte Informationspavillon in Kaiseraugst anlässlich einer Demonstration 1981, Fotografie von Josef Zimmermann   12.44

Demonstration des «Groupe sapin» in Genf gegen das
Waldsterben, Fotografie, 1983   12.47

Aufräumarbeiten nach dem Brand in Schweizerhalle, Fotografie
von Michael Kupferschmidt, 1986   12.46

Die Suche nach Alternativkulturen

Die 68er hatten über eine neue Gesellschaftsordnung räsoniert, die grünen Gruppierungen versuchten die Risiken der modernen Grosstechnologien durch basisdemokratische Mitbestimmung in den Griff zu bekommen. Im Vergleich dazu waren die städtischen Jugendunruhen von 1980 in einem herkömmlichen Sinn eher unpolitisch. Auslöser war der Protestmarsch gegen die hohen Subventionen für das Zürcher Opernhaus, der in Krawallen endete. Bei den folgenden Auseinandersetzungen gingen Jugendliche, oft noch Schüler, auch in anderen Städten für autonome Jugendzentren (AJZ) 12.48 auf die Strasse. Sie zielten auf selbstverwaltete, wenn auch staatlich finanzierte Räume, um sich gesellschaftlichen Zwängen zu entziehen und eine Alternativkultur zu leben. Politiker reagierten teils mit harten polizeilichen Massnahmen, teils mit Zugeständnissen. Die idealistischen Betreiber der AJZ resignierten allmählich unter dem doppelten Druck von staatlichen Ordnungsvorstellungen und unsolidarischen Besuchern.

Vor allem Dealer und Drogensüchtige missbrauchten die Jugendzentren als rechtsfreie Räume. In der Schweiz und insbesondere im liberalen Zürich entstanden zunehmend offene Drogenszenen mit Sogwirkung. International berüchtigt wurde der Zürcher «Needle Park» am Platzspitz, bevor sich die Szene von 1992 bis zu ihrer Auflösung 1995 beim früheren Bahnhof Letten 12.49 niederliess. Der oft überforderte, aber insgesamt pragmatische Umgang der Behörden mit dem Drogenproblem fand seinen Niederschlag auch in Aufklärungskampagnen über Aids, 12.50 das nicht zuletzt durch unsaubere Spritzen übertragen wurde. Sexuelle Praktiken, Promiskuität, Homosexualität und Drogenkonsum wurden auf Plakaten und in Spots tabulos und oft geistreich in aller Öffentlichkeit thematisiert. Die mehrjährige «Stop-Aids»-Kampagne provozierte, klärte aber auch über die unterschiedlichen Lebenswelten der Generationen auf, die Frederic Meyer mit seinem Porträt der Familie Grundbacher 12.51 in Thun um 1987 erfasste.

Demonstration für ein autonomes Jugendzentrum in Zürich, Fotografie, Mai 1980   12.48

Stop-Aids-Kampagne «Leo», Film-Stills, 1991   12.50

Die Familie Grundbacher in Thun BE, Fotografie von Frederic Meyer, 1987   12.51

Drogenszene am Bahnhof Letten in Zürich, Fotografie von
Martin Rütschi, August 1994   12.49

Frauenrechte und Gleichstellung

Der soziale Wandel erforderte immer wieder Entscheidungen, bei denen traditionelle, zumeist religiöse Wertvorstellungen und der moderne Individualismus aufeinanderstiessen. Gegen den Widerstand aus christlichen Kreisen blieben die Initiativen für den straflosen Schwangerschaftsabbruch lange erfolglos: Die 1977 vorgeschlagene Fristenlösung 12.52 war für sie die «Tötung menschlichen Lebens». An der liberalen Abtreibungspraxis in den Städten änderte dies wenig, auch wenn die nationale Gesetzgebung erst 2002 eine Fristenlösung bis zur 12. Schwangerschaftswoche ermöglichte.

Das traditionelle Familienverständnis stand 1985 bei der Vorlage über das partnerschaftliche Eherecht zur Debatte. Der Mann war nicht länger Familienoberhaupt, die Mutter erhielt die elterliche Gewalt. Das Referendum eines rechtsbürgerlichen Komitees warnte vor dem Richter im Ehebett 12.53 und scheiterte beim Ständemehr nur knapp, mit 12:11 Stimmen. Für die politische Gleichberechtigung musste tatsächlich das Bundesgericht eintreten, da Appenzell Innerrhoden sich nicht dazu durchringen konnte, als letzter Stand auch das kantonale Frauenstimmrecht zu gewähren. Erst ab 1991 hoben auch die Appenzellerinnen die Hand zur Abstimmung. 12.54 In Ob- und Nidwalden sowie Appenzell Ausserrhoden fassten allerdings die Landsgemeindeplätze die Frauen nicht. Nach der Einführung des kantonalen Frauenstimmrechts ersetzte die Urnenwahl die Landsgemeinde.

Da die politischen Mühlen weiterhin gemächlich mahlten, forderten Frauen im Juni 1991 beim Frauenstreik 12.55 die Gleichberechtigung, ein Verfassungsauftrag seit bereits zehn Jahren. Dabei ging es nicht zuletzt um gleichen Lohn für gleiche Arbeit. Aber auch die Mutterschaftsversicherung, ein Verfassungsauftrag gar schon seit 1945, musste nach abgelehnten Vorlagen (1984/1999) erdauert werden und wurde 2004 nur für erwerbstätige Mütter angenommen.

Plakat gegen die Fristenlösungsinitiative, Mark Zeugin, 1977   12.52

Plakat gegen das neue Eherecht, 1985   12.53

Frauenstreik in Bern am 14. Juni 1991, Fotografie von Edi Engeler, 1991   12.55

Landsgemeinde Appenzell AI nach der Einführung des Frauenstimmrechts,
Fotografie von Heinz Dieter Finck, 1996   12.54

Beharren auf dem Sonderfall

Die Schweizer hinkten nicht nur bei den Frauenrechten den Entwicklungen im übrigen Europa hinterher. Von Ausnahmen wie zum Beispiel dem Neuenburger Essayisten Denis de Rougemont abgesehen, sahen sie die politische Einigung Europas nicht als ihre Angelegenheit an. 1957 drohte die Gefahr, dass Zollmauern die Schweiz von den drei grossen Nachbarstaaten in der 1957 gegründeten Europäischen Wirtschaftsgemeinschaft (EWG) abschliessen würden. Deshalb schuf sie zusammen mit Grossbritannien, Österreich, Portugal und den skandinavischen Ländern 1959 die Europäische Freihandelsassoziation (EFTA); das Bild zeigt den schweizerischen Unterhändler beim Unterzeichnen des Vertrags. 12.56 Die bald schrumpfende Zahl der EFTA-Staaten regelte 1972 ihre Beziehungen zur mächtigen EWG mit bilateralen Freihandelsabkommen für Industrieprodukte, wie sie die Eidgenossenschaft im Prinzip auch mit aussereuropäischen Staaten verbanden. Ihnen wandte sich die Schweiz nun vermehrt zu. Ein wichtiger Handelspartner wurde das Südafrika der Apartheid. Die Entwicklungshilfe setzte mit der Dekolonialisierung im Lauf der 1960er-Jahre erst zögerlich ein, so mit einem 1970 vom Bund finanzierten Viehzuchtprojekt 12.57 im südwestindischen Teilstaat Kerala.

Viele internationale Organisationen, zumal im humanitären Bereich, liessen sich in Genf nieder, wo die UNO ihren europäischen Sitz behielt. Mit diesem aussenpolitischen Pfund konnte das Land im Sinn der «guten Dienste» auftrumpfen, als 1985 der amerikanische Präsident Reagan und der sowjetische ZK-Generalsekretär Gorbatschow in Genf zusammenkamen und Bundesrat Furgler 12.58 kurz dazustossen durfte. Diese Vermittlerrolle wurde aber zusehends weniger nachgefragt. Das Ende des Kalten Kriegs nahte. Die Schweiz verblieb jedoch im Sonderfalldenken. Anfang 1986 wurde der Beitritt zur UNO mit einem Nein-Anteil von 76 Prozent abgelehnt, alle Kantone waren dagegen. An der Spitze des gegnerischen Komitees 12.59 stand unter anderem der Zürcher SVP-Nationalrat Christoph Blocher, der sich bereits im Kampf gegen das neue Eherecht einen Namen gemacht hatte. Mit der 1986 gegründeten «Aktion für eine unabhängige und neutrale Schweiz» (AUNS) kämpften die Nationalkonservativen fortan gegen supranationale Einbindungen.

Viehzuchtprojekt in Kerala, Indien, Fotografie, um 1970   12.57

Unterzeichnung des EFTA-Vertrags duch den Schweizer Botschafter Gottlieb Gut, Fotografie, 1959   12.56

Bundesrat Kurt Furgler zwischen Michail und Raissa Gorbatschow (links)
und Ronald und Nancy Reagan (rechts), Fotografie, 1985   12.58

Das Komitee gegen den UNO-Beitritt: Otto Fischer, Hubert Reymond,
Christoph Blocher (v.l.n.r.), Fotografie, Februar 1986   12.59

Vertrauensverlust des Staates
Die Armee als aussenpolitisches Instrument
Wellen der Fremdenfeindlichkeit
Umbruch der Parteienlandschaft
Die Entindustrialisierung der Schweiz
Banken im Gegenwind
Erschütterte Selbstbilder
Nutzniesser der Globalisierung
Welche Schweiz hat Bestand?

13. Gewinnträchtige, verlustreiche Anpassung

Das Jahr 1989 beendete nicht nur den Kalten Krieg. Eine Reihe von Ereignissen symbolisierte auch in der Schweiz einen einschneidenden Umbruch: der skandalumwitterte Rücktritt der ersten Frau im Bundesrat, Elisabeth Kopp; «Fichenskandal» und Geheimarmee; der Achtungserfolg der Armeeabschaffungsinitiative. In diese Phase der Verunsicherung fiel 1992 die Abstimmung über den Beitritt zum Europäischen Wirtschaftsraum (EWR). «Vier Freiheiten» sollten den Anschluss der EFTA an den entstehenden gemeinsamen Binnenmarkt der Europäischen Union (EU) ermöglichen, nämlich der uneingeschränkte Waren-, Personen-, Dienstleistungs- und Kapitalverkehr. Für die meisten EFTA-Staaten wurde der EWR, den sie alle problemlos übernahmen, zu einer kurzen Phase des Übergangs zur Vollmitgliedschaft bei der EU. Die Angst vor dieser Entwicklung liess die EWR-Mitgliedschaft der Schweiz in der Volksabstimmung vom 6. Dezember 1992 scheitern.

Wie selten zuvor wurde ein «Röstigraben» sichtbar, der fortan vor allem die aussenpolitischen Debatten charakterisieren sollte. In der Deutschschweiz stimmten allein die beiden Basel der Vorlage zu, dafür mit insgesamt 76 Prozent Ja-Anteil alle Westschweizer Kantone, unbesehen der Konfession; nicht aber das Tessin. Es profitierte zwar von der Nähe Mailands, nicht zuletzt als Finanzdrehscheibe. Eine engere Anbindung an die zentralistischen und wenig effizienten staatlichen Strukturen Italiens war jedoch eine eher abschreckende Perspektive. Ähnliche Gefühle hegten viele Deutschschweizer gegenüber einem übermächtigen Deutschland, das als nunmehr Berliner und nicht länger Bonner Republik fremder geworden war. Schlechte Erinnerungen an Frankreich lagen in der Romandie historisch viel weiter zurück als die prägenden Jahre des Dritten Reichs. Von Paris konnten sich die Welschen vielmehr moralischen Rückhalt im Bundesstaat versprechen, in dem sie sich der politischen und vor allem wirtschaftlichen Vorherrschaft der Deutschsprachigen gegenüber sahen.

Nach dem Scheitern des EWR wurde der bilaterale Zugang zum europäischen Binnenmarkt gesucht, aus dem 2005 über 80 Prozent der Importe stammten und wohin gut 60 Prozent des Exports gingen. Ein erstes Paket liberalisierte ab 2000 vor allem den Personen- und Luftverkehr und das öffentliche Beschaffungswesen. Von den eher technischen Regelungen der Bilateralen II (2004) war allein der Beitritt zum Schengener Abkommen innenpolitisch umstritten. Es hob die Personenkontrollen an den Binnengrenzen auf und verstärkte dafür die supranationale Zusammenarbeit im Sicherheits- und Asylwesen. 2005 wurde die Personenfreizügigkeit auf die zehn neuen EU-Staaten in Mittel- und Osteuropa ausgeweitet. Nicht von dort, sondern vor allem aus Deutschland kam die neue Einwanderungswelle, die im Jahr 2008 mit 90 000 Zuzügern die Spitzenwerte der 1960er-Jahre erreichte. Die Bevölkerungszahl ist gegenwärtig nahe an der 8-Millionen-Grenze, und der Anteil der Ausländer liegt bei über 21 Prozent. Ihre Zahl blieb ein Dauerthema: Asylsuchende, Menschen aus dem früheren Jugoslawien, Türken und zuletzt Deutsche wurden als Bedrohung der Identität und des Wohlstands gedeutet, den sie schaffen halfen.

Parallel zur innenpolitisch heiklen Anbindung an die EU fügte sich die Schweiz in die globale Wirtschaftsordnung ein. Ein knappes Ja des Souveräns machte die Eidgenossenschaft 1992 zum Mitglied des Internationalen Währungsfonds und der Weltbank; die Teilnahme an der Welthandelsorganisation WTO ging ohne Referendum über die Bühne. Insofern war der Beitritt zur UNO folgerichtig. In der Abstimmung vom 3. März 2002 wurde er mit 54,6 Prozent Ja-Stimmen, aber einem hauchdünnem Ständemehr Realität: Elf Kantone lehnten die Vorlage ab, zwölf stimmten zu, das Wallis aber nur ganz knapp. Allerdings wurde selbst die neue Bundesverfassung 1999 in zehn Kantonen abgelehnt, obwohl sie im Wesentlichen eine nachgeführte Überarbeitung derjenigen von 1874 ist.

Die 1990er-Jahre waren wirtschaftlich schwierig. Von 1991 bis 1996 bedeutete eine «Stagflation» steigende Preise und praktisch kein Wirtschaftswachstum. Die Kaufkraft nahm auch deswegen ab, weil höhere Ausgaben der Privaten etwa für das Gesundheitswesen mit Sanierungsbemühungen der öffentlichen Haushalte zusammenfielen. Die Arbeitslosigkeit stieg erstmals seit der Weltwirtschaftskrise massiv und dauerhaft an, von 0,5 Prozent (1990) auf 5,2 Prozent (1997). Danach blieb eine Sockelarbeitslosigkeit, wie sie die Schweiz der Nachkriegszeit nicht gekannt hatte (2011: 3,1 Prozent).

Als wichtigsten Wirtschaftssektor löste die Dienstleistungsbranche die Industrie ab. Sie wuchs vor allem seit den 1970er-Jahren und unterhält gegenwärtig fast drei Viertel der Arbeitskräfte. Hinsichtlich des Ertrags wurden die Banken immer wichtiger, die 2008 zwölf Prozent des Bruttoinlandprodukts erbrachten und 144 000 Menschen beschäftigten. Allerdings mussten Bund und Nationalbank die systemrelevante UBS im selben Jahr retten, da sie in der amerikanischen «Subprime-Krise» Dutzende Milliarden Franken abschreiben musste. Ebenso existenzgefährdend war der Konflikt der UBS mit der Justiz der USA, nachdem die Bank amerikanischen Kunden systematisch bei der Steuerhinterziehung geholfen hatte. Die Forderung der Vereinigten Staaten nach Kundendaten brachte die Grossbank mit dem schweizerischen Bankgeheimnis in Konflikt, unter dessen – nun brüchigem – Dach sie und andere Finanzinstitute gegen ausländische Gesetze verstossen hatten. Bundesrat und Parlament ermöglichten 2010 in einem Staatsvertrag das Nachgeben der UBS gegenüber den USA. Bereits 2009 hatte die Schweiz unter Druck der OECD und der benachbarten EU-Staaten Amtshilfe auch bei Steuerhinterziehung zugesagt und begonnen, Doppelbesteuerungsabkommen auszuarbeiten. Für zusätzliche Irritationen sorgte, dass die Finanzbranche die enorme Spannweite zwischen Normalverdienern und Managern drastisch vor Augen führte. So musste der Präsident des Nationalbank-Direktoriums Anfang 2012 nach problematischen Devisengeschäften zurücktreten, obwohl er viel Anerkennung dafür erworben hatte, dass er im Herbst 2011 die Aufwertung des Frankens gegenüber dem Euro und dem Dollar mit einem Mindestkurs gestoppt hatte. Politisch prägte der Aufstieg der von der Zürcher Kantonalpartei getrimmten SVP die zwei Jahrzehnte nach dem Fall der Mauer. Bis zu den Nationalratswahlen von 1999 verdoppelte die Partei ihren Stand von 1991 auf 22,5 Prozent und behauptete danach die Stellung als wählerstärkste Partei mühelos, auch wenn auf den Höhepunkt von 2007 (28,9 Prozent) die weniger erfolgreichen Wahlen von 2011 folgten (26,6 Prozent, 54 Sitze). Die SVP, halb Regierungspartei, halb Opposition, verdankte ihre Wahlerfolge dem Zustrom vieler heimatloser konservativer Wählersegmente aus den traditionellen Grossparteien und schluckte zudem die rechtsbürgerlichen Einthemenparteien personell und programmatisch. Die einst klar reformierte Partei eroberte die katholische Innerschweiz und fand selbst in der Romandie zunehmend Anhänger. Ihr Programm suggerierte, dass eine Volksgemeinschaft den Unbilden der Zeit trotzen könne, solange sie sich von kompromissbereitem, linkem oder ausländischem Gedankengut freihalte.

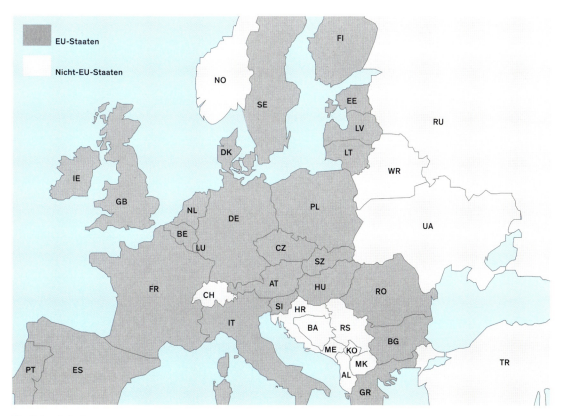

Die Schweiz in Europa

Vertrauensverlust des Staates

Die freisinnige Justizministerin Elisabeth Kopp 13.1 trat am 12. Januar 1989 zurück. Sie hatte ihren Kollegen verschwiegen, dass sie ihren Gatten telefonisch zum Rücktritt aus dem Verwaltungsrat einer Firma bewegt hatte, die in den – nicht bestätigten – Verdacht der Geldwäscherei geriet. Zur Abklärung wurde eine Parlamentarische Untersuchungskommission (PUK) geschaffen, die auch den «Fichenskandal» offenbarte. Die Behörden hatten über Jahrzehnte hinweg in 900 000 Dossiers zahlreiche Landesbewohner überwacht. Nicht nur die Betroffenen, etwa aus der Anti-Atom-Bewegung, protestierten gegen den «Schnüffelstaat». 13.2 Ebenfalls die PUK deckte auf, dass es eine geheime paramilitärische Widerstandsorganisation P-26 und eine Nachrichtenorganisation P-27 gab, die Aktionen für den Fall einer sowjetischen Besetzung vorbereitet hatten. Sie waren staatlich finanziert, doch das Parlament wusste nicht von ihrer Existenz. Im Herbst 1989 organisierte der Bund die «Übung Diamant» zu Ehren der Aktivdienstgeneration. Die Linke kritisierte die «Kriegsmobilmachungsfeiern»: Wenn die restliche Welt das Kriegsende 1945 feierte, weshalb sollte denn die Schweiz den Kriegsausbruch 1939 begehen? Die Antwort lag in der Gegenwart: Die Gedenkfeiern richteten sich gegen die Armeeabschaffungsinitiative. 13.3 Sie wurde zu einem für sie günstigen Zeitpunkt – zwei Wochen nach dem Fall der Berliner Mauer im November 1989 – bei einer aussergewöhnlich hohen Stimmbeteiligung von 68,5 Prozent klar abgelehnt. Aber mit 35,6 Prozent Ja-Stimmen und zwei befürwortenden Standesstimmen (Genf und Jura) hatte niemand gerechnet.

Die Kulturschaffenden reagierten 1991 mit einem Boykott der 700-Jahr-Feiern der Eidgenossenschaft auf den «Fichenskandal». Seinerseits erregte der Künstler Ben Vautier Aufsehen, als er 1992 den eidgenössischen Pavillon der Weltausstellung in Sevilla mit dem Schriftzug «La Suisse n'existe pas» 13.4 schmückte. Das konnte als Bekenntnis zur schweizerischen Vielfalt gelesen werden, erschien den Empörten aber als Absage an das Vaterland.

Rücktritt von Bundesrätin Elisabeth Kopp am 12. Januar 1989, Fotografie 13.1

Abstimmungsplakat der Gruppe für eine Schweiz ohne Armee, 1989 13.3

Schriftzug von Ben Vautier zur Weltausstellung in Sevilla,
Fotografie, 1992   13.4

Demonstration des «Komitees gegen den Schnüffelstaat»
am 22. Januar 1989 in Bern, Fotografie   13.2

Die Armee als aussenpolitisches Instrument

Der Europäische Wirtschaftsraum (EWR) schaffte die Zölle zwischen seinen Vertragspartnern ab, während – anders als in der EU – ihre Vereinheitlichung gegen aussen unterblieb. Die EFTA-Staaten konnten auch das künftige gemeinsame Recht mitgestalten, mussten aber den «acquis communautaire» übernehmen, die bestehenden einschlägigen EU-Gesetze. Noch wichtiger als dieser Souveränitätsverlust war für die EWR-Gegner 13.5 die Entscheidung einer knappen Mehrheit im Bundesrat, die im Mai 1992 Verhandlungen für einen EU-Beitritt aufnehmen wollte. Bei einer Stimmbeteiligung von 78 Prozent, der höchsten seit der Einführung der AHV 1947, legten 50,4 Prozent ein Nein ein; eindeutig waren die ablehnenden 16 Standesstimmen. Raymond Burkis Karikatur 13.6 illustrierte die verbreitete Ansicht, dass nicht Helvetia sich in ein beengendes Kleid zwängen müsse, sondern Europa eine Form annehmen solle, die der Schweiz passe.

Für die pragmatische Einbindung in globalisierte Ordnungssysteme erwies sich die Armee als wichtig, die neue Betätigungsfelder suchte. Mit dem Zusammenbruch des Warschauer Pakts hatte sie ihren Hauptauftrag verloren und geriet unter dauernden Finanz- und Reformdruck. Nach 1989 ging der Anteil der Landesverteidigung bis 2008 auf 7,4 Prozent des Bundesbudgets beziehungsweise 3,1 Prozent aller Staatsausgaben zurück. Die «Armeereform 1995» wurde schon 2001 durch die «Armee XXI» überholt. Das Dienstalter und die Dienstzeiten wurden beschränkt, der aktive Truppenbestand drastisch abgebaut.

Als zeitgemäss erschien auch die von der NATO angeregte «Partnerschaft für den Frieden». Die Schweiz beteiligte sich ab 1996 ohne Beistandsverpflichtung und unter Vorbehalt der Neutralität: auf Nicos Karikatur von 1996 13.7 ein sperriges Mitbringsel. Militärflugzeuge der NATO durften im Jugoslawienkonflikt ab 1995 die Schweiz überfliegen. Mit der Bildung der Swisscoy 13.8 für den Kosovo beteiligten sich im Herbst 1999 erstmals Schweizer Soldaten an einer multinationalen Friedensoperation.

Die Schweiz und die «Partnerschaft für den Frieden», Karikatur von Nico, Tagesanzeiger 12. Dezember 1996   13.7

Karikatur von Raymond Burki zum EWR-Nein, 1992   13.6

Demonstration gegen den EWR vor dem Bundesbriefmuseum in Schwyz, Fotografie, 1992   13.5

Swisscoy-Soldat im Kosovo, Fotografie von Sigi Tischler, 25. November 1999   13.8

Wellen der Fremdenfeindlichkeit

Schon in den 1980er-Jahren setzte eine neue Überfremdungsdebatte ein, als vermehrt Asylsuchende aus entfernteren Ländern in der Schweiz eintrafen, so Flüchtlinge aus dem Kosovo 13.9 während der Jugoslawienkriege. Die überforderten Behörden verschärften das Asylgesetz in mehreren Schritten erheblich. Die sprachliche und vor allem um 1990 auch physische Gewalt gegen Fremde traf ebenfalls Türken und Menschen aus dem zerbrechenden Jugoslawien, zuerst Fremdarbeiter, dann Flüchtlinge des Bürgerkriegs.

Förderer und Nutzniesser der Fremdenfeindlichkeit waren die Nationalkonservativen um die SVP, die verschiedene Initiativen mit einer Bildpropaganda lancierten, die internationales Aufsehen erregte, wie das hier abgebildete Plakat für die «Ausschaffungsinitiative». 13.10 Das Volk nahm 2009/10 die Ausweisung nicht nur von kriminellen Ausländern, sondern auch ihrer Angehörigen ebenso an wie das Verbot, neue Minarette zu bauen. Da beide neuen Verfassungsartikel gegen Menschenrechte verstossen, werden sie den Europäischen Gerichtshof in Strassburg beschäftigen.

Zugleich bejubelten die Fussballfans ein Nationalteam, das sich – anders als einst die Odermatt, Kuhn und Blättler – von 2004 bis 2010 regelmässig an Europa- und Weltmeisterschaften teilnahm. In der Mannschaft, die im Sommer 2008 in Basel Portugal besiegte, waren 7 der 11 Spieler «Secondos», so auf dem Bild 13.11 von rechts Johan Djourou, Tranquillo Barnetta, Gökhan Inler und der Torschütze Hakan Yakin. Der Souverän lehnte dennoch 2004 die erleichterte Einbürgerung für die in der Schweiz geborenen Secondos ab. Patrick Chappattes Karikatur 13.12 illustrierte einerseits den «Röstigraben», weil die vier frankofonen Kantone und das zweisprachige Freiburg die Vorlage klar annahmen, welche die Deutschschweizer ebenso deutlich ablehnten. Zugleich protestierte er gegen die Selbstverständlichkeit, mit der die in der zweiten Landessprache oft nur radebrechenden Nationalkonservativen ihre – deutsche – Schweiz für die gesamte Schweiz ausgaben.

Plakat der SVP zur Ausschaffungsinitiative, Fotografie von Laurent Gillieron, 2007   13.10

Der Röstigraben nach der Ablehnung der erleichterten Einbürgerung von Secondos, Karikatur von Patrick Chappatte, NZZ am Sonntag, 3. Oktober 2004   13.12

Kosovaren vor der Empfangsstelle für Asylsuchende in Chiasso TI,
Fotografie von Karl Mathis, 1998   13.9

Jubelnde Schweizer Fussballspieler an der Europameisterschaft
in Basel, 2008   13.11

Umbruch der Parteienlandschaft

Mit ihrer nationalistischen und populistischen Sprache gelang es der SVP, die Wählerschaft der rechtsbürgerlichen Protestparteien an sich zu ziehen. Die vorübergehend erfolgreiche Auto- beziehungsweise Freiheitspartei verschwand 1999 wieder aus dem Parlament. Die ausländerfeindliche Nationale Aktion und ihre Nachfolgepartei, die Schweizer Demokraten, waren nie über 3,5 Prozent Wählerstimmen hinausgelangt und verloren 2007 ihren letzten Nationalratssitz. Zugleich vertrieben der aggressive Stil und die fremdenfeindlichen Inhalte der SVP gemässigte Politiker aus den eigenen Reihen. Die Spannungen zwischen dem Zürcher Flügel um Christoph Blocher und dem Berner Bundesrat Samuel Schmid 13.13 bereiteten die Abspaltung der neuen Bürgerlich-Demokratischen Partei 2008 vor.

Die Bundesräte Christoph Blocher (links) und Samuel Schmid (rechts) an der Albisgüetli-Tagung in Zürich, Fotografie von Eddy Risch, 2005   13.13

Ebenfalls im Jahr 1999 löste sich der Landesring der Unabhängigen auf. Die Partei hatte zuletzt nahe bei den Grünen politisiert, die sich seit den späten 1980er-Jahren dauerhaft als fünftstärkste Partei etablierten, auch dank direktdemokratischen Initiativen. Die in die Anfänge zurückreichenden Differenzen zwischen dem kleineren bürgerlich-liberalen und dem vorherrschenden basisdemokratisch-linken Lager führten 2004 zur Spaltung. Eine Gruppe um Verena Diener, auf dem Bild 13.14 von 1992 noch Präsidentin der gesamtschweizerischen Grünen Partei, bildete die Grünliberale Partei und behauptete sich in zwei Nationalratswahlen. 2011 übernahmen Bundesrat und Parlament unerwartet ein Hauptanliegen der Ökobewegung: Nach dem Reaktorunglück im japanischen Fukushima beschlossen sie den Atomausstieg, der 2034 abgeschlossen sein soll. Auch das Bild des Bundesrats veränderte sich. Mit Ruth Dreifuss wurde 1999 erstmals eine Frau Bundespräsidentin; sie war zugleich die erste Jüdin in der Landesregierung. Nach ihr gelangten etliche Frauen in den Bundesrat, so dass er 2010/11 vorübergehend sogar eine weibliche Mehrheit 13.15 erlebte (v. l. n. r.): Johann Schneider-Ammann (FDP), Didier Burkhalter (FDP), Doris Leuthard (CVP), Micheline Calmy-Rey (SP), Eveline Widmer-Schlumpf (BDP), Ueli Maurer (SVP) und Simonetta Sommaruga (SP) sowie Bundeskanzlerin Corina Casanova (CVP). Das erregte inzwischen ebenso wenig Aufsehen wie die Tatsache, dass der frühere CVP-Bundesrat Joseph Deiss 2010/11 die UNO-Generalversammlung präsidierte. 13.16

Parteivorstand der Grünen (links Verena Diener, ganz rechts Hanspeter Thür, ab 2001 Eidgenössischer Datenschutz- und Öffentlichkeitsbeauftragter), Fotografie, 1992   13.14

Der Bundesrat im Jahr 2011, Fotografie von Monika Flückiger 13.15

Bundespräsidentin Doris Leuthard am 23. September 2010 vor der
UNO-Generalversammlung, die von Joseph Deiss präsidiert wird,
Fotografie von Justine Lane 13.16

Die Entindustrialisierung der Schweiz

Die 1990er-Jahre waren eine Phase der Entindustrialisierung: 1990 waren 32,2 und 2009 nur noch 22,9 Prozent der Erwerbstätigen im zweiten Sektor tätig. Schon in den 1970er-Jahren begann unter anderem wegen des verspäteten Einstiegs in die Mikroelektronik ein etappenweiser, krisenhafter Abstieg und Strukturwandel, der sich im Verlust von Marktanteilen und in Firmenfusionen niederschlug. Zuerst taten sich Unternehmen aus der Schweiz zusammen, dann vereinten sie sich mit ausländischen Firmen, um auf dem Weltmarkt mithalten zu können – so zuerst 1988 ABB nach der Fusion der BBC mit der schwedischen Asea. Sulzer übernahm 1969 Escher Wyss und wurde seit den 1990er-Jahren zum Gegenstand vieler Reorganisationen und unklarer Investoreninteressen. Die Zahl der in Winterthur Beschäftigten ging von 37 000 (1974) auf 650 zurück. Nicht nur bei Sulzer entstanden auf dem Firmenareal nach dem Abriss der Fabriken 13.17 Büros und Wohnungen.

Die Schliessung von Produktionsstätten bedeutete oft den Verlust von Arbeitsplätzen, so in Bodio, wo Von Roll das 1977 erworbene Stahlwerk Monteforno 13.18 1995 stilllegte. Die Öfen wurden nach Indonesien verkauft. Die 1888 gegründete Alusuisse, das erste Aluminiumwerk Europas, gelangte 2000 an den kanadischen Konzern Alcan. Die 1962 auf dem Walliser Stegerfeld errichtete Elektrolysefabrik wurde 2006 stillgelegt und 2009 gesprengt. 13.19 Umstrukturierungen veränderten die Produktpalette manchmal so massiv wie bei der SIG, die ihren Eisenbahnbereich 1995 an Fiat/Alstom abtrat und sich fortan auf die Herstellung von Kartonverpackungen und Füllmaschinen beschränkte.

Auch die chemische Industrie, die sprunghaft wuchs und um 2000 die Maschinenindustrie als exportstärkste Branche ablöste, erlebte Umstrukturierungen und Fusionen: 1996 entstand Novartis aus Ciba-Geigy und Sandoz. Das frühere Basler Produktionsareal St. Johann 13.20 wird von Stararchitekten langfristig zu einem «Campus des Wissens» umfunktioniert.

Leere Fabrikhalle auf dem Monteforno-Areal, Bodio TI, Fotografie von Hans-Peter Bärtschi, 2005   13.18

Sulzer-Areal Winterthur ZH, Fotografie von Hans-Peter Bärtschi, 2005   13.17

Sprengung der Elektrolysefabrik der ehemaligen Alusuisse in Steg VS,
Fotografie von Jean-Christophe Bott, 2009   13.19

Blick auf den im Entstehen begriffenen Campus des Wissens von
Novartis in Basel, Fotografie von Dieter Enz, 2003   13.20

Banken im Gegenwind

Ein Konzentrationsprozess erfasste auch die Finanzinstitute, nachdem die Immobilienblase der 1980er-Jahre geplatzt war. 1991 wurde die überschuldete Spar- und Leihkasse Thun 13.21 liquidiert, die Gläubiger verloren erhebliche Teile ihrer Guthaben. Die Zahl der Regionalbanken halbierte sich in den darauffolgenden zehn Jahren. In dieser Zeit entstanden bei den Grossbanken nach mehreren Fusionen die Credit Suisse (CS) und die UBS. Sie entwickelten sich durch den Erwerb von amerikanischen Investmentbanken zu weltweit tätigen Universalbanken. Vor diesem Hintergrund kritisierten amerikanische und jüdische Organisationen die überraschten Banken für ihren Umgang mit nachrichtenlosen Vermögen von Holocaustopfern. Die schweizerischen Massnahmen (Revisionen, historische Abklärungen, Stiftungen) hinkten dem schnell wachsenden äusseren Druck hinterher, bis UBS und CS im Sommer 1998 zu einer «Globallösung» mit amerikanischen Sammelklägern kamen und 1,25 Milliarden Dollar Entschädigung bezahlten. Bei der Ankündigung der Globallösung 13.22 posieren drei prominente Akteure, der New Yorker Senator Alfonse D'Amato (links), der frühere UBS-Wachmann Christoph Meili und die Holocaust-Überlebende Estelle Sapir. Die Weltkriegsdebatte war im Kern ein Konflikt von zwei unterschiedlichen Wert- und Rechtsordnungen: Welches Geschäftsgebaren war nicht nur nach Schweizer Gesetzgebung legal, sondern auch für «Global Players» angemessen? Dieselbe Grundproblematik führte die UBS 2008 in eine existenzielle Krise, weil die Grossbank das schweizerische Bankgeheimnis genutzt hatte, um amerikanische Kunden systematisch bei der Steuerhinterziehung zu unterstützen. Patrick Chappattes Karikatur illustriert die Drohung der amerikanischen Justiz 13.23 mit einem Prozess, der die vom Amerikageschäft abhängige Bank ruiniert hätte. Stattdessen zahlte sie eine Busse und lieferte Kundendaten aus. Die älteste Privatbank des Landes, Wegelin in St. Gallen, erbte Kunden der UBS, weil sie sich ohne USA-Engagement sicher fühlte. Sie überlebte aber die amerikanische Anklage wegen Beihilfe zur Steuerhinterziehung nicht und musste, bis auf die amerikanische Kundschaft, 2012 an die Raiffeisen Schweiz veräussert werden.

Senator Alfonse d'Amato mit Estelle Sapir und Christoph Meili, Fotografie von Melanie Einzig, 1998   13.22

Auflauf von Sparern vor der geschlossenen Spar- und Leihkasse
Thun BE, 1991   13.21

Die amerikanische Justiz droht der UBS, Karikatur von
Patrick Chappatte, 2008   13.23

Erschütterte Selbstbilder

Die globale Liberalisierung und Deregulierung (Uruguay-Runde 1994) baute Aussenzölle und Kartelle ab, was den Strukturwandel in der Landwirtschaft beschleunigte. 2011 beschäftigte diese nur noch 3,6 Prozent der Erwerbstätigen. Der «Gesellschaftsvertrag» mit der Bauernschaft war schon in der Mitte der 1980er-Jahre zerbrochen: Die Konsumenten und Steuerzahler waren in einer anhaltenden Friedenszeit ohne Versorgungsschwierigkeiten nicht mehr bereit, den hohen Preis für heimische landwirtschaftliche (Über-)Produktion zu bezahlen, und wiesen mehrere Agrarvorlagen zurück. Ihrerseits demonstrierten die Landwirte gegen das Bauernhofsterben, im Oktober 1996 vor dem Bundeshaus 13.24 auch gewaltsam. Ähnliche Szenen begleiteten oft die Demonstrationen gegen das Weltwirtschaftsforum, 13.25 das jährlich Ende Januar in Davos stattfindet und zu einem Symbol der Globalisierung und ihrer Opfer geworden ist.

Der Strukturwandel verschonte aber auch frühere nationale Flaggschiffe nicht. Die Swissair konnte nach der Ablehnung des EWR am liberalisierten europäischen Flugraum nur begrenzt teilhaben und scheiterte in Selbstüberschätzung mit der teuren «Hunter»-Strategie. Beim «Grounding» 13.26 vom 2. Oktober 2001 musste sie wegen Liquiditätsmangel vorübergehend den Betrieb einstellen, während die Maschine der schweizerischen Konkurrentin Crossair auf der Aufnahme in den Himmel fliegt. Beide Firmen wurden mit Milliardensubventionen der öffentlichen Hand in die Nachfolgegesellschaft Swiss übertragen und letztlich, 2007, der deutschen Lufthansa überlassen. Nur kurz vor dem «Grounding» der Swissair fielen in Zug 14 Regierungs- und Kantonsräte einem amoklaufenden Querulanten zum Opfer. Das Attentat von Zug 13.27 führte inländische Gefahren vor Augen, die bis dahin höchstens bei fernen Terroristen geortet worden waren. Maschinen der Swissair hatten 1970 zu den ersten Zielen von palästinensischen Attentaten überhaupt gezählt, und 1997 ermordeten Terroristen in Luxor 36 Schweizer Touristen.

Demonstration in Davos GR anlässlich des Weltwirtschaftsforums, Fotografie von Roger Doëlly, 2003   13.25

Landwirte protestieren in Bern gegen das Bauernhofsterben, Fotografie von Roger Doëlly, 1996   13.24

Nach dem Attentat auf den Regierungs- und Kantonsrat in Zug, Fotografie von Christof Borner-Keller, 2001   13.27

Swissair-Flugzeuge beim Grounding, 2. Oktober 2001,
Fotografie von Steffen Schmidt   13.26

Nutzniesser der Globalisierung

Die Schweiz hat in den Krisen der letzten Jahre ihre Abhängigkeit von globalen Entwicklungen wiederholt gespürt, so 2011 bei der starken Aufwertung des Frankens gegenüber dem Euro und dem Dollar. Im internationalen Vergleich behauptet sie sich momentan gleichwohl gut. Der Frankenkurs konnte stabilisiert werden. Auf den Rückschlag im Jahr 2009 folgten Wachstumsraten um 2 Prozent. Die Teuerung blieb tief, ebenso die Zinsen. Die Reallöhne sind seit 1990 um zehn Prozent gestiegen, die Arbeitslosigkeit liegt stabil bei etwa drei Prozent. Im Vergleich zu anderen entwickelten Wirtschaften sind die Staats- und die Schuldenquote tief.

Dank ihrer internationalen Vernetzung, die durch Globalisierungsprozesse verdichtet und erleichtert wurde, ist die Schweiz eine der erfolgreichsten Volkswirtschaften der Welt geblieben – nicht nur pro Kopf gemessen, sondern auch absolut. Das Land lebt zum überwiegenden Teil vom Export von Dienstleistungen und Industriegütern sowie von den Erträgen schweizerischer Investitionen im Ausland. Ein aufsehenerregendes Beispiel für den immer weiter reichenden Austausch ist das Nationalstadion in Peking, 13.28 das die Basler Architekten Hezog & De Meuron für die Olympiade 2008 erstellten.

Bei weitem wichtigster Handelspartner bleibt aber die EU, an deren Spitze die Nachbarländer Deutschland und Italien. Nicht zuletzt ihnen dient die Neue Eisenbahn-Alpentransversale (NEAT) 13.29 mit Basistunnels am Lötschberg (Fertigstellung 2007) und Gotthard (2016), mit 57 km der längste der Welt. Anders als beim ersten Gotthardtunnel kann die Schweiz die Kosten von rund 25 Mrd. Franken für die NEAT durch Steuern und sonstige Abgaben problemlos selbst aufbringen. Die Alpen bleiben aber nicht nur Ort technischer Pionierleistungen, sondern das wichtigste Symbol einer ursprünglichen, heilen Schweiz. Das fasziniert ausländische Touristen, die sogar auf dem Titlis heiraten, 13.30 ebenso wie die Einheimischen und nicht zuletzt die Städter. Gegen den Willen des Bundesrats wurden 1994 die «Alpeninititative» zum Schutz vor dem Transitverkehr und 2012 die Volksinitiative «gegen den uferlosen Bau von Zweitwohnungen» angenommen.

Das Nationalstadion von Herzog & De Meuron in Peking während der Olympiade 2008, Fotografie von Andy Wong   13.28

Mineure feiern den Durchstich am Gotthard Basistunnel bei Sedrun GR, Fotografie von Arno Balzarini, 2010   13.29

Japanische Touristen feiern auf dem Titlis eine Trauung,
Fotografie, 1982   13.30

Welche Schweiz hat Bestand?

Die Globalisierung lässt die Nationalstaaten immer öfter die Grenzen ihrer souveränen Gestaltungskraft erleben. Die Suche nach den nötigen internationalen Lösungen und Regeln ist konfliktträchtig, weil sie Gruppeninteressen gefährdet, die im nationalen Rahmen geschützt gewesen sind. Auch deshalb hat die Schweiz in den letzten Jahren zuvor ungewohnte Auseinandersetzungen erlebt: mit befreundeten Staaten wie Deutschland, Italien oder den USA ebenso wie mit einem erpresserischen libyschen Diktator. Inzwischen beschäftigen selbst somalische Piraten den Bundesrat: Im Unterschied zum Nationalrat hat er sich 2009 dafür ausgesprochen, die Schweizer Hochseeflotte und damit die Landesversorgung mit eigenen Soldaten gegen Seeräuber zu schützen.

Soll die Schweiz diese Aufgabe unter Berufung auf die Neutralität fremden Armeen überlassen? An solchen Fragen ist der aussenpolitische Grundkonsens zerbröckelt, der in den Nachkriegsjahrzehnten mit eindeutigen Feindbildern Orientierung stiftete. Dazu eignet sich die blaue Fahne mit goldenen Sternen nicht, die der Landsgemeinde auf dem Titelbild dieses Buches gelassen zuschaut. Das Problem der Schweiz ist nicht ein feindliches, sondern ein helvetisiertes Europa – eine vielsprachige und vielfältige Wirtschaftsgemeinschaft mit demokratischen und rechtsstaatlichen Institutionen und all den Problemen postindustrieller Sozialstaaten. Braucht es inmitten dieser kontinentalen Friedensordnung einen ganz besonderen Sonderfall; etwa dank Föderalismus und Gemeindeautonomie? Bewahrt die vielbeschworene Souveränität die nationalen Behörden davor, beim «autonomen Nachvollzug» von EU-Gesetzen auf ein Ausführungsorgan reduziert zu werden? Solche Fragen werden immer wieder unter Rückgriff auf die nationale Geschichte beantwortet. Die Vergangenheit ist aber keine Büchse, in der Rezepte für die Zukunft darauf warten, entdeckt zu werden wie das grosse Panorama der Schlacht von Murten, das Jean Nouvel an der Expo.02 in einem auf dem Murtensee schwimmenden Monolithen 13.31 versteckte. Die künftige Schweiz wird sich aus den konfliktträchtigen Antworten auf die Herausforderungen der Gegenwart ergeben.

Der Monolith von Jean Nouvel auf dem Murtensee, Expo.02, Fotografie von Andreas Busslinger, 2002   13.31

Bibliografie

Der aktuelle Forschungsstand findet sich in der Regel im dreisprachigen, 13-bändigen *Historischen Lexikon der Schweiz,* Basel 2002ff., von dem im Jahr 2012 Band 11 erscheint und das 2014 abgeschlossen sein soll. Die Artikel, von denen dieses Buch stark profitierte, können auch im Internet konsultiert werden, unter www.hls.ch. Nur in der Buchausgabe finden sich allerdings Illustrationen, Grafiken und Karten, neben denen weiterhin Hektor Ammann/Karl Schib (Hg.), *Historischer Atlas der Schweiz,* Aarau ²1958, und neu Bruno Fritzsche et al., *Historischer Strukturatlas der Schweiz. Die Entstehung der modernen Schweiz,* Baden 2001, hilfreich sein können. Chronologisch und systematisch wird die Forschung erfasst in der *Bibliographie der Schweizergeschichte,* Zürich 1912ff., seit 1999 auch im Internet unter: http://www.nb.admin.ch/dokumentation/publikationen/00753/00755/index.html. Einschlägige Artikel und Rezensionen finden sich in zahlreichen kantonalen und – etwa auf Religionsgeschichte – spezialisierten Zeitschriften, insbesondere aber in der *Schweizerischen Zeitschrift für Geschichte,* 1951ff., und in *Traverse: Zeitschrift für Geschichte,* 1994ff. Die dortigen Artikel können nach einer Sperrfrist ebenso wie solche aus älteren Zeitschriften unter http://retro.seals.ch/digbib/home gelesen werden. Ebenfalls im Internet greifbar ist DoDiS (http://www.dodis.ch/d/datenbank.asp), die Informationen liefert, die weit über die gedruckte Version der *Diplomatischen Dokumente der Schweiz* hinausgehen (1. Serie: 1848–1945, abgeschlossen 1997; 2. Serie: ab 1945; Band 23, 1964–1966, erschien 2011). Das Bundesblatt, das amtliche Bulletin der Bundesversammlung und Protokolle des Bundesrats in Auswahl finden sich unter http://www.amtsdruckschriften.bar.admin.ch/showHome.do; historische Informationen etwa zu Volksabstimmungen liefert die Bundeskanzlei unter http://www.admin.ch/ch/d//pore/va/vab_2_2_4_1.html. Für die Verfassungsgeschichte konsultiere man neben http://www.verfassungen.de/ch Alfred Kölz, *Quellenbuch zur neueren schweizerischen Verfassungsgeschichte,* 2 Bände, Bern 1992/1996. Die aktuellen Angaben des *Statistischen Jahrbuchs der Schweiz,* 1891ff., finden sich in Auswahl unter http://www.bfs.admin.ch, während die teilweise bis 1848 zurückreichenden Daten von Heiner Ritzmann (Hg.), *Historische Statistik* der Schweiz, Zürich 1996, auch unter http://www.fsw.uzh.ch/hstat/nls/overview.php abgefragt werden können. Die ältere Forschung und die Quellenwerke zur schweizerischen Geschichte sind, auch dank historiografiegeschichtlichen Einführungen, greifbar in Hanno Helbling et al., *Handbuch der Schweizer Geschichte,* 2 Bände, Zürich ²1980, und in Ulrich Im Hof et al., *Geschichte der Schweiz und der Schweizer,* 3 Bände, Basel 1983 (Studienausgabe 1986). Diese Standardwerke sind ebenso von verschiedenen Autoren und Autorinnen verfasst wie *Die Geschichte der Schweiz,* die von Georg Kreis herausgegeben wird und noch 2012 erscheinen soll. Neuere kürzere Darstellungen der schweizerischen Geschichte gibt es ausserdem einige. Helmut Meyer et al., *Die Schweiz und ihre Geschichte,* Zürich ²2007, liefert weit mehr als das Lehrmittel, das es formal ist. Auf Französisch hat François Walter seit 2009 eine fünfbändige *Histoire de la Suisse* und Joëlle Kuntz eine kurze *Histoire de la Suisse en un clin d'œil,* Genf 2006, vorgelegt, die 2008 als *Schweizer Geschichte einmal anders* auch auf Deutsch erschien. Der verdiente Überblick von Ulrich Im Hof, *Geschichte der Schweiz,* Stuttgart 1971, ist inzwischen (2007) in siebter Auflage erschienen. Wegen ihrer reichen Bebilderung sind zwei inhaltlich überholte Werke erwähnenswert: Walter Drack/Karl Schib/Sigmund Widmer/Emil Spiess, *Illustrierte Schweizer Geschichte,* 3 Bände, Einsiedeln 1958–1961, und Peter Dürrenmatt, *Schweizer Geschichte,* 2 Bände, Bern ²1963, ferner Werner Meyer/Georg Kreis, *Die Schweiz in der Geschichte,* 2 Bände, Zürich 1997. Volker Reinhardt hat drei unterschiedlich lange Bücher zum Thema verfasst, zuletzt 2011 *Die Geschichte der Schweiz,* München 2011. In vierter Auflage liegt inzwischen auch meine *Geschichte der Schweiz,* usprünglich Baden 2010, vor.

Verwiesen sei auch auf die zahlreichen gründlichen und aufwendig illustrierten Kantonsgeschichten, die seit den 1980er-Jahren erschienen sind und viele Informationen aufarbeiten, die auch für die nationale Geschichte von Bedeutung sind. Für die einzelnen Epochen findet sich ein aktueller Forschungsstand in meiner erwähnten *Geschichte der Schweiz.*

Bildnachweis

A.&G.Zimmermann, Genf 2.4/7.12 (Kunstmuseum Solothurn)/10.18/11.41
Aargauer Kantonsbibliothek 2.1 (AKB MSWettF16:1, S.724)/2.8 (AKB MSWettF16:1, S.143)/ 4.7 (AKB MSWettF16:1, S.298)/9.4 (Schweizer Bote, 3.11.1825)
Abbaye Saint-Maurice 1.3
AKG-Images (Nationalmuseum Posen) 10.37
AlpTransit ATG 13.29
Andri Pol Umschlagbild
Archäologie und Museum Baselland 8.4/9.18
Archiv der Landesdenkmalpflege Rheinland-Pfalz 2.13
Archiv OC Oerlikon 11.43

Badische Landesbibliothek, Karlsruhe, O51 B 3 RH, fol. 36v. 3.15
Benediktinerkloster (Collegium) Sarnen, Cod. Membr. 37, 41r. 1.8
Bernisches Historisches Museum 3.16/4.15/6.2/7.16/8.5/8.27/10.4/11.1
Bernisches Historisches Museum. Foto Stefan Rebsamen 4.4/7.1/7.7/8.2/8.18
Bernische Stiftung für Fotografie, Film und Video, Kunstmuseum Bern, Depositum Gottfried Keller-Stiftung. © Gottfried Keller-Stiftung, Bern. Foto Paul Senn 11.20/11.33/11.47
Bibliothèque cantonale et universitaire Fribourg 1.9
Bibliothèque de la Ville de La Chaux-de-Fonds, DAV collections iconographiques, Fonds Fernand Perret 12.33
Bibliothèque publique et universitaire de Genève 5.18/10.8 (A.&G.Zimmermann, Genf)
Bibliothèque publique et universitaire de Neuchâtel BPUN 5.17
BLS-Archiv, Nr. 1384, Südportal 10.16
Bourbaki Panorama Luzern 10.38
Bundesamt für Bauten und Logistik, BBL, Bern. Foto A.Gempeler, Bern 10.40
Bundesamt für Gesundheit, Aids-Dokumentation 12.50
Bundeskanzlei, Bern. Foto Monika Flückiger 13.15
Burgerbibliothek Bern 2.12 (Mss.h.h.I.16, p.85)/ 3.2 (Mss.h.h.I.16)/3.3 (Mss.h.h.I.16, p.152)/3.5 (Mss.h.h.I.16, p.399)/ 3.13 (Mss.h.h.I.1, p.282)/4.3/4.5 (Mss.h.h.I.16, p.788)/ 4.20 (Mss.h.h.I.16, p.41)/8.23 (Gr.B.111)/9.13 (Gr.D.194)

Centre d'iconographie genevoise CIGE 5.20/8.28/9.29/10.55/11.16/11.17
Chappatte in «NZZ am Sonntag» 13.12/13.23
Claude Bornand, Lausanne 1.11
Collezione Città di Lugano 8.17
Comet Photoshopping, Dieter Enz 13.20

EFTA 12.56
Eidg. Archiv für Denkmalpflege 10.54
Eigentum Kanton Zürich 6.19
ETH-Bibliothek Zürich, Alte Drucke 7.15
ETH-Bibliothek Zürich, Bildarchiv 11.30/12.18/12.19/12.28/12.31
ETH-Bibliothek Zürich, Graphische Sammlung 2.6

Familien Franz von Reding, Waldegg, Schwyz. Foto Staatsarchiv Schwyz 7.19

Fotoagentur Aura, Andreas Busslinger 13.31
Fotoarchiv SBB Historic 10.15
Fotostiftung Schweiz 12.14 (Bundsamt für Kultur)/12.22 (anonym, Comet Photo)/12.30 (Pro Litteris, Candid Lang)
Frederic Meyer, Zürich 12.51

Germanisches Nationalmuseum, Nürnberg 4.6
Gretler's Panoptikum zur Sozialgeschichte, Zürich 10.42/10.48/10.49/11.11/12.29

Hans-Peter Bärtschi 13.17/13.18
Hier + jetzt Verlag 3.10
Historisches Archiv ABB Schweiz 10.21/12.15/12.24
Historisches Lexikon der Schweiz. Foto Heinz Dieter Finck 12.54
Historisches Museum Basel 6.3 (Depositum des Evangelisch-Reformierten Kirchenrats Basel-Stadt. Foto HMB M.Babey. Innenansicht des Basler Münsters. Johann Sixt Ringle, Basel, 1650)/6.16 (Depositum der Jenny Adèle Burckhardt-Stiftung Basel. Foto HMB P.Portner. Wettstein-Pokal. Georg Freyder, Strassburg, 1649)
Historisches Museum Obwalden 4.10
Historisches und Völkerkundemuseum St.Gallen 7.2/7.3

J. Reinhard Weber, Rorschach 8.15 (Bild aus: St. Galler Geschichte 2003, Band 5, S.131)

Kantonsbibliothek Graubünden 5.28
Kantonsbibliothek Nidwalden, VMA 0037/4 8.13
Kant. Denkmalpflege Aargau 2.15/6.7
Kant. Denkmalpflege Graubünden 1.4/1.5
Kant. Denkmalpflege Luzern, U.Bütler 5.23
Kant. Denkmalpflege St.Gallen. Foto Bernhard Anderes 5.27
Kant. Denkmalpflege Tessin 1.2/5.2
Kant. Denkmalpflege Thurgau 7.11
Kant. Denkmalpflege Zürich 6.18
Kapuzinerinnenkloster St.Klara Stans 5.21
Keystone 11.9 (Handout)/11.39 (Photopress-Archiv/Walter Studer)/12.9 (Jakob Bräm)/12.16 (Fotostiftung Schweiz/Hans Baumgartner)/12.23 (Karl Mathis)/12.41 (Karl-Heinz Hug)/12.44 (Josef Zimmermann)/12.46 (Michael Kupferschmidt)/12.49 (Martin Rütschi)/12.55 (Edi Engeler)/13.8 (Sigi Tischler)/13.9 (Karl Mathis)/13.10 (Laurent Gillieron)/13.13 (Eddy Risch)/13.16 (EPA/Justine Lane)/13.19 (Jean-Christophe Bott)/13.22 (AP/Melanie Einzig)/13.26 (Steffen Schmidt)/13.28 (AP/Andy Wong)
Keystone/Fotostiftung Schweiz/Hans Staub 11.18/11.19/11.37/11.46/11.54
Keystone/Photopress-Archiv/Str 11.23/11.45/12.5/12.8/12.11/12.34/12.36/12.48
Keystone/Str 12.26/12.35/12.42/12.43/12.47/12.59/13.1/13.2/13.4/13.5/13.14/13.21/13.24/13.30
Kunsthaus Zürich 2012. Alle Rechte vorbehalten. 7.14/8.14/9.15/10.9
Kunsthistorisches Museum, Wien 3.18
Kunstmuseum Basel, Kupferstichkabinett 4.13
Kunstmuseum Basel, Kupferstichkabinett. Foto Martin P.Bühler 4.9 (Urs Graf, Versammlung von Reisläufern, 1515)/4.14 (Urs Graf, Schlachtfeld, 1521)/4.18 (Hans Holbein d.J., Der Schreibende Erasmus von Rotterdam, 1523)/4.19 (Ambrosius Holbein, Aushängeschild eines Schulmeisters, 1516)/6.4 (Anonym. Schweiz. 17.Jh. Lands-Gmeind-Ordnung [in Zug], o.J.)/6.14 (Hans Heinrich Glaser zugeschrieben. Der Bauernführer Niklaus Leuenberger, 1653)/7.17 (Hieronymus Holzach, Gericht

im Saal des Palazzo Giuridico Mendrisio, 1774)/10.36 (Konrad Grob, Pestalozzi bei den Waisen von Stans, 1879)
Kunstmuseum Bern. Depositum der Gottfried Keller Stiftung 8.24
Landesarchiv Appenzell Innerrhoden 5.24
Landesbibliothek Glarus 4.27/5.26

Magnum/Werner Bischof 12.3
Maissen, Vom Sonderbund zum Bundesstaat 9.23 (Tafel XV, Zentralbibliothek Zürich)/ 9.27 (Tafel II, Zentralbibliothek Zürich)
Martin Menzi 12.57
MoneyMuseum Zürich 8.10
Musée d'art et d'histoire, Fribourg 9.10
Musée d'art et d'histoire, Genf 7.20 J.-P. Saint-Ours, Figure de la République de Genève, N 0705)/ 7.21 (W.-A. Töpffer, Le Café du théâtre, 1922.0003)/ 10.41 (Ferdinand Hodler, Le Grütli moderne, 1911.0001)
Musée de l'Elysée, Lausanne. Foto Jean Mohr 12.25
Museum Allerheiligen, Schaffhausen 7.10
Museum für Gestaltung Zürich, Plakatsammlung 11.13 (Dora Hauth-Trachsler © ZHdK)/11.25 (Noël Fontanet © ZHdK)/11.26 (Hugo Laubi © ZHdK)/12.6 (Hans Erni © ZHdK)/12.10 (Hans Erni © ZHdK)/12.32 (Anonym © ZHdK)
Museum für Kommunikation, Bern 10.2/10.3
Musée Historique Mulhouse 4.8 (HLS)/6.9/6.10 (HLS)
Museum des Landes Glarus, Freulerpalast Näfels 10.17

Nebelspalter-Archiv 10.32/10.44/11.4/11.49/11.50/11.51/12.1/12.2/12.12
Neue Luzerner Zeitung, Christof Borner-Keller 13.27
Nidwaldner Museum, Stans 8.9

Österreichische Nationalbibliothek, Wien 1.1/2.14 (Ehrenspiegel des Erzhauses Österreich, hrsg. von Johann Jacob Fugger)

Plakatsammlung Basel 11.27 (Charles L'Eplattenier)/12.45 (Pierre Brauchli)/12.52 (Mark Zeugin)
Praesens-Film AG, Zürich 11.31
Provinzarchiv Schweizer Kapuziner Luzern 5.25

Rätisches Museum, Chur 6.12
Raymond Burki (Bild aus: Helmut Meyer et al., Die Schweiz und ihre Geschichte, S. 370) 13.6
RDB 12.20 (ATP/Schocher)/12.38 (SI/Kurt Reichenbach)/13.8 (Illustré/Claude Gluntz)/13.11 (Sampics/Corbis)/13.25 (Blick/Dominik Baumann)
Ringier Bildarchiv 11.10 (RBA4-3-112.26_1©StAAG/RBA)/11.36 (©StAAG/RBA/IIKW.CH)/11.56 (RBA10-19-38_1 © StAAG/RBA)/12.17 (Siegbert Maurer: RBA6_DuttweilerGottlieb_1 © StAAG/RBA)/12.40 (RBA4-3-112-2645_1 © StAAG/RBA)
Russlandschweizer-Archiv, Historisches Seminar Universität Zürich (Katrin Burri) 10.22

Schweizerisches Bundesarchiv 11.5 (CH-BAR#E27#1000/721#14095#4133)/11.6 (CH-BAR#E27#1000/721#14095#2279)/11.7 (CH-BAR#E27#1000/721#14095#1268)/11.35 (Bild aus: Maissen/Burri, Bilder aus der Schweiz, S. 55)/11.38 (CH-BAR#E5792#1988/204#189)/11.42 (CH-BAR#E5792#1988/204#1062)/11.44 (Bild aus: Daniel Bourgeois, Geschäfte mit Hitlerdeutschland, S. 160)/11.48 (CH-BAR#E4450#1000/864#396)/11.52 (CH-BAR#E27#1000/721#9564)/11.53 (Bild aus: Maissen/Burri, Bilder aus der Schweiz, S. 207)/11.55 (CH-BAR#E5792#1988/204#1188)
Schweizerische Nationalbibliothek, Bern 8.6/8.12/9.20/9.24/9.34/10.1/10.5/10.7/10.22 (HLS)/10.31/10.47/11.26 (Foto Robert Spreng)
Schweizerische Nationalbibliothek, Bern, Graphische Sammlung 11.14 (Melchior Annen)/12.7 (Willi Günthardt)/12.53
Schweizerisches Nationalmuseum 1.10 (DIG-9499, Inv. IN-6957.4)/ 2.10 (DIG-4962, Inv. AG-2760)/ 2.11 (DIG-4715, Inv. LM-4696)/ 3.1 unten (DIG-16746, Inv. SS-5477)/3.11 (DIG-16726, Inv. LM-1093.10)/ 3.14 (DIG-12497, Inv. DEP-829.b)/ 5.2 (DIG-5167, DEP-3534. Depositum Zentralbibliothek Zürich)/ 5.5 (DIG-4978, Inv. AG-7.3)/ 5.6 (DIG-16759, Inv. AG-7.3)/ 5.15 (DIG-3741, Inv. KZ-5633)/ 6.5 (DIG-3886, Inv. LM-3611)/ 6.6 (DIG-16727, Inv. LM-8440)/ 6.20 (DIG-3865, Inv. LM-65151)/ 6.21 (DIG-4902, Inv. DEP-65)/ 6.22 (DIG-16729, Inv. DEP-1573)/ 7.4 (DIG-16725, Inv. LM-40901)/ 7.13 (DIG-16728, Inv. IN-70)/ 8.1 (DIG-2114, Inv. LM-20965)/ 8.7 (DIG-16731, Inv. LM-39480)/ 8.8 (DIG-3019, Inv. LM-18576)/ 8.21 (DIG-16730, Inv. LM-41456)/ 9.5 (DIG-16761, Inv. BS-1930.1603)/ 9.8 (DIG-16734, Inv. LM-45697)/ 9.9 (DIG-2320, Inv. BS-1934.1801)/ 9.11 (SLM-8527)/ 9.17 (DIG-4994, Inv. LM-35774)/ 9.22 (DIG-16733, Inv. LM-49093)/ 9.25 (DIG-16760, Inv. LM-23668)/ 9.30 (DIG-10380, Inv. LM-35782)/ 10.11 (DIG-16735, Inv. M-15598)/ 10.19 (DIG-16732, Inv. LM-76656)/ 10.23 (DIG-2280, Inv. LM-79030)/ 10.39 (DIG-9867, Inv. LM-41994)/ 11.8 (DIG-1830, Inv. LM-73693.41)/ 12.13 (DIG-80, Inv. LM-100081.1)/ 12.21 (DIG-66, Inv. LM-79715.17)/ 12.58 (DIG-3561, Inv. LM-110905.1)
Schweizerisches Sozialarchiv, Zürich 10.45/10.51 (Der neue Postillon 4. April 1899)/11.12/12.4/12.27/12.37/13.3
Service du patrimoine culturel de la Seine-Saint-Denis 4.11
Staatliche Museen zu Berlin, Preussischer Kulturbesitz, Kunstbibliothek 5.1
Staatsarchiv Aargau, CH-0000517 GS/00009.3. Foto A. & G. Zimmermann, Genf 9.6
Staatsarchiv Basel-Stadt, 5.30 (Falk. A 249)/8.3 (Falk. A 536)/8.26 (Bild 13, 41)/11.15 (Räte u. Beamte A 4a)/11.34 (AL 45, 9-34)
Staatsarchiv des Kantons Bern 2.16/7.5 (Foto H. Frutig)/8.20
Staatsarchiv Hessen, Marburg 5.12
Staatsarchiv Luzern 3.1 mitte (URK 487/8651.3)/3.12 (URK 45/964)/6.11 (AKT A1F1, Sch. 25)
Staatsarchiv Obwalden 3.1 oben/4.21/6.17
Staatsarchiv Schaffhausen 11.40
Staatsarchiv Schwyz 9.19
Staatsarchiv St. Gallen, S. u. J. Heim 9.14
Staatsarchiv Uri, Altdorf, Nachlass Karl Iten 10.34
Staatsarchiv Zürich 3.4 (F IIa 252)/3.6 (C I Nr. 1388)/3.7 (C I Nr. 376)/3.21 (C I Nr. 370)
Stadtarchiv Bremgarten, BX 1347: 1, f 72v 3.19
Stadtarchiv Olten, Oltner Kalender 1859 10.13
Stadtarchiv St. Gallen 8.16
Stadtarchiv Zürich 11.32
Stadtmuseum Aarau 8.11
Stégigraphic.ch, Jean-Claude Juriens 1.7
Stiftsbibliothek St. Gallen, Cod. Sang. 1092 1.6
Tages-Anzeiger, 12.12.1996 © Nico 13.7

Universitätsbibliothek Basel, AN II 3 4.16 (AN II 3)/4.17 (FG V 38)/10.25 (VB R 76)

Universitätsbibliothek Heidelberg 2.7 (Cod. Pal. Germ. 848 fol. 43v.)/2.9 (Cod. Pal. Germ. 848, fol. 52r)

Widmer et al., Illustrierte Geschichte der Schweiz 3.9 (Band II, S. 24)/9.26 (Band III, S. 159)/10.50 (Band III, S. 244)/10.53 (Band III, S. 251)/10.56 (Band III, S. 256)

Wikimedia, Privatbesitz 10.35

Zentralbibliothek Zürich 11.3/11.24

Zentralbibliothek Zürich, Alte Drucke 4.22/5.3/5.10/5.19/10.24/10.30 (Nebelspalter 1875)/10.43 (Nebelspalter 1912)/10.52 (Nebelspalter 1902)/11.21 (Nebelspalter 14, 1937)/11.28 (Nebelspalter 23, 1938)/12.39 (Die Tat, 7.12.1977)

Zentralbibliothek Zürich, Graphische Sammlung und Fotoarchiv 4.23/5.11/6.13/7.6 (Privatbesitz)/7.8/7.9/7.18/7.22/8.19/8.25/9.1/9.7/9.12/9.16/9.21/9.23/9.31/9.32/9.33/9.35/10.10/10.12/10.14/10.26/10.27/10.28/10.29/10.46/11.2

Zentralbibliothek Zürich, Handschriftenabteilung 2.5/3.17/3.20/5.4/5.7/5.8/5.9/5.13/5.14/5.16/5.29/5.31/5.32/6.1

Zentral- und Hochschulbibliothek Luzern 6.15/9.2/9.3/9.28/10.6/10.33

Zentral- und Hochschulbibliothek Luzern. Diebold-Schilling-Chronik 1513 © Eigentum Korporation Luzern 2.2 (291v_590)/2.3 (217v_440)/3.8 (15r_39)/4.2 (218_219)/4.12 (207r_419)/4.24 (118r_239)/4.25 (63v_128)

Karten: Grundlagen HLS, Bearbeitung hier + jetzt

Ortsregister

Aarau AG 90, 122, 128, 144, 186f.
Aare 10, 37, 164
Aargau 37, 46, 122f., 136, 141, 152, 154, 162
Adelwil (Kapelle) 83
Adria 9
Alemannia 12
Alt St. Johann SG 74f.
Altdorf UR 180
Altenrhein Staad SG 130
Appenzell 36, 44f., 48, 56, 84, 92, 94, 96, 106, 146, 253
Appenzell Ausserrhoden 254
Appenzell Innerrhoden 96, 176, 254f.
Arbon TG 12
Arosa GR 238
Äthiopien 195
Augusta Raurica (Augst BL) 9
Augsburg 10, 62, 76
Aventicum (Avenches VD) 9

Baden AG 37, 46f., 90, 94–96, 162, 174, 234f., 240
Balsthal SO 148f., 172
Basel 9, 21, 52, 56f., 62, 70, 86f., 89f., 92, 96, 100, 106, 116, 123–125, 136, 140, 150, 162, 170, 172, 178, 186, 188, 202, 213, 238, 244, 248, 250, 260, 266f., 270f.
Baselland 248
Bayern 42, 98
Bellinzona TI 58
Beresina 182
Berlin 228
Bern 6, 16, 21, 23, 30, 32, 35–38, 40, 44, 46, 53–55, 70f., 78, 80, 89f., 92, 96, 100, 107, 116, 121–124, 126, 132, 134, 136, 148, 154, 156, 163–166, 174, 178, 182, 196, 204–207, 212, 230, 238, 244, 248, 255, 263, 274
Beromünster LU 238
Besançon 10
Beznau AG 250
Biel BE 78, 96, 246
Bielersee 38
Bodensee 10–12, 24, 48, 51, 66, 130f., 170
Bodio TI 270
Böhmen 98, 195
Bormio 53
Brasilien 146
Bremgarten AG 76, 86f.
Brenner 22, 30
Brig VS 82
Britannien/Grossbritannien/England 12, 71, 146, 256
Brugg AG 30
Brunnen SZ 22, 32
Burgund 10, 52

Champagne 24
Chiasso TI 198f., 267
Chiavenna 53
Chillon (Schloss) 30
Chur GR 9, 56, 70
Cologny GE 136
Como 14, 32

Davos GR 56, 206, 274
Deutschland/Deutsches Reich/Bundesrepublik Deutschland 162, 166, 168, 182, 188, 195f., 216, 218, 228, 238, 260, 276, 278

Delsberg JU 248f.
Diessenhofen TG 66
Disentis GR 10
Donau 9
Dornach SO 56
Dottenberg SO 198

Echalens VD 54
Eger 42
Einsiedeln SZ 10, 26, 36, 72, 130
Emmental 74, 108
Endingen AG 162
Engadin GR 84
Engelberg OW 18, 130
Entlebuch LU 90, 108
Eschental/Val d'Ossola 53, 222f.

Farnsburg BL 125
Flandern 52
Frankreich 52f., 58, 71, 80, 91, 98, 100, 102, 122, 124, 126, 128, 166, 195, 214, 260
Freiburg im Breisgau 21
Freiburg FR 18, 21, 30, 52, 54, 70, 82, 89, 96, 136, 141, 146, 154, 208
Freie Ämter 37
Fricktal AG 51, 123
Frutigen BE 36

Gallia (röm. Präfektur) 10
Genf 9, 10, 21, 24, 54f., 70f., 80, 90, 106f., 108, 118f., 123, 136, 156, 166, 170, 172, 178, 184, 195f., 204, 206, 216, 244, 250, 251, 256, 262
Genfersee 10–12, 66
Germania superior (röm. Provinz) 10
Gisikon LU 156f.
Glarus 36, 40, 44, 46, 51, 70, 84, 96, 114, 172, 227
Göschenen UR 170
Gotthard(-tunnel) 7, 9f., 22, 24, 52, 58, 162, 170, 174, 238f., 276
Golfe du Lion 9
Gösgen 250
Grandson VD 54
Graubünden 9, 123, 136, 227
Greifensee 49
Grenchen SO 200
Grosser St. Bernhard 14, 22

Haslital 36
Hauensteintunnel 170
Hauterive (Abtei) NE 18
Hl. Römisches Reich 6, 10, 14, 30, 32, 42, 46, 52, 94, 100, 130

Indien 12, 256
Inkwil BE 110
Indonesien 270
Innerschweiz 6, 22, 26, 32, 36f., 42, 48, 53, 64, 121, 123f., 130, 136, 154, 261
Innsbruck 46
Italia (röm. Präfektur) 10
Italien 14, 22, 26f., 30, 40, 52, 58, 60, 80, 162, 195, 198, 216, 240, 260, 276, 278

Japan 246
Jeuss FR 198

Jugoslawien 266
Julia Equestris (Nyon VD) 9
Jura (Region und Kanton) 7, 9f., 106, 123, 198, 248, 262

Kaiseraugst AG 250
Kappel am Albis 78
Kerala 256
Königsfelden AG 30
Konstanz 9f., 18, 40, 42, 46, 52, 56, 78, 80, 102
Kosovo 265
Kyburg (Grafschaft) 38f.

La Chaux-de-Fonds NE 204f.
Laufental 248
Lausanne VD 9f., 18f., 136, 206, 232, 250
Lauterbrunnen BE 112
Le Lignon GE 236
Le Locle NE 186
Leibstadt AG 250
Lengnau AG 162
Lenzburg AG 234f.
Les Rangiers 9, 248
Leventina TI 116
Libyen 278
Limmat (Fluss) 37, 74
Linth (Fluss) 134, 172
Locarno TI 53, 152
Lombardei 22, 166
Lötschberg (mit Tunnel) 170, 276
Luganersee 14
Lugano TI 53, 132, 190f.
Lukmanier 162
Luxor 274
Luzern 6, 22, 24, 32f., 35–38, 40, 42, 44, 46, 54, 64, 70, 78, 82, 89f., 96, 107, 140–143, 152, 154, 170, 182

Mähren 195
Mailand 52f., 82, 90, 98, 260
Mainz 10
Mammern TG 112f.
Marburg 76
March 36
Marignano 53, 58, 60, 70, 91, 183
Mendrisio TI 116, 152
Metz 124
Mittelland 9f., 22f., 26, 32, 35, 42, 80, 161, 170
Mittelmeer 12
Mont Pèlerin 9
Monte Ceneri 238
Morgarten (Schlacht) 6, 22, 26f., 66
Moskau 220
Mühleberg BE 250
Mülhausen (Elsass) 78, 90, 96
Münsingen BE 148
Münstertal GR 56
Murten FR 54, 278
Murtensee 278
Müstair GR 14

Nancy 52, 54, 66
Neuenburg/Neuchâtel 80, 90f., 108, 123, 136, 150f., 166f., 219, 244
Neuenkirch LU 154
Nidwalden 22, 96, 128, 130, 254
Niederlande 52, 71, 80, 91, 98

Nizza 9
Nordsee 9
Novara 58, 60, 70

Oberrhein 22, 40, 42
Obwalden 22, 58f., 64, 96, 100, 254
Olten SO 170
Orbe VD 54
Österreich/Österreich-Ungarn 30, 51, 64, 80, 156, 166, 195f., 204, 222, 256

Pavia 60
Payerne VD 16
Paris 102, 116, 124, 134, 152
Peking 276
Pfalz 98
Piemont-Sardinien 166
Piz Lunghin 9
Po 12
Pommern 124
Portugal 256
Preussen 91, 166
Pruntrut JU 82

Raetia (röm. Provinz) 10
Rätien 56, 98
Raffzer Feld 9
Rapperswil SG 51
Reuss (Fluss) 10, 24, 37, 156
Rhein/Rheintal 9, 12, 51f., 76, 78, 130, 172, 195, 250
Riva San Vitale TI 14
Rom (antikes Reich) 9, 14
Rom (Stadt) 52, 220
Romainmôtier VD 10
Romanshorn 130
Rorschach SG 130
Rottweil 90, 96
Russland/Sowjetunion 134, 174, 202, 225, 230
Rütli 180, 212

Saane (Fluss) 51
Saint-Maurice VS 10, 14
San Bernardino 14, 58
Sarnen OW 64
Sargans SG 51
Savoyen 30, 32, 35, 54, 70f., 80, 82, 166
Schaffhausen 7, 9, 56, 78, 89, 92, 96, 214f.
Schänis SG 10
Schöllenenschlucht 22
Schönenwerd SO 172f.
Schwaben 10, 12, 22, 40, 52
Schwarzenbach SG 144
Schwarzes Meer 9
Schwarzwald 12
Schweizerhalle 251
Schwyz 6, 22, 26, 36, 40, 44, 48, 58, 90, 96, 98, 116f., 140, 150, 154, 180, 265
Sedrun GR 276
Sempach LU 42–44, 66, 188
Septimer 22
Sevilla 262f.
Simplon VS 162
Singen 217
Sitten VS 9f., 58, 70, 78, 82, 90, 96, 97
Slowenien 9

285

Solferino 166
Solothurn 10, 40, 44, 52, 54, 70, 82, 89, 90f., 96, 114, 124, 136, 148
Sottens VD 238
Spanien 52, 82, 98
Speyer 30
Splügen GR 14, 162
Spreitenbach AG 236f.
Sri Lanka 266
Stammheim ZH 111
Steg VS 270f.
Stäfa ZH 119, 124, 144, 145
Steiermark 30
Stein SG 84f.
Stein am Rhein SH 9, 24f., 102
Steinach (Fluss) 10
St. Gallen 10, 16, 21, 36, 44, 70, 78, 89, 96, 107–109, 123, 130f., 148f., 156, 272
St. Jakob an der Birs BS 48, 114
St. Jakob an der Sihl ZH 48
St. Margrethen SG 222f.
St. Moritz GR 190f.
St. Urban LU 130
Stoss AR 44f.
Strassburg 76, 78
Südafrika 256
Sundgau 52

Tessin 7, 116, 123, 132, 140, 152, 166, 176, 260
Thun BE 144, 253, 272f.
Thur (Fluss) 51
Thurgau 28, 51, 86, 102, 123
Tirol 14, 30, 90
Titlis 276f.
Toggenburg 48, 106, 110
Tramelan BE 246
Trient 82f.
Trun GR 56
Tschernobyl 250

Ungarn 46, 230
Unterwalden 58, 96, 154
Uri 7, 22, 52, 58, 96, 116, 154, 170, 180
USA 260f., 278
Uster ZH 146–148
Utzensdorf BE 214f.

Val d'Heremence 234
Veltlin 14, 53
Venedig 52
Vevey VD 234
Viamala-Schlucht 14
Vietnam 242
Villmergen AG 98
Vitznau LU 36
Vogesen 10
Vorarlberg 204
Vorderösterreich 48, 52

Waadt 16, 37, 54, 66, 70, 80, 122f., 136, 156, 196, 244
Waldstätte 22f., 32f., 35–37, 42, 51, 58, 78, 107, 150
Walensee 48
Wallis 7, 53, 58, 70, 90, 96f., 123, 136, 154, 170, 234, 260, 270
Weggis LU 36
Weinfelden TG 148
Wettingen AG 24
Wien 70
Windisch AG 31
Winterthur ZH 51, 162, 270f.

Zillis GR 14f.
Zofingen AG 42
Zug 24, 36–38, 40, 44, 46, 78, 92f., 96, 154, 274
Zürich 10, 16, 21, 23, 26, 28, 32f., 35–38, 40f., 44, 48, 51, 70–74, 76, 78, 80, 89f., 92, 94, 96, 98, 100–102, 106f., 110, 118f., 121, 126, 130, 136, 140, 144f., 148, 152f., 156, 162, 164, 168–170, 172, 174, 176, 178, 182–184, 194, 200, 202, 204, 207, 210f., 228, 236, 238, 242, 252f., 268
Zurzach AG 10, 24

Personenregister

Ador, Gustave 204
Albrecht I. (deutscher König) 30f.
Albrecht II. (Herzog von Österreich) 30
Albrecht VI. (Herzog von Österreich) 48
Alexander I. (russischer Zar) 136
D'Amato, Alfonse 272
Annen, Melchior 202
Anker, Albert 180f.
Artus (britischer König) 28
Asper, Hans 72, 76, 100f.
Augustus (römischer Kaiser) 9, 14

Bachmann, Hans 174
Bally, Carl Franz 174
Bakunin, Michael 188
Barnetta, Tranquillo 266
Bärtschi, Hans-Peter 270
Baumann, Johannes 212
Baumgartner, Hans 235
Béguelin, Roland 248
Belliger, Kaspar 144
Bernegg, Theophil Sprecher von 196f.
Bertha (burgundische Königin) 16
Bèze, Theodor de 80
Bircher, Eugen 228
Bischof, Werner 223, 228f.
Bismarck, Otto von 166
Blocher, Christoph 256f., 268
Blunschy, Elisabeth 244
Böckli, Carl 220f.
Bodmer, Johann Jacob (Aufklärer) 114
Bodmer, Johann Jakob (Alterspräsident der Helvetischen Versammlung) 128
Bonstetten, Albrecht von 66
Borromeo, Carlo 82, 112f.
Bott, Jean-Christophe 270
Bourgoin, Jacques 80
Bourgknecht, Jean 230
Boveri, Walter 174
Bräker, Salome 110
Bräker, Ulrich 110, 112
Brélaz, Daniel 250
Bruegel, Pieter 250
Brown, Charles 174
Bullinger, Heinrich 72f., 75, 78
Burkhalter, Didier 268
Burki, Raymond 264
Bürkli, Karl 188

Caesar (römischer Kaiser) 28, 66
Calmy-Rey, Micheline 268
Calvin, Jean 71, 80
Carigiet, Zarli 210
Casanova, Corina 268
Castres, Edouard 182f.
Cham, Bernhard von 28
Chappatte, Patrick 266, 272f.
Chaudet, Paul 230, 232f.
Chomel, Jean 156f.
Columban 10
Constant, Benjamin 141

Decius (römischer Kaiser) 10
Decoppet, Camille 196f.
Deiss, Joseph 268f.
Delacroix, Marianne von 166
Dickenmann, Johann Rudolf 143
Diener, Verena 268
Dinhard ZH 111
Diodati, François 81
Disteli, Martin 152f.
Doëlly, Roger 274
Donath, Ludwig 210
Dreifuss, Ruth 268
Druey, Henry 164
Du Bois, Jean 136f.
Dufour, Guillaume-Henri 156
Dunant, Henry 166
Dunker, Balthasar Anton 112, 124, 126f.
Dürrenmatt, Friedrich 242
Duttweiler, Gottlieb 226, 236

Einbeth (Heilige) 82
Elser, Frank Columban 130f.
Engeler, Edi 255
Erasmus von Rotterdam 62, 70, 72
Erni, Hans 228–230, 232
Escher, Alfred 162, 166, 170, 172, 176
Etter, Philipp 210, 212
Etterlin, Petermann 6, 64f.

Farel, Guillaume 80
Felix (Heiliger) 74
Ferdinand I. (Erzherzog von Österreich/röm.-dt. Kaiser) 78
Fernandes, Gelson 266
Fischer, Georg 216
Fischer, Otto 257
Flüe, Nikolaus von («Bruder Klaus») 54, 92
Franco, Francisco 195
Franscini, Stefano 164
Franz I. (französischer König) 58
Franz I. Stephan (röm.-dt. Kaiser) 112
Frey, Theo 213
Frey, Tilo 244
Frey-Hérosé, Friedrich 164
Fridolin (Heiliger) 84
Friedrich I. (König in Preussen) 91
Friedrich II. (röm.-dt. Kaiser) 32, 46
Friedrich III. (röm.-dt. Kaiser) 48
Friedrich IV. (Herzog von Tirol) 46
Finck, Heinz Dieter 255
Frisch, Max 242
Froben, Johann 62
Frölicher, Hans 228
Froschauer, Christoph 72
Funk, Hans 60f.
Furgler, Kurt 256f.
Furrer, Jonas 164
Füssli, Hans 73
Füssli, Johann Heinrich 114

Gallus 10
Gabarell, Jean 210
Garibaldi, Guiseppe 166
Geiger, Johann Martin 94
Giegel, Philipp 234
Gillieron, Laurent 266

Gilray, James 150
Giron, Charles 182
Glaser, Hans Heinrich 86f., 99
Goethe, Johann Wolfgang von 112
Göldi, Anna 86
Gorbatschow, Michail 256f.
Gorla, Alessandro 82
Goujon, Jean 58
Grande Dixence VS 234
Graf, Urs 58-63
Gretler, Roland 242
Greulich, Herman 188
Grimm, Robert 200f.
Grob, Konrad 180, 188
Grüninger, Paul 222
Guisan, Henri 212-214, 220
Gujer, Jakob 112
Gustloff, Wilhelm 206
Gut, Gottlieb 256

Habsburger (Dynastie) 11, 22f., 26, 30, 32, 35–38, 42, 46, 48, 64, 78, 91, 102
Haefliger, Louis 222
Haller, Albrecht von 113, 140
Haller, Carl Ludwig von 140
Hauth-Trachsler, Dora 202
Hayek, Nicolas 246
Hébert, Jules 156
Hegi, Franz 178
Heitz, Heinrich 136
Henzi, Samuel 107
Hermann, Franz Ludwig 112f.
Herrliberger, David 110f., 114f.
Hess, David 126, 134, 136f., 148, 151
Hess, Hieronymus 150
Hitler, Adolf 195, 208
Ho Chi Minh 242
Hodler, Ferdinand 182, 184
Hoffmann, Arthur 196, 204
Hohensax, Ulrich VII. von 58
Holbein, Ambrosius 62f.
Holbein, Hans d. Ä. 62
Holbein, Hans d. J. 62
Holzach, Hieronymus 116
Homberg, Werner von 22, 26f.
Hug, Karl-Heinz 248
Hürlimann, Johann 147

Inler, Gökhan 266
Isenring, Johann Baptist 144

Jeanmaire, Jean-Louis 232
Jenatsch, Jürg 90
Jenner, Emanuel 134f.
Johannes XXIII. (Papst) 46
Julius II. (Papst) 58
Justinger, Conrad 64

Kaiser, Ludwig Friedrich 125
Karl V. (röm.-dt. Kaiser) 78
Karl der Grosse 6, 14, 28
Karl der Kühne 52, 54
Keller, Augustin 152
Kelterborn, Ludwig Adam 150
Kern, Jean 101

Kissling, Richard 176, 180f.
Klingen, Walther von 28
Koch, Joseph Anton 158
Koller, Rudolf 168f.
Kopp, Elisabeth 259, 262
Kupferschmidt, Michael 251
Kyburg (Dynastie) 11, 22, 28–30
Kyburg, Eberhard von 38
Kyburg, Hartmann von 38

La Harpe, Frédéric-César de 122, 136
Lachat, Eugène 178
Landerer, Albert 166
Landolt, Salomon 130
Lang, Anna 86
Lang, Candid 243
Lang, Hedi 244
Läuffer, Fritz 214
Le Brun, Charles 102f.
Leopold III. (Herzog von Österreich) 42
Leopold III. (österreichische Markgraf) 112
Leu, Joseph 154f.
Leuenberger, Niklaus 98f.
Leu, Hans d. Ä. 74
Leuthard, Doris 268f.
Liebknecht, Wilhelm 188
Lindtmayer, Daniel 26
Ludwig I. von Savoyen 30
Ludwig XIV. (französischer König) 91, 102f.
Ludwig XVI. (französischer König) 124, 142
Ludwig der Bayer 22, 32
Ludwig der Deutsche (König) 10
Lugardon, Jean-Léonard 166f.
Lussy, Melchior 82f.
Luther, Martin 69f., 72, 76
Lutz, Carl 222

Machiavelli, Niccolò 53
Manuel, Rudolf 44
Mareschet, Humbert 54f., 92, 116, 164
Maria Theresia (Königin von Ungarn/Böhmen) 112
Masson, Roger 221
Maurer, Ueli 268
Maurer, Sigi 236
Maximilian I. (röm.-dt. Kaiser) 52, 56
Mazzini, Guiseppe 166
Meier, Carl 210
Meier, Josi 244
Meili, Christoph 272
Mère Royaume 80
Mermillod, Gaspare 178
Metternich, Klemens Wenzel Lothar 140
Metzger, Jack 242
Meyer, Barbara 86
Meyer, Frederic 252f.
Meyer, Helen 244
Meylan, Gilbert 216
Midart, Laurent Louis 114, 124f.
Minger, Rudolf 194, 212
Mohr, Jean 240
Moos, Ludwig von 230, 232f.
Moreau, Jean-Michel 158
Morus, Thomas 62
Moser, Adolf 200
Motta, Guiseppe 212

288

Müller, Johannes von 114
Munzinger, Josef 164
Muos, Heinrich Ludwig 92f.
Murer, Christoph 64
Mussolini, Benito 206, 208, 212

Näff, Wilhelm 164
Nanchen, Gabrielle 244
Napoleon I. 122f., 130, 132, 134, 136, 150, 182
Nestlé, Henri 174
Nobs, Ernst 200f., 225
Nouvel, Jean 278

Obersteg, Martin 130
Obrecht, Hermann 195
Ochs, Peter 122
Ochsenbein, Ulrich 164
Oser, Charles 230
Ottokar von Böhmen 30

Parricida, Johannes 30
Perret, Fernand 244
Pestalozzi, Heinrich 118, 180
Peter II. von Savoyen 30
Petitpierre, Max 226, 230
Pfau, David 102
Pfyffer, Hans Christoph 98
Pictet-de Rochemont, Charles 123
Pilet-Golaz, Marcel 212, 225f.
Pitt, William d. J. 150
Pius II. (Papst) 51, 62

Rapperswil (Grafen) 22
Rasser, Alfred 210
Reagan, Ronald 256f.
Reding, Elisabeth von 116
Regula (Heilige) 74
Reinhard, Joseph 110
Reymond, Hubert 257
Ribi, Martha 244
Richental, Ulrich von 46
Romanus (Heiliger) 10
Rigi 67
Ringle, Johann Sixt 93
Rougemont, Denis de 256
Rousseau, Jean-Jacques 112, 118, 141, 152
Rudolf I. (böhmischer König) 30
Rudolf I. (deutscher König) 28, 30
Rütschi, Martin 252
Ryff, Andreas 58, 96

Savoyen (Dynastie) 11, 23, 30, 37, 102
Sahlfeld, Hanna 244
Saint-Ours, Jean-Pierre 118
Salat, Hans 54
Sapir, Estelle 272
Saurer, Franz 174
Schiess, Johannes 146
Schiller, Friedrich 114
Schilling, Diebold d. Ä. 6, 30, 38, 44f., 55f., 60, 64
Schilling, Diebold d. J. 6, 24, 54, 60, 66f.
Schiner, Matthäus 58
Schmid, Samuel 268
Schmidt, Steffen 275
Schneider-Ammann, Johann 268

Schnyder, Franz 211
Schodoler, Werner 48
Schönfeld, Friedrich 142
Schradin, Niklaus 6
Schriber, Hans 64
Schwarzenbach, James 240
Schweizer, Raymonde 244
Schwyzer, Hans Heinrich 94
Semper, Gottfried 168
Senn, Joachim 148f., 154
Senn, Paul 204, 212, 218
Servet, Miguel 80
Sforza, Ludovico 53
Siegwart-Müller, Konstantin 154
Sigismund von Luxemburg (röm.-dt. Kaiser) 46
Sigmund (Herzog von Tirol) 51f.
Silberysen, Christoph 24, 26f., 57
Sommaruga, Simonetta 268
Spahn, Carl 166f.
Sperli, Jakob 144f.
Spreng, Liselotte 244
Spreng, Robert 210
Spühler, Willy 230
Spyri, Johanna 182
Stalin, Josef 208
Stämpfli, Jakob 162, 166
Staub, Hans 204f., 214, 218, 222
Streulin, Johann Heinrich 92
Stumpf, Johannes 66f., 78
Stüssi, Rudolf 48
Suchodolski, January 183
Suworow, Alexander Wassiljewitsch 130

Tell, Wilhelm 64f., 90, 112, 124, 128, 142, 180f., 182, 240, 242
Terroux, François 109
Thalmann, Hanny 244
Thierstein (Dynastie) 42
Thorvaldsen, Berthel 142
Thür, Hanspeter 269
Tièche, Georges 216
Töpffer, Wolfgang-Adam 118f.
Torricelli, Rocco 132
Traugott, Friedrich 216
Trippel, Alexander 114, 128
Trost, Verena 86
Tschachtlan, Benedikt 6, 46-49, 64
Tschudi, Aegidius 66, 114f.
Tschudi, Hans-Peter 230

Uchtenhagen, Lilian 244
Ulrich, Johann Jacob 152

Valois (Dynastie) 52
Vattel, Emer de 91
Vautier, Ben 262f.
Viret, Pierre 80
Vigée-Lebrun, Elisabeth Louise 134f.
Vorster, Pankraz 131

Wagner, Richard 166
Wahlen, Friedrich Traugott 230
Wallenberg, Raoul 222
Waser, Johann Heinrich 107
Weiss, Franz-Rudolf von 221

289

Werner, Joseph 116, 164
Wettstein, Johann Rudolf 100
Wick, Johann Jakob 26, 86
Wicky, Nelly 244
Widmer-Schlumpf, Eveline 268
Wilhelm II. (deutscher Kaiser) 196
Wille, Ulrich 196f., 200
Wilson, Woodrow 204
Winkelried, Arnold 44
Wolf, Caspar 112f.
Wüest, Johann Jacob 112
Wyss, Urban 76f.

Yakin, Hakan 266

Zähringer (Dynastie) 11, 22, 32
Zemp, Josef 178
Zick, Januarius 112
Ziegler, Jakob 156
Zimmermann, Josef 250
Zollinger, Heinrich 168f.
Zschokke, Heinrich 142, 150
Zurlauben, Beat Fidel Anton 158
Zwingli, Ulrich 70, 72, 76, 78

Dank

Bei der Bildrecherche hat *Monika Imboden* wichtige Vorarbeiten erledigt, *Lina Weber* einige Lücken geschlossen. Ihnen gilt mein Dank ebenso wie meinen Heidelberger Mitarbeiterinnen und Mitarbeitern, die sich mit dem Scanner und den Korrekturfahnen abmühten: *Anna Frahm, Stefano Franceschini, Johan Lange, Erika Lokotsch, Marc Mudrak, Thomas Reeh, Klara Stadler und Antonia Weyh.* Besonders verpflichtet bin ich den Mitarbeitern im Verlag hier + jetzt und stellvertretend *Christine Hirzel, Urs Hofmann* und *Bruno Meier:* Ihre Geduld und Flexibilität habe ich erneut arg geprüft und strapaziert, und dennoch war die Zusammenarbeit stets freundschaftlich und fruchtbar.

Impressum

Dieses Buch ist nach den neuen Rechtschreibregeln verfasst. Quellenzitate werden jedoch in originaler Schreibweise wiedergegeben. Hinzufügungen sind in [eckigen Klammern] eingeschlossen, Auslassungen mit […] gekennzeichnet.

Lektorat: Urs Hofmann, hier + jetzt
Gestaltung und Satz: Christine Hirzel, hier + jetzt
Bildverarbeitung: Humm dtp, Matzingen

Dieses Werk ist auf www.libreka.de auch als E-Book erhältlich:
ISBN E-Book 978-3-03919-870-2

©2012 hier + jetzt, Verlag für Kultur und Geschichte GmbH, Baden
www.hierundjetzt.ch
ISBN Druckausgabe 978-3-03919-244-1